比较

总第92辑

COMPARATIVE STUDIES

2017年第5辑

吴敬琏 主编

中信出版集团 · 北京

比较

COMPARATIVE STUDIES

主管 中信集团

主办 中信出版集团股份有限公司

出版 中信出版集团股份有限公司

主编 吴敬琏

副主编 肖梦 吴素萍

编辑部主任 孟凡玲

编辑 包敏丹 马媛媛

封面设计 李晓军 / **美编** 杨爱华

经营部

总经理 张翔

副总经理 傅继红

华北总经理 董光明

发行总监 周广宇

设计总监 石乐凯

品牌传播部高级总监 马玲

独家代理：财新传媒有限公司

电话：（8610）85905000 **传真**：（8610）85905288

广告热线：（8610）85905088 85905099 **传真**：（8610）85905101

电邮：ad@ caixin. com

订阅及客服热线：400-696-0110（8610）58103380 **传真**：（8610）85905190

香港地区订阅热线：（00852）21726522

订阅电邮：circ@ caixin. com **客服电邮**：service@ caixin. com

地址：北京市朝阳区工体北路 8 号院三里屯 SOHO 6 号楼 5 层（**邮编**：100027）

卷首语

经历了近40年的改革开放，中国经济总量占世界第二，业已有七个年头，但是，经济体制从适应追赶型增长，转变为支持创新型经济增长，才是当前我们面临的严峻挑战。虽然创新驱动增长看似成为共识，然而，创新如何产生，又如何驱动增长，依然需要我们去学习与借鉴，毕竟大多数国家没有能够跨越门槛，从模仿、追赶转变为创新型经济增长。因此，回溯自熊彼特以来学者对此进行的大量理论和实证研究所提供的丰富历史故事和现实案例，可以帮助我们深入理解创新产生和创新驱动增长的机制。20多年前，《比较》的编委就开始关注创新，并向国内引介相关文献以及硅谷等成功创新经济体的经验。本辑《比较》将延续这一传统，为读者提供经济学家关于创新驱动增长的研究和洞见。

开篇星岳雄等人的文章，以日本的创新型经济增长为对象，研究了当今世界上最成功的创新经济体——硅谷。他们将硅谷视为一个创新生态系统，从中概括出了创新型经济增长的六大制度基础：为承担过高风险的创业企业提供资金的金融体系；能够提供高质量、多样化和可流动的人力资源的劳动力市场；旨在持续不断地产生创意、产品和企业的产业—大学—政府之间的互动；老牌大企业与小型创业企业共生共荣的产业组织；鼓励创业的社会制度；协助企业创立和成长的各种专业组织。作者指出，为了促进创新型经济增长，日本政府制定并实施了诸多政策措施。但问题在于，很多政策在没有严格政策评估的情况下就开始实施，因此并不清楚哪些政策有效地促进了创新型经济增长所需的制度基础的建立和完善。由此，作者认为，对日本来说，尤为重要的是建立健全用于政策评价的指标体系，并对所有政策措施进行严格评估。这一点对中国的政策制定来说也具有重要的警戒意义。

希勒的《叙事经济学》一文是他在2017年1月7日美国经济学会第129届年会上的主席演讲。在这篇文章中，他阐述了经济学研究应当注重的一个新领域：在解释经济现象时，深入研究人们对这些现象的叙述，也即叙事或故事。人天生喜欢交流，人类大脑总是积极响应叙事，并以此来论证即将采取的行为的合理性，甚至连支出和投资这样的行为也不例外。叙事会流传，从一个人传给另一个人，就像病毒一样扩散，并产生经济影响。希勒用传染病学中的克马克—麦肯德里克模型分析了叙事的病毒式扩散机制。在他看来，一些重大的经济事件，如1920—1921年美国的经济衰退、20世纪30年代的大萧条、2007—2009年的大衰退以及美国当前的政经形势，都与它们各自的流行叙事密切相关。尽管研究人类叙事的独特现象并非易事，但是对于经济学家来说，叙事经济学的研究仍具有空间。经济学家可以利用数据库，做定量分析，还可以与人文学科的专家合作，理解叙事的结构，在此基础上将叙事纳入经济学分析，使我们更好地理解经济波动。

路易吉·津加莱斯的文章以当代全球巨无霸公司的市场权力（market power）为着眼点，构建了企业的政治理论框架。他突破经济学将企业视为“合约的联结”这一传统视角，分析政治权力与市场权力如何相互作用，阻碍竞争，抑制创新，形成“美第奇恶性循环”，进而威胁自由市场经济的运行及其繁荣。“美第奇恶性循环”的可能性和程度取决于六个主要的非市场因素：政治权力的主要来源、媒体市场的状况、检察和司法权力的独立性、竞选融资法律，以及主流意识形态。因此，应当从这六个因素着手，必须警惕“美第奇恶性循环”且化解其风险，才有解决问题的方法和希望。

许成钢的文章讨论新制度经济学的发展历程和对未来研究的展望。他认为自亚当·斯密以来，经历了从有制度的政治经济学，到“固定住”制度的新古典经济学，再到新制度经济学兴起这样一个过程。在这个过程中，制度的度量始终是一个重大问题，即使新制度经济学为讨论制度开发出了新的概念和分析工具，在度量制度方面也取得了很大进展，但仍然没有从根本上解决这一问题，比如对法治、民主、产权等的度量依然面临很多困难。这既是制度经济学需要面对的巨大挑战，也是制度研究者们取得突破性进展的重大机遇，而当前网络、大数据、人工智能的发展也提供了度量制度所需的技术手段。不过，许成钢也强调，真正的突破除了技术手段，更重要的是创造性和发现重大问题的直觉，而这有赖于宽广的视野，从而在把握和理解整体趋的基础上抓住重点细节，与此同时还必须保持思想的开放，做到思考无禁区。

在“法和经济学”栏目中，巴里·温加斯特等人探讨了司法独立体制的制度条件。司法独立程度不仅取决于终身任期制等书面保证，还受到民选政府的权力结构的深刻影响；民选的行政机构和立法机构如果联合行动，可以用很多制度或非制度措施来打压“既没有钱袋，也没有刀剑”的司法机构。作者将政府分为两种类型：民选官员内部有相对统一意志的统权政府(unified government)，以及官员内部存在显著而持续争执的分治政府（divided government)，并建立了一个空间博弈模型对两种政府下的法院独立程度进行分析。他们还借助该模型考察了美国和阿根廷独立司法的历史演变，以最高法院法官为代表的司法机构在复杂政治背景下的妥协和抗争，深刻地影响了两国的历史。理论和案例分析都表明，分治政府下的权力分散化相比于统权政府更可能给独立司法机构提供舞台。

帕特里克·博尔顿和黄海洲的文章是对其最新研究论文的概述。文章应用公司金融理论来分析国家的资本结构，并为货币经济学、财政理论和国际金融学提供一个新的统一的微观理论基础。具体来说，一国发行的主权货币和以本币发行的主权债是国家资本结构中的股票，以外币发行的主权债是债务，通货膨胀成本源于多发货币（股票）后在国民之间的财富转移（股权稀释)。在国家层面，其货币（股票）发行得越多，面临的破产风险就越小；其货币(股票)越被国际资本市场高估，越应该发行更多的货币（股票)，以加大投资、消费或换取外汇储备。欧元区国家在1999年初使用欧元，相当于同时重置资产负债表，实行股转债，将大量的股权（本币主权债）变成等额债权（欧元主权债)。发展中国家和发达国家都可以有较大的外汇储备，如发达国家瑞士的外汇储备超过其GDP规模。将中国的国家层面股权、债权情况与美国、日本、英国对比可知，外债较少而股权较高是这四个国家资产负债表的共同特点。这一理论也为判断当前热议的“央行货币超发”提供了新的视角。

近来，金融科技（Fintech）迅猛发展，并成为一个热门话题。然而，金融科技并非是当今的现象，上世纪60年代信息技术就运用到了银行后台业务，50年前，世界上第一个用于证券交易的电子通信网络就已诞生，并逐渐发展成为目前欧美市场最重要的场外交易场所。80年代，自动订单撮合系统逐渐兴起，并成为证券和期货交易所的最主要交易平台。田静的文章详细描述了美国时隔20年分别在不同交易技术环境下的两次股灾过程，分析了新技术环境下，信息不对称和人的非理性行为如何导致市场失灵，引发金融市场动荡。本文的分析表明，金融科技是一把双刃剑，它可以提高金融信息的处理和传播速度，降低交易成本，在一定程度上缓解市场失灵。但是，它无法根治市场失灵，在一定环境下反而可能引发新的市场失灵，业界和监管部门在推动金融科技发展的同时，不应该忽略可能引发的负面效应。

“改革记忆”栏目是已故著名经济学家薛暮桥在国务院发展研究中心的前

身——国务院经济研究中心成立十周年上的发言。他回顾了十年间，国务院经济研究中心在财政体制改革、中央银行和金融体制改革、外贸体制改革以及价格改革等重大决策中提供咨询和建议的经验与教训，以及这些改革取得的成果。他还就国务院发展研究中心作为一个研究咨询机构如何开展工作提出了建议，强调需求导向、超脱性或独立性、局部与全局结合，以及研究机构之间的互动。对于当前的政策研究和智库建设来说都是很好的启发。

2017 年夏，《比较》编辑室专访了曾任世界银行中国局局长、斯坦福大学国际研究中心主任的尼古拉斯·霍普教授，整理成《中国的改革奇迹仍待继续》一文。霍普教授在世行任职时负责过东欧、中亚、印尼和中国等多个地区，对亲眼目睹和参与中国 20 世纪 90 年代的整体改革印象极其深刻。他谈到朱镕基在推动全面市场改革时的眼光、意愿和魄力，吴敬琏、钱颖一等经济学家的前瞻性研究成果，以及周小川、楼继伟、韦钰等政策官员的优秀能力与杰出贡献。霍普教授看到，相比于西方式选举产生的“从天而降”的领导人，中国的人事制度的优点是更关注对高级干部的长期系统性培养。当然在未来，草根和中产阶层会更加关心教育、医疗、交通、环境等现实问题，民众的诉求和情绪需要及时回应和疏解。因此，中国特色的体制也会有多元化的进程，应该鼓励开展更公开透明的政策讨论。

目 录
Contents

第九十二辑

创新驱动型经济增长的制度基础

理查德·达舍　原田信行　星岳雄　栉田健儿　冈崎哲二

引　言

创新对一个成熟经济体的增长至关重要。日本过去 20 年来经济停滞不前的一个重要原因，就是经济体制未能从适应追赶型增长转变为支持创新型经济增长。

本报告研究了创新型经济增长的制度基础，并提出了促进日本创新型增长的政策。在第 1 部分，我们首先指出创新对于日本等发达经济体保持增长的重要性。第 2 部分研究了硅谷的商业与经济，在这里我们观察到当今世界上最成功的创新型经济增长。我们确定了硅谷产业生态系统的 11 个特征。第 3 部分探讨支持这 11 个特征的制度基础。我们认为（A）资金、（B）人力资本、

---

*　Richard Dasher，斯坦福大学中美技术管理中心主任；Nobuyuki Harada，筑波大学研究生院信息工学研究科讲师；Takeo Hoshi，斯坦福大学亚太研究中心日本研究项目主任；Kenji E. Kushida，斯坦福大学亚太研究中心日本研究项目研究员；Tetsuji Okazaki，东京大学经济学教授。

**本报告是为综合研究开发机构（NIRA）准备的。我们感谢 NIRA 的财务支持，以及 Jiro Ushio 和 Reiko Koda 对报告初稿的评论。Hern Hern Chua、Yaqian Fan、Yoshihiro Kaga、Satoshi Koibuchi、Shingo Nakano、Benjamin Pham 和 Michiru Sawada 帮助我们考察了安倍经济学的各项创新政策。2015 年 3 月 15 日在东京的 NIRA 研讨会上与 Tomohiko Inui、Yasufumi Kanamaru、Takeshi Niinami、Hiroshi Suzuki、Ikuo Sugawara、Sakie Fukushima Tachibana 的讨论让我们受益匪浅。Ian Myers 提供了研究协助。我们也感谢 Nao Toyoda 和 Naoko Mori 对本项目的支持。

（C）产业—大学—政府互动、（D）产业组织、（E）创业文化和（F）商业基础设施构成了成功的创新型经济的基础。在第4部分，我们将注意力转移到日本，并简要回顾了日本在向硅谷等创新驱动型经济转型过程中面临的挑战。日本缺乏支持硅谷产业生态系统的六个制度基础中的大多数。因此，至少在理论上，政府也可以鼓励在日本发展这些制度基础或具有同样功能的替代性制度。然而，有些制度在日本的发展，即使并非不可能，也需要很长时间。在这种情况下，日本利用硅谷已经存在的制度可能更有希望。日本政府已经多次尝试刺激日本创新型经济增长。第5部分评述了可追溯到20世纪80年代的旨在鼓励创新的主要产业政策措施。创新政策再次成为安倍经济学增长战略的核心，也被称为“第三支箭”。第6部分简要介绍了安倍经济学增长战略中包含的创新政策。第7部分回顾了以往日本企业直接从硅谷的制度中受益的经验。第8部分总结指出，日本政府已经尝试为鼓励创新推行了许多政策措施。因此，缺乏政策理念似乎并不是政府的问题。日本政府可以更多地协助日本企业和企业家直接进入硅谷的产业生态系统，但过去许多政府干预措施的主要问题是缺乏政策效果评估，以及未能基于评估结果调整政策。

1. 创新对日本增长的重要性

创新对一个成熟经济体的增长至关重要。这是由索洛建立的简单而广泛使用的新古典经济增长模型揭示的。该模型假设总生产函数以下列方式将投入（劳动和资本）与产出（增加值）相联系：

$$Y = AF(K,L) \tag{1}$$

Y是产出量（如GDP）的度量，K是生产中使用的资本量，L是劳动量。假设函数$F(\cdot)$满足某些条件包括规模报酬不变和边际产出递减。A代表技术状态（也称全要素生产率或简称为TFP）。当A增加时，即使投入量保持不变，产出量也会增加。A的增加或全要素生产率的提高被解释为技术进步或创新。

在$F(\cdot)$的标准假设下，可以将等式（1）改写为每个劳动力的产出（Y/L）与资本深化（K/L）相联系的形式：

$$y = Af(k) \tag{2}$$

其中$y = Y/L$，$k = K/L$。在标准假设下，可以再次将每个劳动力的产出增长分解为两个部分：

$$\% \Delta y = \% \Delta A + f'(k) \% \Delta k \tag{3}$$

等式右边第一项是百分比形式的技术水平增长率，即技术进步或创新。第二项是每个劳动力的资本增长率乘以资本的边际产出，被认为是资本深化对每个劳动力产出增长的贡献。

由于在标准假设下资本的边际产出随着资本的增长而下降，随着时间的推移和经济的增长，公式（3）的第二项会变小。因此，随着经济的增长，创新成为经济增长更重要的来源。

日本战后的经验与标准增长理论非常吻合。图 1 显示了日本、英国和美国的人均实际 GDP 变化的长期比较（1990 年 GK 国际元，对数值）。1870 年，江户时代结束后不久，日本对西方开放，日本的人均 GDP 仅为当时世界上最先国家英国的 23%。在“富国强军”的口号下，明治政府开展社会经济现代化建设，引进西方技术、制度和组织。在“二战”前时期日本稳步赶上西方国家，但“二战”大大扭转了这一进程。战后日本的追赶进程重新开始，且明显加速。在布雷顿森林体系中进入大规模出口市场和日元低估对此也有所帮助。到 20 世纪 70 年代中期，日本赶上了更多的发达经济体。图 1 显示，日本的人均 GDP 与 20 世纪 70 年代的英国人均 GDP 水平相当。

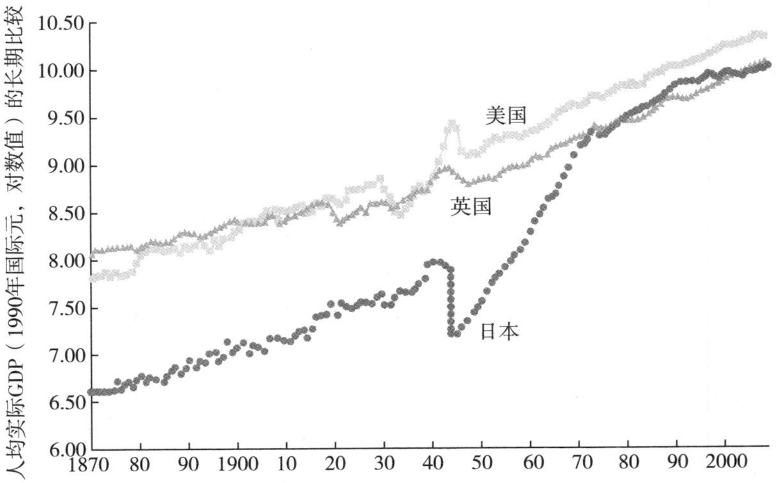

图 1　人均实际 GDP 的长期比较：日本、英国和美国

资料来源：The Maddison-Project（http//www. ggdc. net/maddison/maddison-project/home. hem2013 vetsppm）。

日本追赶上更多发达经济体后，经济增长开始放缓。根据公式（3），我们可以将每一劳动投入的实际 GDP 增长分解为资本深化的贡献和创新的贡献，图 2 给出了 20 世纪 70 年代至 21 世纪头 10 年的每 10 年中这两方面的贡献情况。数据来源于日本产业生产率数据库 2013 年版（*JIP Database* 2013）。我们可以看到，技术进步和资本深化一直是 20 世纪 70 年代和 80 年代经济增长的源泉。技术进步的贡献甚至可能被低估了，因为一些新技术体现在资本中。我们也看到 20 世纪 90 年代日本经济增速急剧下降，主要是由于全要素生产率的下降。生产率在 20 世纪头 10 年有所回升，但与 20 世纪 70 年代和 80 年代相比仍然低得多。

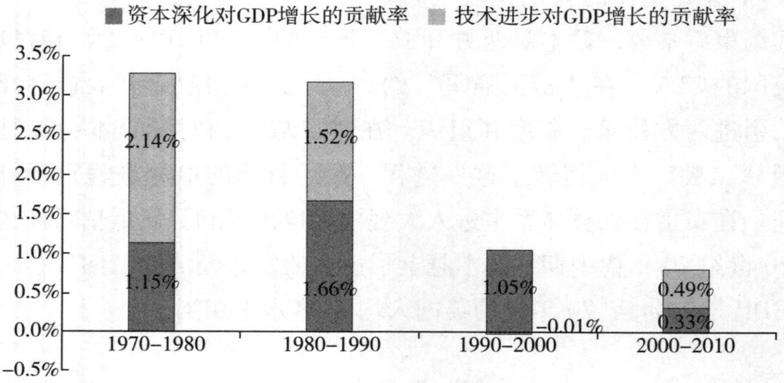

图 2　日本增长核算：1970—2010 年

资料来源：作者基于 *JIP Database 2013*（*Growth Accounting*）的数据计算（数据从 http://www.rieti.go.jp/en/database/JIP2013/#04-4 下载，访问时间为 2015 年 1 月 21 日）。

20 世纪 80 年代以前，日本科技进步的很大一部分来自美国等更先进经济体的技术引进。日本应该鼓励更多的本土技术进步，但改变适应追赶型增长的经济体制很困难。正如星岳雄和卡什亚普（Hoshi and Kashyap，2011）指出的，日本过去 20 年经济停滞的一个重要原因是它没有将经济体制转变为支持创新型经济增长的体制。

总体技术进步可以分为两个部分：一部分可以由现有生产单位的生产率增长（被称为效应）来解释，另一部分来自生产单位随时间的变化。后者进一步分解为由生产率较高的生产单位增长和生产率较低的生产单位缩减引起的再配置效应，以及由生产率较高的生产单位进入和生产率较低的生产单位退出引起的净进入效应。

经济学近来的研究表明，重新配置、进入和退出带来的生产率增长对发达经济体非常重要。例如，福斯特等人（Foster、Haltiwanger and Krizan，2001）

发现，再配置和净进入效应解释了1977—1987年美国制造业生产率约一半的增长。仅净进入效应就解释了约25%—30%的生产率增长。对非制造业而言，净进入效应的重要性似乎更大。福斯特等人（2006）发现，1987—1997年美国零售业几乎所有的生产率增长都可由净进入效应来解释。

净进入效应的重要性意味着发达经济体的技术进步是通过创造性破坏的过程发生的，技术更先进的新生产单位替代了较落后的旧生产单位。为了恢复经济增长，日本需要转变其经济制度，鼓励这种创造性破坏。那么，应该怎么做呢？为了回答这个问题，我们首先研究依靠不断创造新理念、新业务和新企业实现增长的硅谷。

2. 认识硅谷的生态系统

硅谷被公认为世界上最成功的创新型经济体系之一（Lee and Miller et al.，2000）。硅谷有各种商业组织和机构，创造了一个商业环境，事实证明，这个环境非常有利于成功建立创业公司、破坏性商业模式，以及各种高科技领域的领导力。“让系统有效运作”的硅谷各个组成部分和特点相互融合与补充，被称为硅谷的“生态系统”。①

硅谷的关键要素是什么，它们如何发挥作用，又如何组合在一起？在本部分中，我们将利用关于硅谷的已有研究，介绍硅谷的生态系统。

2.1 硅谷在哪里？硅谷生态系统的地理分布

硅谷没有出现在地图上。硅谷这个词涉及非正式的一连串城市和县，这些城市和县分享了该地区生态系统的特征。在收集数据时，“硅谷”标签中要包括哪些区域是非常重要的，因为没有所谓的“硅谷政府”，硅谷只是一些县的集合。直到最近，硅谷一般指圣克拉拉谷地区，从门洛帕克延伸到圣荷塞。大多数描述硅谷的分析排除了旧金山市和东湾（伯克利、奥克兰等旧金山湾以东的地区）（见图3）。

然而，作为一个经济区域，硅谷已经发展到包括旧金山湾区的一大部分。诸如Genentech和生物技术集群位于南旧金山，而诸如Salesforce.com和Twitter（推特）等创业公司位于旧金山。员工的流动意味着强劲的旧金山创业生态系

---

① 它也被称为“栖息地”，我们更喜欢“生态系统”，因为“商业生态系统”现在是商业写作中更常见的用语。

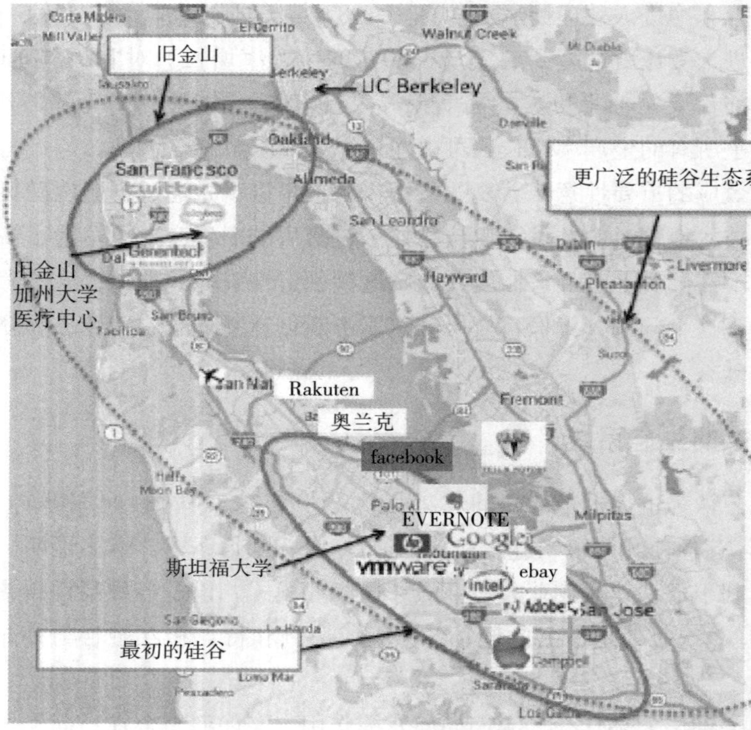

图 3　更广泛的硅谷经济生态系统

资料来源：谷歌地图，作者进行了编辑。

统分享了许多这些传统上被认为属于硅谷的金融、人力资源和创意流。此外，伯克利加州大学是硅谷生态系统的一个关键贡献者，但它位于旧金山以东。

因此，硅谷在地理区域上从未得到明确界定。在本报告中，我们把硅谷的生态系统视为全球人力资源、金融和创意流的中心，推动了旧金山湾区的城市及其周边近邻地区的创新型经济增长。

图 3 显示了更广泛的硅谷经济生态系统。原来的硅谷生态系统被认为是图 3 中下方的椭圆形区域。旧金山一开始是独立发展的，直到它呈现出许多硅谷产业生态系统的特征，如图左上方的椭圆形区域。我们认为更广泛的地理区域是更广泛的硅谷经济生态系统的一部分，大致是虚线所围绕的区域。

2.2　定义硅谷生态系统的特征

本节其余部分识别了我们认为必不可少的硅谷的 11 项特征。表 1 列出了这些定义性特征。所有这些作为其成功的独特贡献，都被许多与硅谷相关的研究引用（例如，Lee et al.，2000）。这些因素如表1所示。

表1 硅谷生态系统的11个关键特征

1. 大型企业和快速增长的小型创业公司组成的双重生态系统
2. 竞争激烈的行业，“开放式创新”与商业秘密保护之间的平衡
3. 成功的企业家和初创企业的早期雇员可获得较高的财务回报
4. 风险投资为创业企业提供资金和公司治理支持
5. 为各个阶段的创业公司提供高水平和多样化的人力资源
6. 劳动力流动性高
7. 顶尖大学
8. 政府在塑造技术方向和基础科学方面的广泛作用
9. 商业基础设施（律师事务所、会计师事务所、创业导师等）
10. 接受失败
11. 法律平台

2.2.1 大型企业和快速增长的小型创业公司组成的双重生态系统

首先，硅谷有一个大型企业和初创公司共存的商业生态系统。硅谷有时被认为是初创公司的“麦加”，但从很多方面来说，它是创业公司和大型企业共存的生态系统，大型企业可以为创业公司提供市场、人力资本甚至专业知识，使生态系统有效运行。大型企业并购初创企业，可以给硅谷生态系统带来资本、人力资源和知识，有利于未来的创业和投资。此外，一些初创公司最终成长为大型企业，一些员工辞职后创业又产生新的公司，推动了良性循环。

大型企业经常是初创企业的第一批客户，发挥着重要作用。这包括已有相当长历史的传统大公司，如IBM（国际商用机器公司）、洛克希德和惠普，以及相对较近时期成为大型企业的苹果、甲骨文（Oracle）、谷歌（Google）和脸书（Facebook）等。

大型企业也通过并购活动获得初创公司。在这种情况下，大型企业可以提供资源，使被并购创业公司的创意获得比初创企业可能实现的更大和/或更快的市场成功。

传统上，大型公司担任创业公司产品和服务的主要买家。这使初创公司在提供能面向消费者的产品和服务（“B2C”）之外，在面向企业（“B2B”）的经济活动中成为关键的游戏规则改变者。从花旗银行到雪佛龙等企业，除了和信息技术（IT）行业打交道外，也愿意从初创公司购买软件和服务。

信息技术的发展显示了大型企业作为新技术主要用户的重要性（Cohen and DeLong et al.，2000）。信息技术行业的历史模式是，大型企业经常安装计算机系统来解决某类问题，例如安装机票预订管理系统的航空公司，他们发现可以使用这些信息来重组业务。以航空公司为例，这意味着通过预订信息，可以实施新的供需管理制度，有效地设定航线，从根本上提高运营效率。

除了购买创业公司的产品和服务外，大型企业还积极购买创业公司。这不仅是获得特定服务或技术的一种方式，而且可以通过获得初创企业的全部能力来创建下一个新的产品。它也排除了竞争对手获取该服务或技术。

表 2　风险投资的并购活动（按年列示）

年份	总数	已知数	价格（百万美元）	平均价格（百万美元）	退出时间均值（年）	退出时间中值（年）
1985	7	3	300.2	100.1	7.0	4.8
1986	8	1	63.4	63.4	3.4	3.5
1987	11	4	667.2	166.8	4.9	3.5
1988	17	9	920.7	102.3	4.7	4.1
1989	21	10	746.9	74.7	4.3	3.6
1990	19	7	120.3	17.2	5.8	5.5
1991	16	4	190.5	47.6	6.0	5.0
1992	69	43	2119.1	49.3	4.7	4.0
1993	59	36	1332.9	37.0	5.3	4.7
1994	84	57	3208.4	56.3	5.8	5.3
1995	92	58	3801.8	65.5	4.6	4.1
1996	108	76	8230.8	108.3	5.2	4.1
1997	145	100	7798.0	78.0	4.5	3.1
1998	189	113	8002.0	70.8	4.5	2.8
1999	228	155	38710.6	249.7	3.6	2.8
2000	379	245	79996.4	326.5	3.2	2.7
2001	384	175	25115.2	143.5	3.0	2.2

（续表）

年份	总数	已知数	价格（百万美元）	平均价格（百万美元）	退出时间均值（年）	退出时间中值（年）
2002	365	166	11913. 2	71. 8	3. 5	2. 9
2003	323	134	8240. 8	61. 5	4. 3	3. 6
2004	402	199	28846. 1	145. 0	5. 0	4. 6
2005	446	201	19717. 3	98. 1	5. 4	5. 2
2006	484	208	24291. 0	116. 8	5. 7	5. 7
2007	488	201	30745. 5	153. 0	5. 8	6. 3
2008	417	134	16236. 9	121. 2	5. 8	5. 6
2009	351	109	12364. 9	113. 4	5. 7	5. 5
2010	523	150	17707. 3	118. 0	5. 8	5. 0
2011	490	169	24093. 2	142. 6	5. 8	5. 0
2012	473	132	22694. 2	171. 9	6. 2	5. 6
2013	376	94	16586. 5	176. 5	5. 9	5. 0

资料来源：National Venture Capital Association（NVCA）。

从成功的创业公司发展而来的大型公司本身就是特别重要的收购者。例如，思科系统（Cisco Systems）以并购的方式来快速获取新技术和新产能，而不是拥有自己的制造设施①。它在 1998 年购买了 9 家创业公司，2000 年购买了 23 家，2012 年购买了 11 家。它选择将几乎所有的制造外包，专注于设计，从拥有和经营实体制造设施中解脱出来。

① Sturgeon（2002）称此为“模块化生产”，描述了美国生产模式如何转向模块化生产网络，其中大型企业限制其核心活动并利用外包的研发和制造。

表 3　2014 年涉及创业公司的大型并购计划

出售公司	获得者	估值（10 亿美元）	服务说明
WhatsApp	脸书	22	免费移动信息和社交网络应用程序
Trulia	Zillow（合并）	3.5	网上房地产门户网站
Nest Labs	谷歌	3.2	互联网控制的热统计/烟雾报警器，具有广泛的数据收集功能
Beats Electronics	苹果	3	高端耳机制造商在线音乐商店
Oculus	脸书	2	虚拟现实耳机
Twitch	亚马逊	970	游戏视频平台
Viber	Rakuten	900	免费通信/电话应用程式
Divide	谷歌	120	移动生产力应用程序
Convertro	美国在线	101	跨平台广告分析软件

资料来源：Quittner，“2014 Was Cash-Out Time for Plenty of Startups.”（http：//www. inc. com/ jeremy-quittner/ten-top-exits of-2014. html）。

2.2.2　竞争激烈的产业、“开放式创新”与商业秘密保护之间的平衡

硅谷本身有极具竞争力的产业。创业公司之间的竞争激烈而又残酷。此外，虽然它们从大公司的“开放式创新”中受益匪浅，使它们能够向大型企业出售自己的产品，而且通常将公司本身卖给大公司，但这样的做法也受到严格保密的制约。

“开放式创新”的做法相对较新。直到 20 世纪 80 年代，美国的大公司与现在所说的传统日本大企业模式相类似。例如，在 IBM、惠普、AT&T（美国电话电报公司）、通用电气、各石油公司和三大汽车公司等大型蓝筹公司，终生就业是很正常的。创新模式以内部研发为基础，AT&T 的贝尔实验室在基础和应用研究方面处于领先地位，广泛投资了晶体管、电影、电视、立体声和激光等技术。CEO（首席执行官）的薪酬与股票市场的股价没有关系，机构投资者对公司治理没有重大发言权。公司倾向于纵向一体化，自己控制大部分供应链。

受石油危机冲击后，美国经济多年停滞不前，加上通货膨胀，许多美国大企业面临严峻的财务困境。它们被日本制造业公司淘汰，美国经济似乎远未复苏。在这种情况下，幸存下来的美国大公司对其经营方式进行了重大转型。

IBM 也许是最具戏剧性的例子，因为它在 20 世纪 80 年代后期和 90 年代初期接近破产。郭士纳（Louis Gerstner）于 1993 年接受任命，成为新的 CEO。他改变了公司的许多经营宗旨，弃用了终生雇佣制，进行大量裁员（头几年

约 10 万人），并终止或出售了各种各样的业务线，重点关注核心业务。他们开始收购其他公司和服务，脱离了几乎完全依靠内部产品和服务的长期做法。IBM 关闭其个人电脑的硬件部门，随后又出售了笔记本电脑部门。它停止了在 Windows 上开发损失严重的操作系统（OS/2），尽管许多人认为这是 IBM 有技术优势的产品。郭士纳曾经将美国运通成功转型，IBM 从外部招聘了他并替换了内部升职的 CEO 和许多高层管理人员。他也是最早获得了与公司业绩挂钩并和股东利益一致的极优厚薪酬待遇的 CEO 之一。随后，IBM 的命运开始好转，它在信息技术产业保持了强势地位，尽管未能像在战后的大型计算机时代那样一直处于领先地位（Lazonick，2009）。

IBM 的转型并非个案。美国企业的转型实践完全不逊于政治经济及核心创新体系在结构和逻辑上的深刻变化。经济学家威廉·拉佐尼克（William Lazonick，2009）将这种转型描述为从旧经济商业模式（OEBM）向新经济商业模式（NEBM）转变。

表 4　信息通信技术（ICT）行业的旧经济商业模式和新经济商业模式

	旧经济商业模式	新经济商业模式
战略和产品	建立在内部能力上的增长；基于相关技术的业务扩展到新产品市场；地理上扩张进入全国性产品市场。	新公司进入专业市场；将品牌组件出售给系统集成商；通过收购年轻技术公司积累新能力。
战略和过程	企业研发实验室；开发专利技术；在国内外垂直整合价值链。	基于开放系统的技术交叉许可；价值链的垂直专业化；外包和离岸外包。
财务	个人储蓄、家庭和商业伙伴的风险投资；纽交所上市；支付稳定的红利；企业扩张的资金来自留存收益和债券发行。	有组织的风险投资；纳斯达克首次公开发行；低分红或不分红；企业扩张的资金来自留存收益和股票，后者是收购的作价货币；以股票回购支持股价。
组织	保障就业：在一家公司内谋求职业发展；领薪工人和小时工；工会；待遇确定型养老金；在就业和退休期间由雇主缴纳医疗保险。	不保障就业：劳动力在企业间流动；广泛的股票期权；无工会；缴费确定型养老金；员工承担更大的医疗保险负担。

资料来源：Lazonick（2009）。

亨利·切斯布鲁夫（Henry Chesbrough）将新经济商业模式中的几个战略和过程机制阐述为“开放式创新”，这个在管理和政策界颇受欢迎的术语描述了美国大型公司创新过程普遍转变的结果（Chesbrough，2003）。

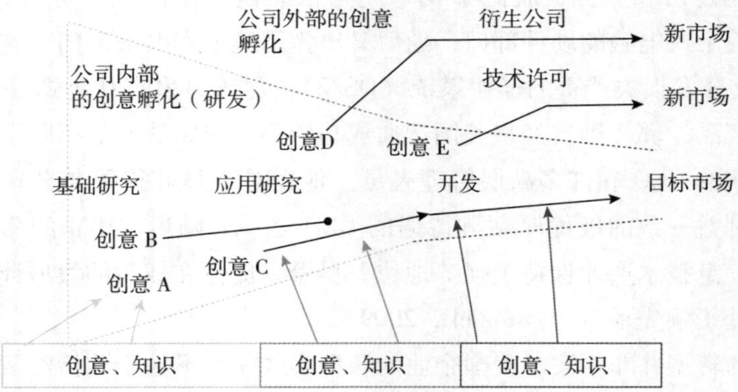

图 4　亨利·切斯布鲁夫提出的开放式创新

资料来源：改编自 Chesbrough（2003）。

在传统创新体系中，创新的各个阶段——基础研究、应用研究、开发和商业化都发生在企业的边界之内。随着美国创新体系的转变，企业的边界变得更加多元化。公司越来越多地引入外部的创意和技术。它们也更加积极地拆分现有的创意。

不同类型的合作伙伴和关系是研发共同体各阶段开放式创新的特征。大学合作和多企业研究联盟倾向于以基础研究为中心。在应用研究阶段，大企业与外部创意和知识来源之间的关系包括公司的风险投资，“技术观察”和购买市场研究。最后，购买技术许可证和收购创业公司主要发生在研发开发阶段。

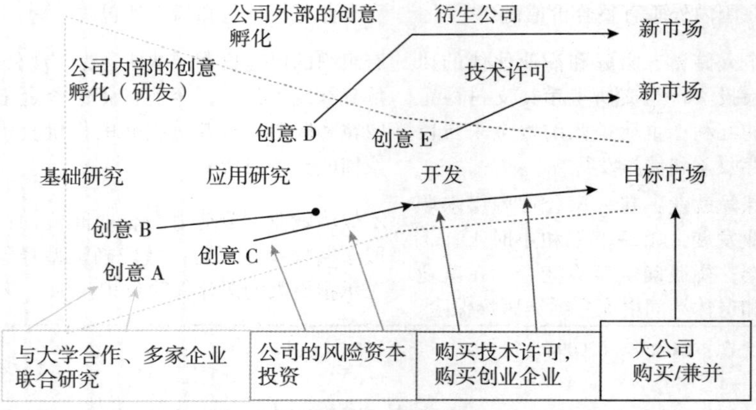

图 5　开放式创新和创意来源，投资阶段

资料来源：Dasher（2013）。

2.2.3 成功的企业家和初创企业的早期雇员可获得较高的财务回报

成功的企业家和早期员工的期望财务回报高。最初设计的股票期权等薪酬计划，是作为吸引员工离开稳定的大企业工作岗位的机制，而并购和首次公开发行活动可以实现高回报。创办新企业本质上是高风险事业，高收益高增长的潜力是抵消这一风险的重要激励。

2.2.4 风险投资为创业企业提供资金和公司治理支持

硅谷拥有世界上规模最大、成熟度最高、竞争最激烈的风险资本市场。美国拥有世界上最大的风险投资市场，2014 年硅谷（包括旧金山）占美国所有风险投资的43%（NVCA，2014）。除了大量可利用的资金使硅谷的初创企业受益外，风险投资还能提供额外价值，如为创业公司的关键早期员工提供人际关系网络，以及为企业引荐潜在的客户和买家，这些都是风险投资除融资以外的重要功能。硅谷的风险投资行业很大程度上受益于该地区的天使投资人社群，2014 年硅谷的天使投资占加利福尼亚州（以下简称加州）所有天使投资的约 85%（JVSV，2015）。他们对潜在创业公司的初步筛选提供了关键的监控机制。在硅谷，天使投资者和风险投资家通常采取实际操作方式对增长策略做出重大调整，有时将新经理带入创业公司。

风险投资是硅谷金融体系的核心。迈特里克等人（Metrick and Yasuda，2011）列出了风险投资的五个定义特征。

1. 风险投资是金融中介。
2. 风险投资只投资私人公司（private company）。
3. 风险投资公司在监督和帮助它所投资的公司方面发挥积极作用。
4. 风险投资的主要目标是通过退出投资最大化其财务回报。
5. 风险投资基金为公司内部成长提供资金。

首先，风险投资是一个金融中介机构，从投资者那里收集资金，并投资于一系列公司组合。就此而言，风险投资与其他金融中介，如商业银行存款和贷款没有区别。风险投资与其他金融中介机构在融资机制和投资方案上有所不同。在融资方面，风险投资机构通常是有限合伙组织。风险投资公司作为普通合伙人（GP）成立一个基金，并请求其他投资者成为有限合伙人（LP）。这些有限合伙人通常是大型养老基金和公司。普通合伙人和有限合伙人之间的合同会适当激励普通合伙人监督基金所投资的公司。在投资方面，风险投资公司通常会收到其投资组合公司的可转换优先股。

在转换之前，可转换优先股有时像银行贷款：公司欠投资者的预期股息会累积增加。这一功能为风险投资基金防止股权价值下行风险提供了有限的保护。如果创业公司不是很有利可图，股权价值可能接近于零，但风险投资可以获得累积股息。如果创业公司根本没有盈利（这种情况经常发生），那么风险投资公司就没有什么好处，所以风险投资的风险比银行贷款要大。如果创业成功，风险投资公司可以将优先股转为普通股，并通过上市或出售给其他公司退出投资。在这种情况下，风险投资可以获得大量的资本收益。因此，使用可转换优先股允许风险投资基金从上行风险中获益，同时提供一定的保护以防止下行风险。

第二，风险投资只投资私人公司。这使得风险投资成为一种私募股权。与在正规市场中有价值的上市公司不同，非上市公司的信息不容易获得。这意味着一般投资者不了解私人公司的增长潜力。这正是风险投资获得巨大的上涨价值之所在（Kenney and Florida，2000）。

即使风险投资公司，也很难获得关于私人公司的全部信息。这导致了第三个定义特征。风险投资不仅提供资金，而且主动监控和帮助创业公司。风险投资人通常在公司董事会上担任代表，有时成为董事长（见专栏1）。通过积极监督，风险投资公司可以减少与投资组合公司之间的信息不对称问题。并非巧合的是，许多风险投资由成功的企业家发起，并关注特定的行业，在这些行业里，风险投资机构既有专业知识，也能像有能力的监督者那样发挥作用。

专栏1　风险投资机构“插手”创业公司的案例

例如，一家日本初创企业，在发展的早期阶段进入硅谷，主要在诉讼期间为律师事务所提供专业的日语和汉语文件检索服务，这可能需要搜索数十万份文件，这家初创公司从风险投资机构介绍的人员那里获益颇多。由于其服务直接面向律师事务所，对风险投资公司而言，该公司显然需要拥有顶尖的销售经理，还应该拥有律师事务所的人际网络。风险投资委员会任命了这样一位经理，他的效率远远高于前任，销售额也迅速增加。

在另一个例子中，一个成功创业公司的创始人和总裁在风险投资机构强迫他将公司卖给更大的竞争对手时感到沮丧。这家创业公司一直在强劲增长，如果仍像以前那样顺利，预计可以在几年内赶上竞争对手，追赶和超越竞争对手的号令一直激励着员工。然而，风险投资机构的其他投资并没有像他们所希望的那样表现良好。为了向其有限合伙人（投资者）提供足够的回报，风险投资机构决定退出这个特定的创业公司并获得最高的估值。成功出售公司后，创始人变得富有，但在几年后的采访中，他仍然很痛苦，因为风险投资由于其他投资决策，迫使他将自己的公司太早卖掉。

减轻信息不对称问题的另一个机制是融资以实现明确的基准为条件（如成功示范原型产品）。这些基准创造了一系列融资轮次（rounds）：第一轮（或称为 A 轮）是公司首次获得融资，其次是第二轮（B 轮），第三轮（C 轮），等等。融资轮次不同于初创公司的“阶段”，这将在后文讨论。

第四，风险投资的目标是财务回报最大化。风险投资试图通过退出投资来实现这一目标。它以销售或首次公开发行的形式实现退出。普通合伙人必须将实现的收益分配给有限合伙人（Kenney and Florida，2000）。普通合伙人的补偿有两种形式。首先，只要风险投资基金存在，普通合伙人每年都会收到一小部分承诺资本（风险投资机构从合作伙伴那里募集的资本）作为管理费用。管理费通常从 2% 开始下降，但在下一年内降至更低水平（Metrick and Yasuda，2011）。其次，普通合伙人从投资中不断获得收益（退出收益减去承诺资本）。这被称为持有权益，通常是回报的 20%。其余的回报分配给有限合伙人。普通合伙人报酬的最大比例来自持有权益的形式（Metrick and Yasuda，2011）。这种结构使普通合伙人能够最大限度地提高投资的财务回报率。

最后，投资组合公司从风险投资那里获得的资金用于扩大业务，而不是收购其他公司。这将风险投资与其他类型的私募股权，如收购基金和困境基金（distress funds）区分开来。

风险投资在美国的规模和分布是多少？表 5 显示了 2013 年美国风险投资总额和地域分布。名义总额约为 290 亿美元。约一半在加州，为 148 亿美元；马萨诸塞州和纽约分列第二和第三，分别为 31 亿美元和 29 亿美元。

表 5 2013 年全美和排名前五的州的风险投资

国家/州	风投公司数量	风投交易数量	投资额（10 亿美元）
加利福尼亚	1362	1616	14.8
马萨诸塞	307	364	3.1
纽约	344	403	2.9
得克萨斯	134	154	1.3
华盛顿	107	126	0.9
全美国	3382	4041	29.5

资料来源：National Venture Capital Association（NVCA）。

表 6 以更精细的地理区域将风险投资额进行划分，并显示了 2009—2013 年各个领域的趋势。2013 年，硅谷（122 亿美元）的风险投资占加州 148 亿美元的大部分。该表还证实，硅谷在美国风险投资中处于大幅度领先地位。这个数字始于 2007 年金融危机之后的复苏期，表明风险投资机构的投资强劲反弹。

表 6 2009—2013 年大都市区的风险投资 （单位：百万美元）

地区	2009	2010	2011	2012	2013
硅谷*	8263.4	9436.2	12037.2	11237.6	12225.7
新英格兰	2603.7	2577.9	3344.5	3391.6	3307.7
纽约	1748.9	1872.8	2862.5	2366.9	3194.7
洛杉矶/奥兰治县	1080.9	1687.8	2076.7	2092.5	1748.2
DC/美达	684.3	973.9	1014.0	756.8	1545.9
得克萨斯	678.2	1079.4	1622.4	948.9	1315.5
东南	1032.0	1101.2	1193.4	801.1	1293.9
中西部	952.3	1368.2	1554.1	1436.8	1107.3
西北	673.9	728.9	785.4	998.5	1056.7
圣迭戈	939.5	881.2	928.0	1191.6	767.7

注：* 国家创业投资协会在定义硅谷方面有些模糊，是“北加利福尼亚：湾区和海岸线”，这是相当广泛的，包括了我们所定义的更广泛的硅谷地区。

资料来源：National Venture Capital Association（NVCA）。

风险投资通常分为两个阶段。今天，风险投资家经常专注于一个特定的阶段。初创公司的第一轮资金往往来自被称为“天使”的富有投资者。天使投资不同于风险投资，因为它们不是金融中介。天使使用自己的资金投资于创业公司，而不是筹集其他投资者的资金。风险资本投资的最早阶段被称为种子资金，通常是创立公司并让公司开始运行。根据国家风险投资协会的分类，之后是早期阶段、扩张阶段和后期投资阶段。表7给出了风险投资在每个阶段的相对投资量级。

表7　各阶段风险投资（2006—2013年）　（单位：百万美元）

阶段	2006	2007	2008	2009	2010	2011	2012	2013
种子期	1292	1837	1923	1735	1676	1079	836	966
早期	4770	6087	5889	4941	5914	8927	8315	9896
扩张期	11124	1066	10725	6841	8707	9829	9447	9814
后期	10329	2953	11412	6769	7072	9894	8754	8869
总体	27515	11943	29949	20286	23369	29730	27352	29545

资料来源：National Venture Capital Association（NVCA）。

早在20世纪70年代初，风险投资已经发展成一个相当大的产业，这是由著名的早期风险投资公司的显著回报推动的。开创性的风险投资公司是仙童半导体公司，由离开了肖克利半导体实验室的8名科学家（斯坦福大学的许多人士）创立（8人共创立65家公司）。仙童半导体公司成立于1957年，创始人的股权相对较少，这导致罗伯特·诺伊斯和戈登·摩尔于1968年离职，投奔了英特尔。英特尔与颇有魄力并专注于创业公司的律师事务所威尔逊—桑西尼—古奇—罗沙迪（WSGR）密切合作，为创始人提供了重要的股权，这成了后来创业公司的典范（Kenney and Florida，2000）。

风险投资与美国战后电子产业同步发展，其经历了肯尼和佛罗里达（Kenney and Florida，2000）描述的如下创新浪潮：

> 即使某个电子产业以主导设计站稳脚跟，有稳定的市场参与者和可预测的增长轨迹，也会有新产业的出现或者主导设计遭受重大破坏，这往往是由于发明了新的商业模式。（Kenney and Florida，2000，第100页）

随着这些颠覆性创新浪潮的开始，风险投资开始演变成现在的形式，风险资本家投资于投资组合，他们知道多数投资会失败，只有几个快速增长的公司可以带来收益。

到20世纪70年代末，养老基金成为风险投资基金的主要投资者。这主要是受到监管变革的推动。1974年的《就业退休收入保障法案》（ERISA）禁止公司的养老基金持有被视为风险过高的金融资产。然而1978年，美国劳工部允许养老基金评估投资组合的投资风险，如果养老基金能证明整个投资组合的整体风险不是很高，就可以参与风险投资和其他类型的私募股权投资。这大大增加了流入风险投资的资金，并促进了风险投资和其他私募股权基金的快速增长。

通常，即使在种子阶段的初创企业，风险投资公司也不是第一批投资者。相反，第一批投资者是所谓的天使投资者。风险投资公司是将来自多个有限合伙人（可能包括金融机构和其他商业实体以及富有个人）的资金集中在一起的专业投资公司，与此不同，天使投资者是投资于创业公司的个人。虽然2014年在硅谷（包括旧金山）的风险投资总额约为145亿美元，但2014年该地区的天使投资估计达到33亿美元（NVCA，2014）。硅谷的天使投资者社群长期以来一直是一个活跃的网络，分享有关投资机会的最佳实践和信息。硅谷沙山天使投资者（Sand Hill Angels，http：//www. sandhillangels. com/）和天使投资团（Band of Angels，https：//www. bandangels. com/）等知名协会展示了硅谷天使投资者采取的专业做法、尽职调查以及对其所投资公司的积极指导。尽管日本的风险投资近年来有了很大增长，但仍然缺少专业的天使投资者社群，在各个阶段的创业创新融资中，这是一个缺失的环节。

与美国其他地方一样，硅谷的银行可能会要求企业家为其初创公司贷款提供个人担保。这种担保使企业家的个人资产处于风险之中，大大增加了失败的成本。不过，因为硅谷的银行必须与其他风险投资来源竞争，例如天使投资者，企业家融资选择较少的其他地区，个人担保似乎使用得不那么广泛。

2.2.5 为各个阶段的创业公司提供高水平和多样化的人力资源

硅谷拥有来自世界各地的、极为丰富的人力资源池。2004年，硅谷人口的36.3%是外国人（JVSV，2015）。此外，无论是从初创企业还是快速增长或成熟度日益提高的创业阶段都可以从硅谷的劳动力中找到有深厚专业知识的人。确立创办一家公司的愿景只是第一步，将快速增长的初创企业管理成一家中型企业乃至一家大企业，需要不同的专业知识和能力，而硅谷在培育公司发展壮大方面已有长期的历史，这促使那里的人把自己的职业生涯集中在公司发展的特定阶段。

硅谷就业市场（包括旧金山）的表现与美国其他地区和加州的表现形成鲜明对比。如图6所示，旧金山县从2007年第二季度到2013年第二季度的就业增长率为 10%。圣克拉拉和圣马特奥县在同一时期的就业增长率为 3.9%。相比之下，加州为 -2.2%，美国为 -1.4%。

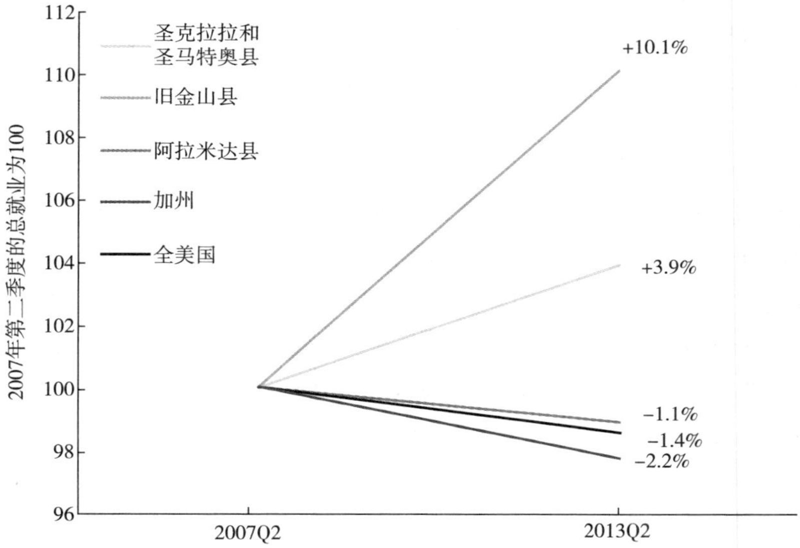

图 6　硅谷、旧金山、加州、美国的相对就业增长

资料来源：Joint Venture Silicon Valley（2014）. *Silicon Valley Index 2014*，citing US Census Bureau。

移民，特别是具有高端技能的移民发挥着积极作用，这向来是硅谷的一个显著特征。截至 2012 年，硅谷的外国出生人口比例为 36.4%，高于加州总水平的 27%，几乎是美国平均水平（13%）的 3 倍。

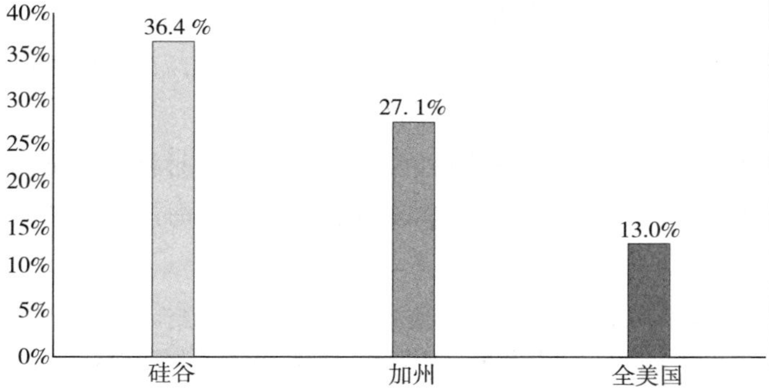

图 7　外国出生的人口占比

资料来源：Joint Venture Silicon Valley（2014）. *Silicon Valley Index 2014*，citing US Census Bureau。

萨克森尼安（Saxenian，1994）认为，硅谷不断受益于为世界各地与本国经济建立桥梁的移民流动。硅谷和以色列这样的地方及其强大的软件和知识产权创新有着密切联系。与中国台湾等地的跨国生产网络也在发展变化。来自硅谷的企业家和科学家在台湾创办无芯片加工的半导体工厂（Fabless Semiconductorplant），使硅谷可以专注于设计①。印度人的流动使业务流程外包成为可能。

2.2.6 劳动力流动性高

硅谷的劳动力流动率高于全美其他地区，在信息技术产业领域尤其高。高劳动力流动性降低了加入初创公司的风险。流动的劳动力市场对创业公司成功实现快速扩张以满足投资者期望也是重要的。高度流动的劳动力市场也导致了关注短期激励以及鼓励忠诚度的绩效导向型措施（如股票期权）；因此，工资出现了相当幅度的上涨。在复苏期间（自2010年以来），硅谷、旧金山和加州的平均工资增长（分别增长9.4%、5.2%和1.4%），超过通货膨胀（JVSV，2015）。此外，高层管理人才，即使像Google这类企业的高层管理人员，也可以跳槽到Facebook等其他公司，或者成为Twitter等公司的创始人，这说明了人才在各个层面的流动。劳动力的高流动性带来的这些积极影响表明，硅谷的相关人力资本是通用的（不是企业专有的），是由劳动力自己投资的。

2.2.7 顶尖大学

全球一流的研究型大学，斯坦福大学和加州大学（伯克利加州大学和加州大学旧金山医学中心）将硅谷锚定在科学和应用研究领域，形成了专门的社群和人际网络，继续推动该地区的创新。这些研究型大学在硅谷发展过程中发挥了重要的作用，也因位于硅谷或邻近硅谷而获益，并得以继续保持全球顶尖大学的地位。大学是人力资源集群的汇聚点。

来自世界各地的顶尖人才都通过大学、公司和临时移民签证来到硅谷。历史上，斯坦福大学和伯克利加州大学的教职人员比东海岸同行年轻，而且有很

① 胡正明说明了这一点。在台湾大学获得本科学历后，他到伯克利加州大学攻读博士学位，并于1973年获得博士学位，1976年成为电气工程与计算机科学系的教授。他是一位颇有成就的学者，在半导体领域取得重大进展，出版了4本书，发表了900多篇论文（包括共同撰写），获得专利授权140多项。他在20世纪90年代创立了一家半导体设计公司，后来成为台积电的首席技术官。在21世纪初，台积电是建在台湾的全球最大的半导体制造企业。

多是优秀的移民，他们在过去一个世纪里通过各种各样的移民潮——欧洲人、南亚人和其他各种亚洲人——来到硅谷（Saxenian，2006）。

产学联系对硅谷生态系统的作用是多方面的、多样化的，不容易用单一的指标来刻画。对于希望了解硅谷的人来说，这本身就容易引起很大误解。其中的部分原因在于多数大学与政府之间的关系密切，而这些关系决定着大部分大学与产业的关系。

核心研究型大学是斯坦福大学和加州大学。加州大学系统，如伯克利加州大学和加州大学旧金山医学中心位于更广泛的硅谷地区，戴维斯加州大学也在农业科学方面发挥重要作用。该地区的其他大学包括圣克拉拉大学、圣何塞州立大学、旧金山州立大学、旧金山大学和许多社区学院。这些大学在硅谷生态系统中也发挥了重要作用，为硅谷提供了大量技术精湛的毕业生，但我们专注于分析斯坦福大学和加州大学。

一个普遍的现象是，资金通常从政府和产业界流向主要的研究型大学，大学通过技术许可办公室为可商业化的技术和发明获取专利，技术许可办公室又将知识产权分拆给商业部门，为大学获得重要收入。这一系统成功运行的形象导致世界各国政府争相模仿。我们将在下文看到，这一形象具有误导性。这个简单的模式并不像表面看起来那么成功。硅谷成功的主要研究型大学与产业界有着更加复杂和多层面的关系。因此，简单地复制“以技术转让办公室为中心的大学和产业协调模式”在其他地方是不可能取得成功的。

1980 年，美国的学术技术许可模式是根据 1980 年的《拜杜法案》（Bayh-Dole Act，也称为《1980 年政府专利政策法案》）制定的。由于经济衰退以及 1971 年石油冲击之后的滞胀，美国的经济竞争力成为一个重大问题。《拜杜法案》允许大学、小企业或非营利性组织保留由联邦研究经费资助的发明的所有权，而以前，这类发明的所有权归联邦政府所有。鉴于政府在 20 世纪 70 年代拨出 750 亿美元左右的研究预算，这改变了游戏规则，为研究成果的商业化提供了强有力的经济激励（Stevens，2004）。

在《拜杜法案》颁布之后，研究型大学几乎都建立了技术转让办公室，旨在成为大学专利的中心，并与产业界协商专利许可安排。这一做法的成功程度不一。我们将在下面介绍斯坦福大学的例子，但应该强调一些值得注意的点。

大学与产业界的关系是多方面的、复杂的。硅谷的大学和产业界在以下各个方面开展互动：授权、学术衍生企业（academic spin-offs）、合作研究、委托研究（contract research）、咨询、专业建议（ad-hoc advices）和从业人员网络、教学、人员交流和学生指导（Grimaldi and Kenney et al.，2011）。几乎所有这些机制都在“以技术转让办公室为中心的协调”模式之外。

产业界人士在大学访问，大学教师或研究人员休假时间或其他时间在企业实验室，这种双向交流的机制非常普遍。

在分析硅谷的起源时，有研究者（Lécuyer，2006）指出，大学与产业之间的双向关系至关重要。他说明了斯坦福大学的研究人员如何依赖硅谷开发的技术来推动自己的研究。只有通过与前沿行业的紧密联系，且以斯坦福大学的协作者身份参与到斯坦福大学的研究中，斯坦福大学的研究人员才能够进行技术创新，同时将工程师培养成最新技术的员工队伍。斯坦福大学和伯克利加州大学为硅谷提供了坚实的基础，但如果没有硅谷的反馈环路，它们也不可能在业内名列前茅。

这一点也反映在肯尼和莫沃里（Kenney and Mowery，2014）对加州大学系统如何在当地经济中（如硅谷、圣迭戈、洛杉矶、圣巴巴拉、戴维斯和纳帕谷）发挥作用所做的分析中。大学周围的产业环境对大学如何为当地经济发展做出贡献有重要的影响（Lécuyer，2014）。他们指出，大学与产业的联系并不是产业收获大学技术的单行道，成功的大学也依靠与周边产业的有效联系。

事实上，在20世纪50年代斯坦福大学成为世界一流的研究型大学时，校长及后来的弗里德里克·特曼（Fredrick Terman）明确鼓励教师解决产业面临的问题。如果解决的是理论问题，可能会导致重大理论突破。固态物理学等领域的后续突破推动了从真空管到半导体革命，使斯坦福大学从60年代开始成为计算机革命的中心。

斯坦福大学与产业互动的另一个渠道是公司联盟计划（corporate affiliate programs）。这些计划分散在整个大学，其中包括7所学院：商学院、地球科学学院、教育学院、工程学院、人文与科学学院、法学院以及医学院。它们作为产业界实时参与大学研究的平台，包括企业高管与教师之间的战略性讨论，行业专家指导博士生开展研究；公司联盟也是安排学生在公司实习的渠道。许多公司联盟计划还包括公司赞助商将研究人员送到大学实验室。与博士生开展联合研究可以让他们获得宝贵的就业招聘机会。对于教授，拥有公司联盟赞助商可以帮助其实验室雇用博士生。这可以为从事重要研究领域的教授形成一个良性循环，使大量的公司联盟赞助商能够为大量博士生提供资金，从而使教授能够在该地区开展更多研究，进而吸引更多的公司赞助商。伯克利加州大学是硅谷的另一个核心，是首个从事半导体研究的大学，前贝尔实验室的工程师在该大学建立了第一个集成电路实验室①。对半导体感兴趣的教员假期就在硅谷的公司里度过，将创新型设计转移到产业界，不仅推动本地初创公司雇用学生，也促进了知识产权转让（Lécuyer，2014）。

斯坦福大学的技术转让办公室通常被认为是美国最成功的。该办公室成立于 1970 年，自那时以来已有超过 10000 项专利和发明，拥有大约 4200 项许可。其中，约有 1200 项非常活跃。虽然许可费大约达到 16.6 亿美元，这听起来是一个很大的数字，但事实证明，超过 10 亿美元仅来自三大发明。简而言之，10000 项专利和发明中有三项是大赢家，在 44 年的时间里，它们占全部收入的 2/3。只有 33 项产生了 500 万美元的许可费，有 87 项产生了 100 万美元以上的许可费。2014 年，许可费收入约为 1.08 亿美元；644 项发明产生收入，但仅带来 10 万美元以上的许可费，其中 6 项为 100 万美元以上。法律费用高达惊人的 980 万美元，只略低于收入的 10%（OTL，2014）②。

这些数额似乎很大，但从客观来看，斯坦福大学 2012/2013 财年的总体经营预算为 44 亿美元。它收到了 12.7 亿美元的研究资助，其中 84% 来自政府。校园有 56 个产业联盟计划，收入为 1.93 亿美元。大学的捐赠基金为 170 亿美元，预先设定的捐赠基金投资回报可用于经营支出。③

然而，来自许可和专利申请的收入显然不是斯坦福大学和伯克利加州大学参与这些活动并鼓励将技术转让给产业的主要原因。其价值在于和产业界保持长期关系，确保教师和研究能够定位于新的前沿技术。这使教师在争取下一轮联邦政府资助的研究时具备竞争力，实际上这才是大学研究收入的主要部分，如下一节（Lenoir，2014）所述。大学与产业界的紧密关系也可以吸引慈善捐款。例如，2001 年，由惠普联合创始人威廉·休利特（William Hewlett）成立的斯坦福大学惠普基金会（Hewlett Foundation）收到了 4 亿美元的捐款。斯坦

---

① Donald Pederson 于 1951 年获得斯坦福大学电气工程学博士学位，1955 年到贝尔实验室工作，当时受聘于伯克利加州大学电气工程与计算机科学系。

② 斯坦福大学技术转让办公室 2013 年度报告，参见 http：//otl. stanford. edu/documents/otl-ar13. pdf。

③ http：//facts. stanford. edu.

福大学2012财年的总捐款收入超过10亿美元。

紧密的产学关系也可能导致新的公私合作伙伴关系，例如英国石油（BP）和伯克利加州大学之间价值5亿美元的十年期合同，诞生了一个新的能源生物科学研究所。

围绕其他地区争相效仿的硅谷生态系统展开的许多讨论都以产学互动为重点。

2014年，斯坦福大学在美国福布斯最具创业精神的研究型大学中排名第一。排名基于各大学的创业比例（自认为是创始人和企业所有者的校友和学生数量除以学校的毕业生和未毕业的学生）①。伯克利加州大学排名第三。Pitchbook（一个有关并购、私募股权和风险投资的数据库）根据2010年至2013年第三季度校友创办由风险投资出资的公司数量，制定了一个学校排行榜。斯坦福大学以190家公司名列第一，伯克利加州大学以160家公司名列第二②。

斯坦福大学和伯克利加州大学都没有明确鼓励教师或学生参与创业活动。创业被视为保留优质教师的一种方式，让他们在大学里也能追求自己的商业利益。参与创业活动也是密切关注前沿领域并帮助教师开展教学和研究的一种方式（Lenoir，2014）。

2.2.8 政府在塑造技术方向和基础科学方面的广泛作用

虽然许多企业家倾向于淡化政府的作用，但政府研发资金对建立硅谷至关重要，政府继续资助该地区的基础研究和应用研究。有人把政府研发资金作为“事实上”的产业政策。硅谷的地方政府也通过建立孵化器和监察员办公室，帮助创业企业打造有利的创业环境，应对复杂的政府监管。

理解硅谷政府角色的关键在于，没有“硅谷”政府。硅谷不是由战略性的政府政策造就的。相反，它有机地发展。这并不意味着政府不能在其他地方复制硅谷的某些具体特点。但是，这也不意味着没有一套特殊的硅谷“最佳实践”策略，可以直接输出给其他政府。

上文讨论了美国联邦政府在资助硅谷创业公司方面的作用。这里要强调的一个重要方面是，美国政府通过国家卫生研究所、国家科学基金会和军队等机

① http：//www. forbes. com/sites/liyanchen/2014/07/30/startup-schools-americas-most-entrepreneurial-universities/.

② http：//www. geekwire. com/2013/top-universities-producing-vcbacked-entrepreneurs/.

构开展的主要研究项目对科学探索的轨迹产生了重大影响。大学在将政府投资转化为科学知识方面发挥了至关重要的作用，然后产业界获得这些知识并将其商业化。

对硅谷创业投资增长来说，联邦政府政策有两个重要转变：放宽养老基金投资标准和大幅削减资本利得税。1978 年《收入法案》将资本利得税从 49.5% 降至 28% 。早期风险投资家和美国电子协会强烈支持这部法案。

美国劳工部在 1978 年根据“审慎人规则” （prudent man rule）放宽了《就业退休保障收入安全法案》的限制，允许企业养老基金投资风险资本，这是风险较高的资产类别之一。养老基金很快成为风险投资的主要出资者，从 20 世纪 70 年代的每年 1000 万—2000 万美元上升到 20 世纪 80 年代末的 40 多亿美元（Kenney and Florida，2000）。

其他联邦政府计划，如 H1 签证计划，给美国雇主临时雇用的技术熟练工人签发非移民签证，有助于将外国人才带到硅谷。在 2000 年《21 世纪法案》中，与美国竞争力相关的签证配额大幅增加，允许政府超过 2 万—3 万人的上限，并在 2001—2003 年将上限上调至 19.5 万。另外，也为大学、非营利性组织和政府研究机构提供了豁免。最重要的是，该法案中有一条规定允许改变签证的赞助人或雇主。签证期限 3 年，可延期至 6 年，但有一些例外。

表 8　美国公民和移民服务部门批准的 H-1B 申请表

年份	初次申请	更新 + 扩展	批准总量
1999	134411	n. a.	n. a.
2000	136787	120853	257640
2001	201079	130127	331206
2002	103584	93953	197537
2003	105314	112026	217340
2004	130497	156921	287418
2005	116927	150204	267131
2006	109614	161367	270981
2007	120031	161413	281444

（续表）

年份	初次申请	更新+扩展	批准总量
2008	109335	166917	276252
2009	86300	127971	214271
2010	76627	116363	192990
2011	106445	163208	269653
2012	136890	125679	262569

注：n. a. ＝数据不可得。

资料来源：USCIS 每年的 Characteristics of Specialty Occupation Workers（H-1B）。

加州税收并不低。福布斯每年利用包括业务成本、劳动力供给质量、商业监管环境、经济环境、增长前景和生活质量等指标给每个州排名。虽然其中一些指标是主观的（特别是如果生活质量不包括硅谷相当温和且受欢迎的气候），但“营商成本”还是很能说明问题。报告指出，加州的经济为 2.2 万亿美元，是世界第八大经济体，占美国经济的 13%。在 50 个州中，其营商成本排名 46，高于全美平均水平 10%。然而，增长前景排名为 3（增长前景最高的两个州是得克萨斯州和北达科他州，主要是基于 2014 年最新调查期间持续的页岩气蓬勃发展）。加州在 50 个州中的总体排名为 36。因此，如果“福布斯”的指标是合理的，尽管税收负担和经营成本相对较高，但硅谷是成功的。这使我们更加关注那些让硅谷成为世界创新浪潮源头的因素。

表 9　福布斯“最佳商业州”排名中的加州

	营商成本	劳动力供给	监管环境	经济环境	增长前景	生活质量
加州	46	28	43	26	3	25

资料来源：Forbes，http：//www.forbes.com/best-states-for-business/。

鉴于州的法律结构在美国联邦体系中的重要性，国家层面的政策和司法裁决对监管环境有重大影响。对竞业禁止协议的法律处理尤其如此，该协议通常禁止雇员在一段时间内与前雇主直接对抗。加州是不执行竞业禁止协议的几个州之一。①

① 其他州包括阿拉斯加州、康涅狄格州、明尼苏达州、蒙大拿州、北达科他州、内华达州、俄克拉荷马州、华盛顿州和西弗吉尼亚州。

事实上，IBM 的一段经历表明，在加州，竞业禁止协议的不可执行性在计算机行业的发展中发挥了重要作用。IBM 的 S/360 大型计算机的模块化设计于 1964 年推出，使人们能够离开 IBM 开发可插入 S/360 的组件。IBM 员工最初害怕 IBM 潜在的法律诉讼，但在加州，他们可以利用在 IBM 获得的专业知识安全地开展新业务。这有助于计算机行业在硅谷发展（Baldwin and Clark，2000）。

如前所述，硅谷地区的边界没有明确界定，跨越多个县市。因此，硅谷的地方政府政策是混乱的，特点是不同地方政府之间缺乏协调。因此，硅谷的居民经常受到公共交通和城市规划等公共物品供应不足的困扰。私营部门公司通常对缺乏政府政策带来的挑战提供创新型的解决方案。颇具讽刺意义的是，硅谷的地方政府在培育创新型增长的生态系统方面发挥了作用。

旧金山湾区快速有轨公共交通系统（BART）是缺乏地方政府协调的最佳示例。该系统的规划始于 20 世纪 50 年代初，打算无缝连接整个湾区，形成从旧金山到海湾两岸的圣荷塞，包括旧金山国际机场、奥克兰机场和圣何塞国际机场在内的大循环，但这一规划被地方政府否决。最初参与规划的县包括阿拉米达、康特拉科斯塔（Contra Costa）、圣克拉拉、圣马特奥和马林。关键的是，圣克拉拉县于 1957 年退出，其次是圣马特奥，1961 年圣克拉拉的当选官员据说很沮丧，因为第一阶段的建设没有覆盖整个县，在帕洛阿尔托就终止了，在后续阶段才延长。据报道，圣马特奥之所以退出，部分受到一名房地产经纪人的影响，该地产经纪人使县里的主管官员认为新建高速公路会降低沿线潜在房产的价值。虽然横跨旧金山金门大桥的马林县获得了近 90% 的选民投票支持，但圣马特奥的退出导致 BART 的税基大幅减少，使马林县连接到 BART 的支出太昂贵。因此，马林县于 1962 年退出。由于这些不同的县未能就采用 BART 达成一致，该系统运行了近 30 年，仍未能与旧金山国际机场连接，限制了它的效能。在 20 世纪 90 年代，虽然圣克拉拉县通过销售税将不同的轻轨系统扩展到弗里蒙特，但跨越海湾的建议被推翻，而将 BART 扩展到圣克拉拉县的另一种措施后来也被取消了①。BART 采用专有的轨距仪和不同于美国其他所有系统的电气和控制系统，因此系统维护和升级成本

① San Jose Mercury News（2005）. "History of BART to the South Bay." Posted on January 8, 2005（http：//www. mercurynews. com/bart/ci_ 5162648 Accessed January 15，2015）.

高昂。

连接硅谷和旧金山心脏地带的主要公共交通系统是将圣荷塞连接到旧金山的 Caltrain 铁路系统。Caltrain 由不同于 BART 的公共实体运营，在非高峰时段和周末只运行一次。它没有连接到旧金山的 BART，也不连接美国长途火车 Amtrak，它连接海湾地区到加州的州府萨克拉门托以及其他地区。

Uber（优步）等新兴企业的出现，以满足人们在没有自己汽车的情况下轻松移动至海湾地区的需求。事实上，2014 年 Uber 的收入远远超过了前几年整个出租车行业，这表明，Uber 以一种低成本的方案来满足额外的需求，而不仅仅是取代现有对出租车的需求。

政府在硅谷核心研究型大学的建立和发展中发挥了关键作用。除了历史遗产之外，政府继续为这些大学提供大量的研究经费。然而，需要注意的是，研究预算由多个不同机构来分配，同时由科学家和其他成员组成的匿名同行评审委员会给出同意拨款的评估意见，研究预算据此来发放。这些委员不一定在机构工作。换句话说，独立咨询委员会评估研究计划的优缺点，而获胜者则以项目为基础获得资助。即使公立的加利福尼亚大学，其大部分研究经营预算也是来自竞争性的资助而不是国家资助。因此，对于许多学科来说，教师获得政府补助的能力在招聘和晋升方面发挥了作用。

在 2014 财年，斯坦福大学获得政府 12. 7 亿美元（总预算为 44 亿美元）的研究资助。2013 年，伯克利加州大学的研究资助共计 7. 385 亿美元，联邦政府占 66%（4. 863 亿美元），加州只贡献了 10%（7370 万美元）。

大多数美国政府拨款需要通过竞争来获取推动了非政府来源的配套资金。政府将私营部门的配套资金视为某个重要的第三方同时给予研究资助的有效承诺。配套资金也能撬动政府资金。因此，在美国，政府对配套资金的预期有助于推动大学与产业界的联系。

最后，对硅谷创业公司的产品和服务来说，政府是主要买家，这在硅谷的分析中，特别是在硅谷的许多参与者中经常被低估。包括军事和航空航天在内的政府部门在硅谷的历史发展中发挥了关键作用，并在塑造技术轨迹方面继续发挥重要作用。

政府作为主要买家一直是硅谷早期创业增长的重要推动力（Leslie，2000）。早期的许多无线电技术被卖给美国海军，随着美国在亚洲地区部署其军事力量，无线电技术也迅速扩展到太平洋地区。

航空航天是“二战”以前海湾地区的重点。1933 年，美国政府将莫菲特（Moffett）机场作为海军航空站，在它周围，政府和工业实验室都开始发展起来。其中，1958 年随着航天局的创建，阿美斯航空实验室被转移到美国国家航空航天局（NASA）。洛克希德弹道导弹与空间公司（后来成为洛克希德马丁公司）是战后大部分地区的最大雇主（高峰时雇用了 28000 人），其大部分销售额来源于政府。初创企业率先采用的半导体和其他专业技术也将政府作为主要买家。截至 2000 年，硅谷是国防合同的领先者之一，接收了约四倍于全国平均水平的员工，是军事工业合作的另一个重点地区洛杉矶的两倍（Leslie，2000）。

在冷战期间，军队在硅谷创业公司成长为大公司方面发挥了关键的历史作用。Varian Associates①、沃特金斯—约翰逊（Watkins-Johnson）② 和惠普的大部分增长都与军事合同有关。东海岸的公司如通用电气、西尔瓦尼亚和天顶等希望从当地的专业知识中受益，于是都在湾区以建立实验室和生产设施的方式设立前哨。从这些大公司中分离出来的许多公司为创业生态系统的不断发展提供了专业技术和专门知识。

从 20 世纪 60 年代开始，由于采购预算减少，与政府打交道变得更难，那些主要向政府出售产品的公司将其业务扩大到商业领域。像 Varian Associates 这样的一些专业公司遭遇困境，但是离开这些公司的人继续去了更成功的多元化公司，如惠普和成为硅谷核心的各种半导体公司（Lenoir，2014）。

---

① Varian Associates 于 1948 年由兄弟俩 Russell and Sigurd Varian、当时的斯坦福大学物理系主任 Leonard Schoff 和物理学教授 Edward Ginzton 以及其他几个人共同成立，其中 Russell 拥有斯坦福大学物理学学士和硕士学位，Edward Ginzton 在斯坦福大学获得学士和博士学位。瓦里安实验室（Varian Labs）率先推出了速调管，这是一种能够在微波频率下放大电磁波的管。其技术专长还包括产生光子的小型线性加速器和核磁共振技术。它与军方有许多接触，例如开发原子武器保险丝。Varian Associates 是 1958 年第一家入驻斯坦福工业园区的公司，被公认为硅谷以战后形式诞生的最初地点之一。Edward Ginzton 是 Varian Associates 的创始人之一，并任首席执行官，他被评为硅谷创始人之一，在斯坦福大学有以他命名的应用物理实验室。该实验室在以下方面开展研究：量子电子学、半导体激光器、皮秒脉冲技术、光学显微镜、隧道技术、力显微镜、光纤、凝聚物，超导材料及其微波应用，以及对半导体等进行非破坏性评估的声学技术（https://ginzton.stanford.edu/history）。

② 沃特金斯—约翰逊（Watkins-Johnson）被认为是战后初期斯坦福大学财务上最成功的衍生企业。联合创始人 Edan Watkins 是斯坦福大学教授，位于斯坦福大学工业园区的沃特金斯—约翰逊开发和生产微波管，主要用于监视、侦察、对测和遥测。这些技术来自 Watkins 在斯坦福大学实验室的研究工作（Leslie，2000）。

2.2.9 商业基础设施

硅谷的商业基础设施，如律师事务所、会计师事务所、导师网络和其他方面，除了提供直接融资或服务外，还给企业家和创业企业提供了其他价值。例如，专门为初创企业提供服务的律师事务所通常会接受以股权抵服务费，因此他们的服务费取决于创业企业的成功。因此，他们在接受新公司作为客户时，自己进行筛选。在与大量成功的创业公司有了业务往来后，他们也可以担任商业顾问和交易商。

硅谷的大多数专业服务提供商，如会计师、律师、猎头公司、市场研究顾问等，都培养了可以为创业公司提供帮助的创业实践专家。硅谷也是众多营利性和非营利性企业孵化器的所在地。如 Y-Combinator 和 500 Startups 这样的新型加速器的成功，将孵化器行业转变成为企业家和股权融资提供短期积极教育和指导项目的模式，同时还有可供租赁的合作空间（collocation space）。新的加速器仍在继续创建。StartX 于 2011 年成立，是斯坦福大学学生创业计划（Stanford Student Enterprise）的衍生企业，也是斯坦福大学学生联合会（Associated Students of Stanford University）的非营利金融分支机构。虽然 StartX 是一个非营利组织，不持有租户公司的股权，但它提供了类似于营利性孵化器的教育和介绍服务。迄今为止，已有 220 多家初创公司接受过 StartX 的服务。

2.2.10 接受失败

硅谷被普遍认为有接受失败的文化，如果能从失败中汲取重要教训就是积极的经历。在这种文化的背后是一套评估和监测企业家及初创企业的有效机制，使“成功的失败”成为随后成功的垫脚石。许多值得注意的创业公司不是第一次，而是企业家成功之前的第二次或第三次尝试。

2.2.11 法律平台

在硅谷生态系统中，律师事务所在创业公司的创办和发展中发挥积极作用，而在美国许多工业区，律师事务所往往是创业企业的对手。硅谷的创业公司倾向于从一开始就聘请律师，并保持与同一家律师事务所的关系直到后者退出（Suchman，2000）。由于成功上市或收购涉及高额费用，硅谷律师事务所有动力帮助客户实现商业成功，而不仅仅是避免法律问题。因此，硅谷的律师事务所担任创业公司的协调人，帮助企业家解决问题，而不仅仅是让企业家意识到法律和规制方面的限制。除了就法律、知识产权和融资问题提供法律咨询外，律师事务所也以其他方式为客户的成功做出贡献。他们经常向潜在投资者介绍客户公司（Friedman 等人早在 1989 年就注意到了这一功能）。一些主要律师事务所，例如 Wilson Sonsini Goodrich & Rosati（WSGR）还成立了投资公司，从客户授予的股票期权中获利，代替客户以现金支付的部分服务费。创业公司聘请一家顶级律师事务所的能力可以作为一种审查机制，以确定创业公司是否具有特别良好的成功前景（至少在见识过大量创业企业的律师事务所合伙人看来如此）。

硅谷法律基础设施的演变与美国其他城市商业区域并无不同。直到 20 世纪 60 年代，将要成为硅谷的这一地区拥有一些个人律师和小公司，但拥有公司实践的最主要的律师事务所位于旧金山。在 20 世纪 60 年代初，这些小公司（例如 McCloskey Wilson & Mosher 的前身成立于 1961 年）开始利用它们靠近斯坦福大学的优势，为新兴的创业公司和早期的风险投资公司提供咨询。律师事务所制定了一些机制，允许自己接受现金不足的创业企业的股票期权，并避免利益冲突。然后，伴随着创业企业的发展，律师事务所扩大了服务和规模，继续保持客户关系，而不是将其职能转移给拥有更多专家性员工的大型律师事务所（Rao，2012）。WSGR 在 1974 年有 10 名律师，到 2000 年已经增至 600 多名律师（Johnson，2000）。1980 年苹果计算机公司的首次公开发行是美国自 1956 年福特汽车公司以来最大的首次公开发行，这次公开发行证明了律师事务所能够为初创企业提供全面服务。苹果的首次公开发行由两家硅谷律师事务所 WSGR 和 Fenwick 提供服务，它们也因此登上了全国舞台（Rao，2012）。

加州某些方面的法律法规及其执行情况被认为是硅谷取得成功的因素之一。特别是，加州不执行离职后的竞业禁止协议。吉尔森（Gilson，1999）认为，这种法律鼓励劳动力流动，人员流动性比实施竞业禁止协议的地区要高得多，例如马萨诸塞州的 128 号公路，这里曾经被认为有望和硅谷生态系统一样促进创新。早期的研究，例如弗里德曼等人（Friedman et al.，1989）指出，硅谷的书面合同往往比其他地区短。他们将此归因于“法律和商业风格的一致性”，也就是如上文提到的，律师看重客户在商业上的成功，为此并不对偶发事件的处理做出规定以保护投资者。此外，加州的法律有一个条款可能更有利于企业家而不是外部的投资者。在加州，如果公司兼并、收购或上市，只需要每类股权的多数股东同意，而在其他州（如特拉华州），需要所有类股权的累计多数股东同意才可以。这意味着，相比于其他地方，在加州创设具有特殊投票权的股权类别可能会使股东更好地控制企业家。

3. 硅谷的制度基础

我们在上文中界定的硅谷生态系统的11个关键特征得到不同制度的支持。在这里，我们遵循青木昌彦的研究，并考虑制度是“对重复博弈的显著方式形成自我维持的共有信念体系”（Aoki，2001，第10页）。因此，制度不仅包括博弈的正式规则，还包括博弈参与者的均衡策略和观察到的行为。正如青木昌彦（2007，第2页）指出的，“概念化的制度本质上是内生的，但对个体行为人而言，是一种外部约束”。

我们找出了支持硅谷生态系统的六种制度。它们是：（A）为有风险的事业提供资金的金融体系；（B）提供高质量、多样化和流动的人力资源的劳动力市场；（C）产业界、大学和政府之间的互动，以持续不断地产生有创意的想法、产品和业务；（D）知名大公司和小型创业企业共同成长的产业组织；（E）鼓励创业的社会制度；（F）协助创业企业成立和发展的专业组织。表10说明了哪些制度支持硅谷11个关键特征的某一个。

表10　硅谷产业生态系统的制度基础

关键特征	支持制度
1. 大型企业和快速增长的小型创业公司组成的双重生态系统	C，D
2. 竞争激烈的行业，“开放式创新”与商业秘密保护之间的平衡	C，D
3. 成功的企业家和初创企业的早期雇员可获得较高的财务回报	A，B
4. 风险投资为创业企业提供资金和公司治理支持	A
5. 为各个阶段的创业公司提供高水平和多样化的人力资源	B
6. 劳动力流动性高	B
7. 顶尖大学	B，C
8. 政府在塑造技术方向和基础科学方面的广泛作用	C
9. 商业基础设施（律师事务所、会计师事务所、创业导师等）	F
10. 接受失败	A，B，E
11. 法律平台	F

3.1 金融体系

创新的结果具有不确定性。因此，为创新提供资金比为传统制造业公司或零售商融资的风险更大。创新融资也存在贷款人/投资者和借款人/企业家之间的信息不对称问题，且信息不对称的情况比通常更严重。在硅谷的金融体系中，风险投资公司有望（而且确实）做的不仅仅是贷款或投资于高风险的创业企业，如第2部分所示。风险资本家经常参与创业企业的管理并密切监控他们所投资的创业企业的进展。作为回报，当创业企业成功时，风险资本家会获得很大的回报。成功的创业企业家和早期员工也享有很高的财务回报。成功的企业家的财富通常被“回收”，并通过风险资本基金为新的创业企业融资。风险资本家主要通过并购和上市追求投资回报最大化，这为创业企业带来了收购或首次公开发行的压力。最后，我们在硅业生态系统中观察到的接受失败的文化也得到金融体系的部分支持，其中风险投资公司会始终监督创业企业。失败不可避免，但是风险资本家常常看到的是企业家即使尽最大的努力仍不能免于失败，因此他们愿意为失败的企业家再次提供机会（Kenney and Florida，2000；Metrick and Yasuda，2011）。

3.2 高质量人力资本市场

硅谷生态系统的几个关键特征都依赖高素质的人力资本。这得到了硅谷劳动制度的支持，在硅谷，高素质科学家和工程师主要在顶尖大学（他们接受更多的专业培训，而不是公司的在职培训）接受培训，知名大公司和小型创业企业都在激烈竞争技术熟练的工人，人才经常流动到不同的公司，参与成功创业的人在财务和社会方面都获得了很高的回报（Kenney et al.，2000）。这个择优机制吸引了来自世界各地的人才（Saxenian，1994，2006）。人力资本多样化鼓励创新，许多公司都看重工作场所的多元化，这进一步增加了多样性。随着外来人口流入硅谷，随时干扰现有企业，取代现有员工，企业面临更大的竞争，工人也面临更大的压力去积累可在不同公司之间转移的技能和知识。在劳动力市场上也可观察到对失败的容忍，加上可能非常高的财务回报，鼓励高技能人员反复从事有风险的创业。

3.3 产业界、大学和政府的互动

公司、大学和政府之间多层面的互动是硅谷生态系统的另一个制度基础。

通过顶尖大学、创业企业、政府机构和研究机构之间的合作，开发出许多创意。这样的联系是多方面的，远远超出了从政府到大学的单向资金流动，以及从大学到产业的创意或知识产权。互动范围包括正式许可和合作研究、咨询、专业建议，网络、人员交流和其他机制（Grimaldi et al.，2011）。大学与当地的经济环境有着密切的联系，可以利用前沿行业动态，为处在研究第一线的各学科提供信息。大学的理论突破和进步反过来也促进相关产业的技术进步（Kenney and Mowery，2014；Grimaldi et al.，2011；Lenoir，2014）。硅谷各公司的产品和服务，政府历来是主要的买家（Leslie，2000），并仍将是重要买家。

3.4 产业组织结构

另一个制度基础是知名大公司与小型创业企业共存的产业组织结构。大企业往往是创业企业的首批买家，帮助它们成长，而不是试图挫败未来的潜在竞争对手（Kenney and Florida，2000）。许多大公司也积极购买创业企业，以进入新的市场领域（Sturgeon，2002）。大企业通常与创业企业、大学和其他大企业在研发的早期阶段进行合作（Chesborough，2003；Lazonick，2009），尽管它们在商业化阶段可能开始高度保密。

3.5 创业文化

硅谷接受失败的文化，给失败的企业家提供第二次机会，这得到了金融制度和劳工制度的支持。金融机构预期失败率很高，因此建立一套高度发达的监督和评估机制，在评估失败的创业企业时考虑到了“好的失败”（good failures）的可能性。高度流动的劳动力市场使得企业家和员工在创业企业失败后能够找到工作或在其他地方重新开始的机会。此外，社会规范强调并重视多次冒险，将失败视为成功之母①。

3.6 作为商业基础设施的专业机构

最后，我们把那些为创业公司提供商业基础设施的律师事务所、会计师事

① 苹果公司联合创始人史蒂夫·乔布斯在斯坦福大学的演讲就是这个社会规范如何不断被强调的范例。http：//news. stanford. edu/news/2005/june15/jobs-061505. html。

务所、辅导机构和孵化器等专业机构网络作为另一种制度，而不是其他制度安排的结果。这些商业基础设施公司已经演变成以具体的方式支持硅谷的商业生态系统。例如，辅导机构和孵化器/加速器为筛选创业企业提供了更多的机制。硅谷的律师事务所以较低费用或者无前期费用为资金有限的创业企业提供法律服务。这些商业基础设施公司减少了企业家和初创企业在非核心业务方面花费的时间和精力（Suchman，2000）。

4. 日本创新型经济增长的制度挑战

硅谷生态系统的六个制度基础并没有在日本建立起来。日本在相应领域的制度与硅谷有很大的不同。例如，在创业企业的融资中，直到最近银行或银行拥有的风险投资公司才主导市场。日本的工程师具备全球竞争力，但这些高技能工人的流动性一直很低。相对较少的工程师成为企业家，部分原因是他们知道如果失败，不太可能获得第二次机会。日本也有大企业和创业公司，但是大公司常常更喜欢在公司内部开展研发工作，而不愿意和创业企业合作或者从外部的创业企业购买更好的技术。

至少在理论上，日本可以发展这些制度基础。这样的制度变迁将把日本的经济体制从适应追赶型增长转变为适应创新型增长。的确，正如我们在第 5 部分将要看到的那样，日本政府在 20 世纪 80 年代看到这种转变是不可避免的，并试图通过各种产业政策鼓励这种转变。但许多政策效果不佳，鼓励日本创新的类似政策也是安倍政府一揽子政策的重要组成部分，这是本文第 6 部分的主题。

然而，在不久的将来，有些制度可能在日本难以发展。例如，接受失败的社会规范可能难以发展，需要很长时间。此外，政府可能没有办法帮助发展这样的制度。在这种情况下，更好的办法是让日本企业和企业家直接参与硅谷生态系统的动态发展。第 7 部分回顾了日本企业直接受益于硅谷生态系统的历史经验。由于缺乏在硅谷的日本企业的系统性信息，我们的分析严重受限。我们在本部分给出的许多发现只是依赖一些趣闻轶事。这些观点应该通过系统收集信息和严格分析来进行检验。

5. 促进创新的产业政策：对日本过往产业政策的评价

20 世纪 70 年代后期，通产省正确地认识到日本已经走过了经济增长的追赶阶段，并制定了日本经济在后追赶阶段的“愿景”。此后，当时的日本通产省会同政府其他部门实施了一系列政策以促进创新。本部分评估了旨在促进创新的三类产业政策：促进创新型产业集群发展，直接资助研发，以及鼓励创业。理论上，当需要政府加以解决的外部性问题出现后，政府通过上述三种方式进行干预是合理的。

促进产业集群旨在获得集聚经济（economies of agglomeration）。当同行业或相关行业的多家企业/工厂集聚在同一区域时，单个企业/工厂会从中获益。企业的集聚会通过知识溢出和专业工人汇集等渠道，提高企业效率（Marshall，1920；Rosenthal and Strange，2004）。要获得集聚经济，就需要相当数量的企业集聚在同一区域内；但是，没有企业愿意成为产业集群的首家入驻企业，除非有其他企业也会进驻产业集群。对此，政府可以通过协调几家核心企业入驻，以及/或者补贴先入驻企业的方式来促进产业集群的形成。

与此相似，研发投资的外部性也为人所熟知。由于重要的创新可以通过对其他企业/研究者的溢出而孵化出更多的创新，所以创新的社会收益通常要高于私人收益。因此，至少在理论上，政府可以通过补贴研发以使创新者能将社会收益内部化。

最后，尽管按照“大数法则”，那些承担风险而创业的人整体上能给社会带来净收益，但对许多企业家而言，他们创立新企业是冒着很大风险的。因此，理论上，政府可以通过补贴或者其他方式来鼓励创业，以降低企业家这一重要生产要素供应不足的负面效应。

在本部分以下内容中，首先考察过去40年里促进创新的产业政策是如何演变的；然后，我们将在第5.2节、第5.3节和第5.4节中分别评论上述三类产业政策。可能的话，我们将探讨严格的政策评估所得出的结果。但是我们发现，目前还没有充分证据来帮助我们判断这些产业政策是否产生了预期的效应。

5.1 创新政策的“愿景”

早在20世纪80年代，日本为了推动经济增长就开始实施促进技术创新的产业政策。1979年，通产省在《20世纪80年代产业政策展望》中提出了日本“技术立国”战略。此战略的提出是基于以下认识：至20世纪70年代，日本已完成了对西方发达经济体的追赶。正如我们在第1部分所述，这一认识是正确的。由于日本的技术水平已经赶上西方发达经济体，该政策展望提出：转折点正在来临，日本的产业发展模式将从“收割”西方国家孕育开发出来的技术，转向“‘播种和培育’自身的技术，而这将会展现出更强的创造力。随着长达一个世纪的追赶型现代化的结束，从80年代开始，日本将进入一个前所未有的崭新阶段”。同时，70年代的两次石油危机使石油价格螺旋式上升，这也导致日本更加希望通过技术创新来提高石油使用效率或发现替代能源。

90年代，日本经济长期衰退，强势日元迫使制造业外迁，于是产业空心化成为一个重要问题。在此背景下，日本政府认为技术创新应该发挥新的作用。1996年11月，桥本内阁再度掌权，并且日本自民党成为单独掌权的执政党。首相桥本龙太郎提出要实施“六大改革”，即行政改革、经济结构改革、金融体系改革、社会保障体系结构性改革、公共财政的结构性改革和教育改革。1996年11月，桥本首相在其对内阁成员的政策演讲中谈及结构性经济改革时指出：“至关重要的是，我们必须要迅速实施全面的经济改革政策。遏制产业空心化的核心在于新产业的创立和扩张，这意味着我们必须在资本、科技和人力资源这三个领域做出反应，以使新产业能根植国内、茁壮成长。尤其是在科技领域，一方面我们应大力促进基础研究，加强产业界、学术界和政界的联系，另一方面我们也要在电信、生物技术和其他必要领域实施技术开发政策。”显然，日本政府希望通过促进技术创新来推动新兴产业的发展，以解决产业空心化难题。

这些思路体现在1996年12月内阁批准的《经济结构改革计划》及1997年5月内阁批准的《经济结构改革政府行动计划》中。为了“建设充满活力、繁荣富裕的经济，以实现经济活动和公共负担之间的平衡，既要促进新兴产业的形成和打造富有吸引力的营商环境，又要培育能够提供良好就业机会的生机勃勃的产业，还要避免让公民、劳动力和公司来承担最大负担”，《经济结构改革计划》聚焦于医疗和社会保障、生活方式、信息通信、新制造技术、物流配送、环境、商业支持、海洋、生物技术、城市环境修复、太空、新能源及节能、人力资源、国际关系、住房15个领域，并且提出了这15个领域的发展方向。

根据《经济结构改革计划》，在内阁通过这些政策措施时，这15个领域为日本提供了1066万个工作岗位，它们的市场规模高达198万亿日元。该计划预计，如果日本的经济结构改革得以成功实施，到2010年这15个领域提供的工作岗位将增至1827万个，市场规模会达到561万亿日元。尤其是医疗和社会保障、生活方式、信息通信这三大领域会创造大量工作机会。日本政府认为该改革计划“将义无反顾地迅速触及日本经济结构改革的核心，在改革过程中会遵守国际规则，在遵循改革计划精神的基础上，通过政府部门之间的有机协作，来强化包括放松监管、推进系统性改革、促进研发等政策措施”。《经济结构改革政府行动计划》具体阐述了这15个领域的结构改革方案。

2000年3月，日本通产省公布了《面向21世纪的经济和产业政策：议题与展望》，对21世纪前25年的产业政策进行了具体展望。特别值得注意的是，新展望分析了在出生率下降和人口老龄化带来的劳动力数量减少的背景下，日本经济社会发展的可持续性问题。通产省预测：如果日本实际GDP能实现2%的增长，那么政府债务占GDP的比重将降至50%以下，国民负担率（以税收总额与社会保障缴费之和除以国民收入来衡量）将保持在50%以下。在劳动力数量持续减少的背景下，实际GDP要实现2%的增长，最重要的条件就是，以研发和信息技术投资为基础的全要素生产率必须非常高。因此，新的展望强调了广义创新的重要性，其中包括经济结构改革和技术创新。

通产省力图寻求“向有助于迈进‘领跑者时代’的技术创新体系转型。转型后的技术创新体系，将涵盖从原创基础技术到成功商业化的全部环节”。于是，通产省建议构建有利于开放和合作的新技术创新体系：

> 当代技术创新是以多个技术领域的集成和各国研究人员的合作为基础推动的，并且技术创新的速度极快。日本迫切需要一个新体系来适应新时代和新环境，以促进技术创新。这意味着日本先前独立性很强的技术创新体系，需要转变为开放和合作的技术创新体系。借助于在特定创新中处于核心地位的公司或个人，与日本或海外其他公司、大学、个人等之间的开放合作，新技术创新体系将会激发出研发资源的全部潜力，并经由有机集成的过程获得诸多原创性成果。在新技术创新体系中，大学和研究机构会与企业合作开展能够产生原创成果的基础技术研究，并会积极把这些原创成果转化为更知名的产品；此外，在新技术创新体系中，大学和研究机构将会成为从事研究的人力资源的重要来源地。技术创新的关键在于激发研发组织能做到正确判断、快速决策，并能做到责任明确。不论研发组织的规模大小，这个原则都是适用的。我们必须在开展跨组织合作研究的研究

人员之间发展能够跨越组织藩篱的横向合作和有机合作，以便为大胆而又快速地创造研究成果提供动力。要达成此目标，政府把诸多方面的工作落实到位就显得尤为重要。（Industrial Structure Council，2000，第 39—40 页）

这一愿景是以美国的技术创新体系为范本制定的，特别是受硅谷技术创新体系的很大影响。当时，硅谷备受瞩目。为了实现这一愿景，通产省引入了多项政策措施，其中包括：（1）支持旨在促进开放合作的协作和新合作方式（例如，支持区域内外不同产业间的交流，放松产业界和大学开展联合研究的限制，支持建立合并纳税体系和捐赠税收体系等）；（2）促进大学和研究机构的技术顺利转移至产业部门［例如，放松有关联合聘任的规则，放松有关缺勤的规定，扩充技术转让办公室的权限，有关技术中介提供支持（如识别专家）的规定等］；（3）以战略眼光运用知识产权体系、标准化政策，等等。所有这些措施在 21 世纪均得以实施。

5.2 促进产业集群的发展

在日本，聚焦区域发展的产业政策有较长的历史，此类政策可以追溯至“二战”前的内务省和立宪政友会提出的相关政策。“二战”后，实施此类产业政策的目的是实现日本的区域平衡发展，即降低地区收入不平等程度；20 世纪 60 年代实施的《全国综合开发规划（1962）》以及《新兴工业城市建设法案（1962）》和《促进产业整合特区开发法案（1964）》等相关法律，都是很好的例证。不过，这些产业政策并未重点关注日本各区域的技术创新。这一情况，直到《促进高技术产业聚集发展法案（1983）》（又称《科技城法案》）通过后才有所改变。

提出日本技术立国战略的《20 世纪 80 年代产业政策展望》，使《科技城法案》在 1983 年得以通过。《科技城法案》的目标是实现日本各区域经济的自动增长。科技城项目旨在创造一个使产业界（电子和机械等先进技术产业）、学术界（理工科大学、私立研究机构等）与生活圈融合共生的空间。

这一构想得到了各地方政府和产业界的认同。1981 年，通产省在日本产业立地中心（Industrial Location Center）设立了“科技城 90 委员会”，并计划在全日本的 20 个地区设立科技城（在最初名单中的两个地区合并后，就变为在19个地区设立科技城)。这20个地区是根据以下两个标准遴选出来的:(1)这些地区都有人口达到20万甚至更多的城市;(2)这些地区距离日本三大都市圈的距离不超过一天的车程。

《科技城法案》提供了一个评估框架,以便政府决定是否批准地方官员在前述国土开发规划指引下制订的区域发展计划。地方政府的区域发展计划一旦得到批准,就可以获得中央政府的支持。具体的支持政策有很多,包括特殊的折旧政策、免征测试和研究设施的固定资产税、免征特种土地税、用于建设培训设施的无息贷款等。在1984财年、1985财年和1986财年,分别有14个、4个、8个(共计26个)地区被批准为科技城区域。

制定实施《科技城法案》的目的是要引导制造业发展,但从80年代后期开始,服务业在日本经济中的重要性不断提高。日本政府意识到这一趋势后,于1988年颁布了与《科技城法案》类似的《智能园区法案》(Intelligent Location Act),以促进服务业的技术进步。该法案的宗旨是促进各区域的智能部门实现集聚发展。其中,智能部门包括产业研究实验室、企业产品研发部门及信息处理部门、软件开发商、设计机构等。与《科技城法案》类似,实施《智能园区法案》的各县政府上报它们根据前述国土开发规划制订的区域服务业发展计划。计划获批后,地方政府就能获得中央政府的补贴。其中包括减税优惠和来自政府金融机构的债务担保等。1989—1992年,共有23个地方服务业发展计划获得了批准。其中,许多获批区域与科技城区域相近或重叠。

尽管《科技城法案》和《智能园区法案》均聚焦于科技创新,但两者都延续了传统思路,即鼓励集聚在城市的产业向多个区域扩散。这种政策思路,最早发端于20世纪60年代的《全国综合开发规划》。在90年代,由于日本经济陷入了长期停滞,政策重点转向以科技创新培育新兴产业。1997年5月日本内阁通过的《经济结构改革政府行动计划》就反映了这一新政策导向。基于该行动计划,日本政府于2000年发布了《面向21世纪的经济和产业政策:议题与展望》,它以美国硅谷为效仿对象,倡导建立开放合作的创新体制。

作为《面向21世纪的经济和产业政策:议题与展望》中的关键产业政策,2001年公布的《产业集群计划》旨在“通过促进各区域内中小企业和风险投资公司将大学、研究机构的成果转化为产品和服务,以在信息技术、生物技术、环境技术和制造业等领域形成产业集群(即通过创造出有利于新兴产业持续发展的商业环境,围绕具有竞争优势的核心企业形成更大范围的产业集聚），从而提高日本的产业竞争力”。《产业集群计划》是一份长期规划，时间长度达 20 年（2001—2020 年），该计划分三阶段实施。在其起步阶段（2001—2005 年），政府需要着手培育 20 个产业集群。

该计划声称将会采用“引进了计划、执行、检查、处理方法（PCDA approach）的项目评估”，但目前暂无证据表明在项目中真正采用了 PCDA 方法。在第三阶段（2011—2020 年，自主发展阶段），新兴产业将不再享受政府补贴，其发展也会趋于稳定。截至 2009 年，以下 19 个产业集群项目已经启动，其中包括 10200 家区域性中小企业、560 所大学和职业技术学院。

（1）北海道信息技术创新战略（信息技术）

（2）北海道生物技术产业增长战略（生物技术）

（3）东北制造业走廊（制造业、医疗与工程技术协作、环境技术、信息技术）

（4）区域振兴项目（制造业）

（5）东京生物技术网络（生物技术）

（6）东京创业论坛（信息）

（7）东海制造业创新项目（制造业）

（8）东海生物技术创新项目（生物技术）

（9）北陆制造业创新项目（制造业、生物技术）

（10）关西生物技术集群项目（生物技术）

（11）关西领跑者项目（制造业、能源技术）

（12）关西环境产业项目（环境技术）

（13）下一代核心产业发展项目（制造业、生物技术、信息技术）

（14）基于资源循环利用的环境技术创新项目（环境技术）

（15）四国科技连接规划（制造业、健康、生物技术）

（16）九州区域环境和可再生产业交易中心（环境技术）

（17）九州硅产业及其规划（半导体）

（18）九州区域生物技术集群规划（生物技术）

（19）冲绳特色产业发展促进项目（信息技术、健康、环境技术、加工贸易）

考察日本区域性创新政策经济影响的研究并不多见。大久保和富浦（Okubo and Tomiura，2012）利用 1978 年、1980 年、1983 年、1985 年、1988 年和 1990 年《日本制造业普查》中的多工厂企业数据，分析了《科技城法案》和《智能园区法案》的实施效果。他们发现，相对于其他地区而言，根据《科技城法案》或《智能园区法案》批准实施了相关产业发展计划的地区，其辖区内的工厂数量比其他地区有实质性的增加。例如，依据《科技城法案》建设的项目所在地内的工厂数量占日本全国工厂数量的比重，由1983年的10.1%提升至1988年的10.6%。类似的，1989—1992年依据《智能园区法案》建设的项目所在地内的工厂数量占日本全国工厂数量的比重，由1985年的16.1%提升至1990年的16.6%。据此，大久保和富浦（2012）认为，这两部法案在吸引投资建设新工厂方面是成功的。

大久保和富浦（2012）还利用回归模型估计了这些政策对（以每个雇员的增加值来衡量的）劳动生产率的影响。具体而言，他们的回归模型如下式所示：

$$DPROD_j = const + \alpha_1 SIZE_j + \alpha_2 MAT_j + \alpha_3 LABOR_j + \beta POLICY + \gamma IND + \varepsilon_j \quad (4)$$

其中，$DPROD_j$是工厂j的生产率对行业均值的偏离程度，$SIZE_j$、MAT_j和$LABOR_j$分别是工厂j的规模［以长聘雇员（regular employees）数量来衡量］、原材料投入强度（以原材料支出与产出的比例来计算）、劳动力投入强度（按工资总额与产出的比例来计算），*IND*是行业虚拟变量，ε是扰动项。*POLICY*是一个虚拟变量，如果工厂处在根据《科技城法案》和《智能园区法案》建设的项目区域，则该变量取值为1，否则为0。

表11给出了利用1983年、1985年、1988年和1990年数据进行截面回归后虚拟变量*POLICY*的回归系数及t统计值。从该表可以发现，不管是在根据《科技城法案》建设的项目所在地还是在依据《智能园区法案》建设的项目所在地，在每个年度虚拟变量*POLICY*的估计系数都显著为负。因此，不管是在政策实施前还是后，与其他区域的工厂相比，根据两个法案建设的项目所在地内的工厂生产率更低。

表11　大久保和富浦（2012）实证分析结果中政策变量的回归系数

普查年份	1983年	1985年	1988年	1990年
《科技城法案》	-0.148 (-9.91)	-0.12 (-8.45)	-0.099 (-2.99)	-0.114 (-8.63)
《智能园区法案》	-0.109 (-8.81)	-0.088 (-7.53)	-0.075 (-6.76)	-0.086 (-7.82)

注：括号内数据为t统计值；阴影部分是以相关政策施行后的样本为基础进行估计得到的回归系数。

由于《科技城法案》的实施期为1984—1986年，《智能园区法案》的实施期为1989—1992年，因此，要观察政策的影响，需要将与《科技城法案》有关的1983年截面回归得到的政策变量的系数估计值，与1985年、1988年、1990年的回归系数进行比较；同理，需要把与《智能园区法案》有关的1983年、1985年、1988年的截面回归结果中政策变量的系数估计值，与1990年的回归系数进行比较。表中阴影部分是以相关政策施行后的样本为基础进行估计得到的回归系数。

例如，为揭示《科技城法案》的影响，我们可以比较1983年截面回归结果中政策变量的系数估计值与1990年截面回归的系数估计值，两者相差0.034。由于1983年截面回归与1985年①截面回归是完全独立的，因此二者回归系数的协方差为零，并且可以计算出在这两个截面回归结果中政策变量系数估计值之差的标准误为0.0199。因此，在常规显著性水平上，这两个系数估计值之差并不异于零。也就是说，没有证据表明，根据《科技城法案》实施的政策提高了其项目所在地工厂的生产率。与此类似，为揭示《智能园区法案》的影响，通过比较1988年截面回归结果中政策变量的系数估计值与1990年截面回归的系数估计值，可以发现，两者的差异也不显著。由此，我们认为，也没有证据表明依据《智能园区法案》实施的政策提高了项目所在地工厂的生产率。

5.3 补贴研发项目

日本政府出台了一系列产业政策来支持研发项目。其中，最重要的政策当属政府实施的一系列国家项目，在这些项目中，政府引导私营企业加入新技术研究联盟。首个国家项目是1996年实施的“大规模产业技术开发体系建设项目”。在此之前的1976年和1981年分别实施了“医疗及辅助技术领域研发体系建设项目”，“下一代基础产业技术研发项目”。“下一代基础产业技术研发项目”是以前述《20世纪80年代产业政策展望》为基础提出来的，该展望提出了日本技术立国战略（Odagiri and Iwasa，2000）。1993年，这三大项目都整合到了“产业科技研发体系建设项目”之中。此外，1995年颁布的《科技基本法》亦强调要协调好促进科学研究和技术创新的各类

① 原文如此，疑为1990年。——译者注

政策。《科技基本法》强调国立研究实验室、大学和私营机构要加强合作，它还强调要平衡基础研究和应用研究的关系。《科技基本法》要求，每五年制订并实施一份《科学技术基本行动计划》，而且政府要从长期视角施行系统的、一体化的科技政策。

1996 年 12 月日本内阁批准的《经济结构改革计划》及上文提到的《经济结构改革政府行动计划》，都对国家项目产生了重要影响。为了突出新产业培育的重要性和技术创新在新产业培育中的关键作用，1998 年日本政府制定并实施了“产业技术应用研究体系建设项目”和“通过产学合作促进科学研究和技术开发体系建设项目”。这两个项目和其他现有产业科技研发体系建设项目，都可以纳入“旨在培育新兴产业的科技研发体系建设项目”名下。

图 8 展现了 20 世纪 80 年代和 90 年代日本国家项目的预算规模稳步扩张的态势。国家项目的预算总额中，既有来自一般账户的资金，也有来自特别账户的资金。值得注意的是，90 年代日本政府一般账户支出总额陷入停滞，但国家项目的预算规模仍然呈稳步增长态势。

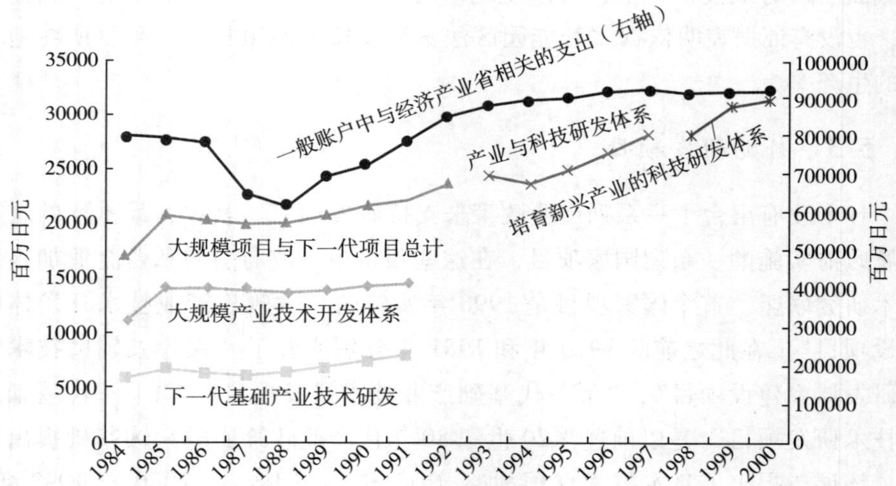

图 8　国家研发项目的政府预算

资料来源：Tsusho Sangyo Sho Nenpo，每年。

1993 年实施的“产业科技研发体系建设项目”主要聚焦于：（1）基础技术和原创技术的研发（基础技术和原创技术研发会通过创造新的技术

框架或实现技术突破，加快推动日本经济社会发展）；（2）公共管理和社会福利领域的技术研发（公共管理和社会福利领域必要的技术研发会通过创造优质生活必需的基础保障、增强资源供应的稳定性、促进科技发展等途径，来满足社会需要）。国立产业技术综合研究所设立了11个监督机构，以对超导、新材料、生物技术、电子、信息通信、机械、航空航天、原材料、人口、生活方式及社会、健康及医疗11个技术领域的进展进行动态评估。

1998年设立的“产业技术应用研究体系建设项目”主要为技术开发阶段的研究提供支持，因为对于私人企业而言，从事此阶段的技术研究需要承担过高的风险。该项目资助的重点，就是《经济结构改革计划》明确的15个领域。“通过产学合作促进科学研究和技术开发体系建设项目”也是在1998实施的，其目的是通过补贴私营企业与大学的合作研发项目，来加快新兴产业培育步伐。

之前鲜见关于国家项目政策影响的评估，但小田切让和岩佐（Odagiri and Iwasa，2000）对启动于1981年并在1993年整合进“产业科技研发体系建设项目”之中的“下一代基础产业技术研发项目”的影响进行了评估。虽然在1981年启动“下一代基础产业技术研发项目”时，只列入了新材料、生物技术和新型功能元件三个领域，但在1988年、1990年又分别加入了超导、软件这两个领域。在这五大领域，共实施了23个研究项目。这些项目的研究人员来自私人企业、大学和国立研究所等机构。在1988年之前，研发资金都是由通产省下属的工业技术院分配。1988年，新能源产业技术综合开发机构成立后，研发资金的分配转由该机构实施。平均而言，每个研究项目有11.4家私人企业参与。当然，有些私人企业会参与多个研究项目。参与项目最多的企业是住友电气工业株式会社，它共参与了7个项目的研发活动。总共有83家私人企业至少参与了一个研发项目。大学和国立研究所参与的数量要少很多，平均每个研发项目仅有3.5所大学和2.8家国立研究所参与。

小田切让和岩佐（2000）通过对项目参与者的访谈发现，生物技术和精密陶瓷的研发项目都存在溢出效应。这些项目成功建立了跨越企业和国立研究机构之间组织藩篱的研究网络。在生物技术项目中，确立基因工程这一新研究领域，并以此为基础孵化出了一个新兴产业。

5.4 促进创新型创业企业发展的制度改革

在日本，促进创业企业发展的政策是中小企业政策的一个组成部分。长期以来，日本的中小企业政策都是以1963年颁布的《中小企业基本法》为依据出台的，制定实施该基本法的一个前提，就是认为中小企业在同大公司的交易和竞争中处于劣势。这使得中小企业政策实质上就成了保护中小企业及其雇员的社会政策。

随着日本经济的成熟，中小企业政策的侧重点也有所转变。到20世纪90年代，中小企业被视为日本经济的动力之源，中小企业政策的重点也变成了培育众多更少依赖政府保护的有活力的中小企业。政策重心的转变，使《中小企业基本法》在其颁布实施36年后于1999年首次进行了修订。修订后的《中小企业基本法》明确了政府的目标主要是：促进业务创新和创业、强化经营基础、改善社会保障（Small and Medium Enterprise Agency，2000）。因此，促进创业企业发展的政策就成了中小企业政策的主要目标。修订后的《中小企业基本法》在“第二章基本措施”的“第一条促进中小企业的业务创新和创业”下新增了以下两款：

第十三款（促进创业）：为促进中小企业创业，政府应为创业企业提供信息服务、提升培训质量，为创业企业融资提供便利，以及其他有利于促进中小企业创业的措施。同时，政府应该努力增进公众对中小企业创业的理解，并激发社会的创业热情。

第十四款（促进创造性业务活动）：为促进中小企业开展创造性业务活动，政府应促进中小企业在产品产销环节或服务提供环节开展原创技术研发，完善相关制度以便于中小企业获得必要的人力资源，并可以通过发行股票和公司债券来筹资。并且，必要时政府应采取其他措施促进中小企业开展创造性经营活动。

“创造性业务活动”的定义如下：

第一章第二条第三款，本法中的“创造性业务活动”既包括那些成为业务创新目标或创业目标的业务活动，又包括那些运用了公认的原创技术和经营管理新模式的业务活动。

促进创业和创造性业务活动的立法，实际要早于《中小企业基本法》的修订。它本身就是1995年出台的《关于促进中小企业创造性业务活动的临时措施法》（简称《创造性业务促进法》）的一部分。《创造性业务促进法》允许政府制定并实施中小企业政策，以支持那些试图创业但尚未行动的人（Nakata，2013，第651—652页）。①

除了修订《中小企业基本法》，日本政府还推行了两项金融改革，以促进创业企业的发展。第一项金融改革，是在20世纪90年代末和21世纪头10年初对《证券交易法》做了一系列修订。这是日本政府推行大爆炸金融监管改革的重要举措，促使证券交易所专门为创业企业设立了新的交易市场。东京证券交易所在1999年设立了高增长和新兴股票市场（the Mothers）。大阪证券交易所于2000年与美国纳斯达克证券交易所合作开设了纳斯达克日本分部。②

第二项金融改革，是1998年颁布了《中小企业风险投资有限合伙法案》。该法案允许投资人以有限合伙人的身份加入风险投资基金，并规定有限合伙人不参与风险投资基金所投公司的管理（Nakata，2013，第691—696页）。

这些改革让日本的创业活动获得了更多关注，但并没有显著增加创业企业的数量。图9给出了1996—2014年日本每年的首次公开发行数量。从1999年到2007年，日本首次公开发行的数量每年都有100多家。之后，首次公开发行的数量骤然下降。许多观察人士认为，2006年活力门公司（Livedoor）的股价受其财务造假丑闻的影响而崩盘，是日本首次公开发行数量急剧下降的转折点。

活力门公司曾是东京股票交易所高增长和新兴股票市场上一家快速增长的企业，它吸引了许多个人投资者进入这个为创业企业专设的交易市场。然而，活力门公司被勒令退市却让其中许多个人投资者大失所望，并且使他们由此远离了东京股票交易所高增长和新兴股票市场及其他为创业企业专设的股票交易市场。“活力门事件”之后，日本首次公

---

① 《创造性业务促进法》（The Creative Business Promotion Law）有一个10年退出条款。该法律的内容作为2005年《促进中小企业新业务活动法案》的一部分而成为永久性立法。

② 纳斯达克日本分部于2002年失败后，大阪证券交易所以赫克拉斯之名继续经营这一市场。在此前后，创业企业的其他股票交易所也纷纷创建，包括名古屋股票交易所的Centrex市场（1999年）、札幌证券交易所的Ambitious市场（2000年）和福冈股票交易所的Q板市场（2000年）。

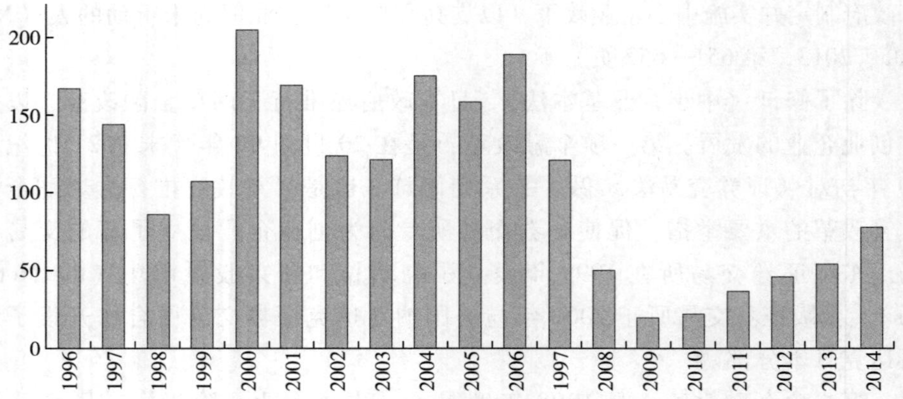

图 9　日本股票市场上首次公开发行的数量

资料来源：Kabusiki Koukai Hakusyo（PRONEXUS Inc.）。

开发行市场的恢复一直都很缓慢。始于 2007 年的全球金融危机也深刻影响到了日本资本市场，对那些专为创业企业而设的资本市场的影响尤为深刻。

2001 年，日本政府公布了另一项促进创业企业发展的计划。这项以时任经济产业大臣平沼赳夫的姓氏来命名的《平沼计划》旨在五年内使新创企业数量翻番，三年内新创 1000 家大学技术转让机构。尽管《平沼计划》设定的数量目标遭到广泛批评，但更重要的一点是，该计划力推制度改革，以复制在美国硅谷发挥了巨大作用的利用学术研究成果来培育新产业的制度（见第 2.2.7 节）。如表 12 所示，针对大学和技术转让机构知识产权待遇的改革在此期间也得以实施。该计划实施后，确实在三年内成功创立了 1000 家研究型分拆企业（Spinoffs）（Harada and Mitsuhashi，2011）。① 不过，五年内让新创企业数量翻番的目标未能实现。

① 一个知名的例子是创建于 2004 年的 CYBERDYNE 公司，2014 年在高增长和新兴股票市场上市（总裁兼首席执行官为筑波大学的 Yoshiyki Sankai 教授），该公司开发了 Suit HAL 机器人。

表 12　与大学技术转让有关的监管改革概要

1995 年	《科学技术基本法》	促进科学技术发展的指导意见，制订《科学技术基本计划》
1996 年	《科学技术基本计划》（1996—2000 财年）	将政府在研发领域的投入总额提升至 17 万亿日元，促进产业界、学术界和政界的合作
1998 年	《促进技术从大学向产业转让法》	建立经批准的技术转让机构
1999 年	《产业活力再生特别措施法》	日本版《拜杜法案》，减少对技术转让机构和私营企业向政府资助的研究项目购买专利收取的专利费
2000 年	《产业技术增进法》	增强研究人员身份的灵活性
2001 年	《第二个科学技术基本计划》（2001—2005 财年）	将政府在研发领域的投入总额提升至 24 万亿日元，改革产业界、学术界和政界的合作机制
	《平沼计划》	确定了建立 1000 家大学技术转让机构的政策目标
2002 年	《知识产权基本法》	确立了有关知识产权创造、保护、利用的基本思想，在内阁增设知识产权战略总部
2003 年	《知识产权战略推进计划》	概述了学术机构在知识产权管理方面的责任和权利，在大学建立知识产权总部
	《国立大学法人化法》	获得法人地位，雇员不是公务员身份
2004 年	国立大学法人化	2004 年 4 月正式施行《国立大学法人化法》
2006 年	《第三个科学技术基本计划》（2006—2010 财年）	将政府在研发领域的投入总额提升至 25 万亿日元，建立可持续的、不断前进的产业界、学术界和政界的合作体系

资料来源：Harada and Mitsuhashi（2011）。

另一项旨在降低创业企业创办成本的改革举措在 2006 年出台。2006 年新修订的《公司法》废除了股份制公司的注册资本最低为 1000 万日元的要求。根据 2003 年颁布的《中小企业挑战支援法》，创业企业在其存续的第一个五年内，无须满足《公司法》有关最低注册资本的要求。2006 年新修订的《公司法》将此做法进一步放宽至所有股份制公司。

在20世纪末和21世纪初出台的多项促进创业企业发展的措施，时至今日仍发挥着作用。在安倍经济学面世之前出版的《2013年日本中小企业白皮书》，回顾2012财年实施的中小企业政策时，在“支持创业企业”这一节详细说明了以下政策措施（Small and Medium Enterprise Agency，2013，第243—244页）①。例如，支持创业企业筹集资金的措施就包括：

• 新创企业贷款项目：依据此项目，由日本金融公司（JFC）为准备开办新企业的人及开办新企业不久的人提供无担保贷款。

• 为创始人担保的项目：此项目旨在通过信用保证协会为准备创办企业或五年内创办了企业的人提供担保，以促使私营金融机构向创业企业家发放贷款。

• 促进创办有助于创造区域需求的企业：通过向首次创办企业或二次创业的女性和青年征集商业计划，并支付部分费用以促进这些商业计划得以实现的方式，来支持那些创造了地方需求的企业或同类经营实体。

• 天使税制：该制度旨在便利新创中小企业及同类经营实体从个人投资者（即“天使投资者”）获得资金。当个人投资者向满足一定条件的中小企业投资时，以及将投资获得的股权转让时，都可以享受所得税减免。

• 增加创办企业所需的“风险资金”的供给：日本产业革新机构（INCJ）设立了一个风险投资部门。为了增加新企业创办和新产品商业化所需的“风险资金”的供给，以及为了便于创业企业家从私人投资者手中筹措资金，并鼓励私营企业开展风险投资，日本政策投资银行（DBJ）和商工中金银行（Shoko Chukin）都要发挥积极作用。重新考虑企业家在筹集资金时需要个人担保，使鼓励企业家创办新企业的政策框架变得更加完善。

与程序相关的措施：

• 旨在支持中小企业和微型企业开展业务创新的计划。

与管理经验相关的措施：

• “小企业”增长总部。

与人力资源获取相关的措施：

• 中小企业和微型企业人力资源对策项目。

与管理经验和人力资源获取相关的措施：

---

① 此白皮书阐述的是由日本中小企业厅实施的中小企业政策，但日本内阁其他省厅和地方政府也制定并实施了一些支持中小企业发展的政策。

• 为业务活动创新提供人力资源支持。

在以上政策措施中，贷款补贴项目和政府为创业者提供担保这两项政策得到了广泛的实施。基于《创造性业务促进法》而制定的“天使税制”于1997年施行，至今已数次修订。尽管政府对天使投资税收减免的效果有很高期望，然而，该政策并未提高日本的天使投资额（Small and Medium Enterprise Agency，2014，第243—244页）。2009年由日本产业革新机构设立的公私合营风险投资基金，到2012年已经在日本（作为直接投资者或作为有限责任合伙人）风险投资界变得相当活跃。中小企业基盘整备机构（彼时称为日本小企业公司）自1999年以来运营了一个基金投资项目。在此项目中，该机构以有限合伙人的身份向私营投资公司运营的投资基金提供资金。安倍经济改革中，此类政策仍然是创业企业促进政策的核心。

6. 安倍经济学的创新政策

安倍经济学的增长战略，也称为第三支箭，包含了诸多旨在使日本变得更具创新力的政策。2013年公布的首版增长战略包含了多项创新政策，这些创新政策绝大部分都是经济产业省（由通产省改名而来）和其他省过去已经提出过的。由于许多改革观点都没有明确的重点，这成了安倍经济学第一版增长战略的主要缺陷。为了应对这一批评，2014年6月公布的更新版增长战略，详细阐述了10个重点改革领域，其中就包含了创新。2015年6月修订后的增长战略指出，在扩张性宏观经济政策上的前“两支箭”已成功解决需求短缺问题的背景下，旨在提高生产率的“第三支改革箭”变得更加重要了。尽管2015年修订后的增长战略在重点改革领域上基本未做深化，但增加了一些新的改革方向，特别是促进地方经济发展的政策，即便如此，创新政策依然是“第三支改革箭”的核心所在。纵览2014年6月以来所实施的政策，很容易发现以下九项政策与创新是直接相关的。

（1）促进对创业企业及再创业企业家的投资；

（2）建立新体制以激发创新活力，对国外领先者形成实质性挑战；

（3）帮助新创企业步入良性发展轨道；

（4）促进业务创新；

（5）强化内阁科技政策委员会的综合统筹职能，强化研发机构的功能，促进公立机构和私人部门共同开展研发活动；

（6）建立国家创新体系；

（7）促进地方创新；

（8）强化知识产权和标准化战略；

（9）实施《机器人新战略》。

附录1详细说明了各政策领域的具体措施。与安倍上台之前的其他增长战略不同的是，现行增长战略对多个政策领域都设定了关键绩效指标（KPI）。在评估政策效果及需要对政策做出必要调整时，关键绩效指标能发挥重要作用。附录1列出了九个政策领域各自的关键绩效指标。该附录列出的部分政策的确对日本的创新产生了积极影响，但日本以往创新政策的问题，主要是缺乏严格的政策评估，而非缺乏政策思路（及政策措施）。这类问题我们在前文已做出说明，后面的结论部分也会提及。

7. 利用硅谷资源

正如第4部分所述，支撑硅谷生态系统发展的制度，有一部分至少短期内很难在日本形成。因此，对日本企业和企业家来说，更加可行的方式是，直接参与硅谷生态系统之中，并成为其中的一部分。本部分主要审视日本企业“利用”硅谷生态系统的过往经验。

根据第3部分的讨论，我们考察日本企业在利用促进硅谷发展的以下六大核心要素方面的经验：（A）资金，（B）人力资本，（C）产业—大学—政府互动，（D）产业组织，（E）创业文化，（F）商业基础设施。日本企业在利用硅谷的制度和资源过程中获得的潜在收益大小，一定程度上取决于企业是大企业还是创业企业。比如，在融资方面，大公司和小企业在风险投资资金中的地位完全相反。大公司对成为现有风险投资机构的有限合伙人或设立运营公司风险投资（CVC）更加感兴趣，而处在初创阶段的小企业更乐意接受来自风险投资基金的投资。因此，把日本的企业分为三类是有必要的：大型老牌企业（大企业），已经在日本金融市场上市的成熟创业企业（成熟创业企业），以及处于初创阶段的创业企业（初创企业）。

由于缺乏相关信息，我们很难对日本企业在硅谷的业务活动进行深入分析。目前尚无数据库能提供在硅谷的所有日本企业的相关数据。虽然有关于由硅谷风投公司投资的初创企业的公开数据库，但很难识别哪些初创企业是“日本的”。

日本贸易振兴机构会同北加利福尼亚日本商会撰写的系列调查报告，是目前仅有的对硅谷日本企业的研究成果。1992 年以来，每年都出版该调查报告。大致推测，该系列调查报告是以日本驻旧金山总领事馆提供的日本企业名录，来识别在硅谷的日本企业。尽管如此，该系列报告既没有提供准确的资料来源，也没有公布过接受调查的日本企业名录。

由于缺乏在硅谷的日本企业的系统性信息，本部分的讨论主要基于日本企业家的趣闻轶事及他们的自传。当然，也有许多关于小型创业企业的书籍和报告（Kushida and Brooks，2012；Wahl，2015a），就单个创业企业的经历和观察提供了细节丰富的洞见，但它们还谈不上是系统的研究。因此，本部分的观点依然需要系统性证据加以验证。

除了解释日本企业和企业家如何利用硅谷创业生态系统这一问题，这些零散的信息也表明，许多日本大企业在硅谷收集信息、设立办事处、开展公司风险投资业务及进行并购等方面都面临着共同的挑战。本报告“结论”部分将讨论此问题。

7.1 日本企业利用硅谷制度的尝试

7.1.1 融资

1984 年，集富公司（JAFCO）在旧金山开设分支机构。它是日本第一家进入硅谷的风险投资公司，但该分支机构最终成了一家独立的美国公司，目前在美国 Icon Ventures 名下运营。Scrum Ventures 代表了日本风投公司进入硅谷的另一种模式，它开始是以日本社交网络服务企业 Mixi 公司的美国投资部门面世的。在 Scrum Ventures 的首轮融资中，Mixi 公司是其唯一的有限合伙人；不过，在后续融资中，Scrum Ventures 还获得了其他投资者的资金。成立于 2013 年的世界创新实验室（WiL）是采用独特运营模式的风险投资公司，其总部在美国加州帕洛阿尔托，管理的资金约为 4 亿美元。世界创新实验室的大量业务运营都在日本，例如通过日本的有限合伙人募集资金，它除了对日本企业进行投资外，还为大企业提供分拆上市等增值服务。

越来越多的日本大企业正在成为硅谷风投公司的有限合伙人。例如，世界创新实验室的有限合伙人，就包括全日空、索尼、都科摩（NTT DoCoMo）、日产、瑞穗金融集团、柒银行、倍乐生、伊势丹、三越控股、博报堂，等等。此外，欧姆龙和小松等企业也投资了 Draper Nexus 和 Fenox Capital 等其他硅谷风险投资公司。

在20世纪90年代末的信息技术产业繁荣期，许多日本企业都在硅谷设立了公司所属的风险投资机构（CVCs）。其中许多风险投资机构至今仍然很活跃。比如，住友集团全资控股Presidio Ventures，以及松下集团下属的Panasonic Ventures，都是1998年成立的，它们的总部都设在硅谷。也有像Cyberagent Ventures和Itochu Technology Ventures这样，把总部设在东京，在硅谷开设分支机构的公司所属的风险投资机构。软银资本成立于1995年，其总部设在马萨诸塞州，但在硅谷设有办公室。2005年在帕洛阿尔托成立的DoCoMo Capital，在时下流行的笔记软件Evernote只获得早期的几笔投资时，就将其成功引入日本市场。

对于利用硅谷风险投资公司的日本大企业来说，机会和挑战都不少。主要的机会是，日本的大企业可以通过风险投资公司的网络接触到有发展前景的初创企业。当然它们也能更早地同这些有前景的企业进行接触、交流。

日本大企业对风险投资公司进行投资，或成立其自身的风险投资机构所面临所的主要挑战，并非日本所独有，但这是一个重要的挑战：风险投资的目标到底是寻求投资收益最大化，还是寻找有发展潜力的战略合作伙伴。如果目标是投资收益最大化，最明智的做法是对投资对象不要以先入之见，限制它开展那些可能给投资人带来收益的业务。如果对投资对象的经营范围加以限制，投资收益很可能就会比较低。另一方面，与被投资的特定创业企业存在战略关联的投资人，与单纯的风险投资公司相比，会倾向于在更长期限内持有那些未盈利企业的股份。由于日本大企业更愿意和被投资的创业企业结成战略合作关系，而不太顾及投资收益最大化目标，因此，它们的投资回报率通常比较低。但目前还不清楚，日本的大企业是否从被投资的创业企业那里得到了足够高的战略价值，以弥补其较低的投资回报率。

对于早期阶级的创业企业，风险投资不仅能为其提供资金，还能为其提供有价值的人际关系网络。事实上，多家得到硅谷风险投资的日本创业企业就认为，它们不仅通过风险投资人的介绍组建了团队还获得了客户（Kushida and Brooks，2012）。当然，也有许多日本创业企业在进入硅谷前就已经在日本获得了风险投资，但并未从硅谷的风险投资公司的人际关系网络中受益，最终也没有获得成功。最近，SmartNews和Metaps都从硅谷的风险投资公司获得了超过2000万美元的追加投资。不过，二者能否从硅谷风险投资公司的人际关系网络中获益仍有待观察。

已经在日本完成了首次公开发行的成熟创业企业面临着另外一个挑战。硅谷的风险投资人对此类已经上市交易的企业缺乏兴趣。然而，相比美国证券交易市场的首次公开发行规模，日本证券市场的首次公开发行规模偏小。因此，日本的成熟创业企业来到硅谷后，同它们的竞争对手相比又面临着资金不足或股票期权等薪酬计划受限的劣势。

7.1.2 人力资本

短期内，日本或许很难建立新的劳动力制度，以产生具有高流动性和多样性特征的高素质人力资本。因此，日本企业最好是利用硅谷的人力资本。但日本的企业如果这么做，也会面临诸多重大挑战。

首先，硅谷的薪酬水平相当高。公司必须面对的一个问题是，在同一个团队共事的人，相互之间的薪酬水平却相差甚大。不同的工作文化又会加剧这种矛盾。比如，团队中来自日本的雇员在看到他们硅谷同事领着4倍的薪水，却在下午5点就下班去参加孩子的学校活动，而他们却要继续加班到晚上10点。这会让日本雇员备感沮丧。同时，这些团队的管理者也要承受巨大的压力（Wahl，2015b）。

其次，日本企业缺乏评价天赋超群雇员的经验。虽然这个问题对于那些小企业来说尤其明显，但目前大家都还没有认识到，因为小企业招聘的雇员明显不是顶级人才（Watanabe，2015）。

第三个挑战是，在企业内部晋升机会有限的条件下，如何留住顶级人才。对于那些总部设在日本的企业而言，其硅谷办事处的管理者通常都需要是日本人。对于在硅谷聘用的非日籍雇员来说，这意味着他们在公司内部的晋升空间有限。虽然，有些日本企业为非日籍雇员增设一条成为区域经理的职业发展路径，但是很少有日本企业会提拔非日籍雇员到总部担任高层管理者。

在这些挑战中，第二个（识别顶级雇员的经验）是最容易解决的。因为日本企业可以借助资深咨询专家的专业服务来解决此问题。而其他两个挑战则非常难以解决，除非能改变日本的人力资本管理方式。然而，如果日本企业能够改变其人力资本管理方式，那么建立新的劳动力制度，进而产生具有高流动性和多样性特征的高素质人力资本就不再是难事了。假如日本能够建立这样的劳动力制度，日本企业就无须利用硅谷生态系统的这方面优势了。

7.1.3 产业—大学—政府互动

产业—大学—政府之间的多方位互动，是短期内难以建立起来的制度。实际上，日本一直试图通过国家项目和其他科技政策来推动这种多方位合作。但时至今日，这些政策的效果仍然有限。安倍经济学中的许多政策也力图促成产业—大学—政府之间的互动。即便如此，日本的企业和企业家加入硅谷的产业—大学—政府间互动也是有用的。实际上，许多日本企业在同硅谷的主要大学开展合作方面做得不错。当然，也有许多挑战。

一些日本大企业同斯坦福大学和伯克利加州大学等硅谷的大学开展合作研究已有相当长一段时间。在日本企业资助的产业—大学联合项目实验室里，有许多日本的研发人员。同时，在硅谷各个大学的技术研究实验室和非技术部门，也有许多来自日本的访问研究人员。

对于大企业的一个挑战是如何利用好其雇员接触到的技术。比如，来自研发部门的雇员在硅谷有机会从事前沿研究。但是，当他们返回日本后却发现他们所从事的前沿研究在企业内尚无相应的新业务部门或战略部门做支撑。如果没有企业内部其他部门的支持，这些前沿研究就会停留在研发部门里。如今，已有一些大企业吸取了这方面经验，将同大学联合开展的研究升级为战略性业务。为了增强企业总部对这些研究的支持，也有一些日本大企业让被派至硅谷学习的员工直接向公司首席技术官（CTO）领导下的团队汇报，而不再向公司研发部门报告。

日本企业的另一个挑战是，此前几乎没有日本公司与美国大学合作开展过严肃的科学研究。解决此问题的一个方法是，设法获得美国国立卫生研究院或美国国防部这样的资助机构的授权，这就可以名正言顺地参与前沿研究项目。因此，许多日本创业企业在硅谷成立公司以申请美国政府资助的大型科研项目。有一些企业则直接雇用成功申请到美国政府资助项目的专家。

另外一种解决办法是设立科学咨询委员会。比如，由日本科学家共同参与组建的生物结构实验室，在 2008 年设立了科学咨询委员会。该委员会成员中就有来自伯克利加州大学的科学家，该科学家帮助生物结构实验室招募了其他科学家，并且帮助生物结构实验室建立了一个与科学界沟通的渠道。生物结构实验室还通过激烈竞争获得了美国能源部资助的研究项目。生物结构实验室最终成功地开发出一种方法，能够将海藻转化成乙醇，并且该实验室有一项突破性成果以封面文章的形式发表在《科学》（*Science*）杂志上。

7.1.4 产业组织

在“开放式创新”背景下，硅谷的大企业通常会成为创业企业的买家。此类产业组织在日本是能够发展起来的。不过，日本大企业想同硅谷创业企业合作，而日本创业企业也愿意同硅谷的大企业交易。

事实上，日本一些大企业在收购硅谷创业企业上已经变得非常活跃。其中，最活跃的是像日本乐天这样的新势力。乐天在投资3亿美元成为出行共享公司Lyft的最大股东之后，又对社交媒体公司Pinterest投资了5000万美元，最近还收购了电商配套服务创业公司Slice等几家硅谷企业。日本网络游戏开发商DeNA也通过并购进入了硅谷。它在2010年以接近4亿美元的价格收购了手机游戏公司ngMoco。

软银集团旗下的雅虎日本在并购领域也很活跃。2010年，它并购了移动广告公司Cirius Technologies。尽管是Cirius Technologies公司的硅谷办公室吸引了雅虎日本的目光，但这桩交易却与硅谷无任何关联。因此，日本似乎正在打造与硅谷类似的大小企业共生共荣的产业组织。如果能够获得成功，日本在这方面无须再依赖硅谷。

7.1.5 创业文化

文化是很难改变的。正因为如此，硅谷产业生态系统中的创业文化才是日本最需要学习利用的。那些受日本社会害怕失败的氛围影响而不愿在日本创业的企业家，可以到硅谷去尝试创业。事实上，日本企业家和创业企业愿意到硅谷的一个强烈动机，就是想从其创业文化中获益。一些日本大企业担心，它们送到斯坦福大学或者伯克利加州大学MBA项目学习的员工会离开公司。这意味着，日本大企业也认为硅谷创业文化很有吸引力。

7.1.6 商业基础设施

为各类企业提供专业服务的有些机构在日本可能很难发展起来。对日本企业家来说，与其坐等国内此类机构的发展，不如直接购买硅谷专业机构提供的服务。事实上，硅谷许多商业服务型企业已经在主动做出改变，以便为日本企业提供专业服务。比如，像威尔逊律师事务所（Wilson Sonsini）这样的硅谷大型律师事务所已经选聘律师来专门为日本客户提供服务。也有一些律师事务所专注于为日本企业提供签证和移民服务。还有许多小型机构和咨询专家为日本大企业和创业企业提供人员培训和创业孵化服务。Plug and Play孵化加速器里有许多日本企业入驻，硅谷其他孵化器也有日本创业企业入驻。像Sunbridge这样的机构，则专注于提供将日本创业企业引入硅谷，以及将美国企业引入日本的商业服务。

7.2 日本大企业与硅谷

除了前面提到的挑战，在与硅谷的日本大企业的员工进行非正式交流时，我们也发现了一系列特殊问题，这些问题源于他们与日本总部的沟通。例如，许多人都提到，总部要求使用一成不变的产业研究方法让人备感挫败。当在硅谷进修的员工发现与潜在颠覆性企业有关的信息，并将其报告给日本总部时，许多日本大企业的总部总是会问，该企业当前的市场销售规模有多大、预计未来市场销售规模多大、目前行业内的主要竞争对手有哪些、占行业总市场规模的比重有多高等常规问题。然而，对于颠覆现有市场格局的创业企业，它们还没有市场、没有竞争对手，同时也充满着巨大的不确定性。在创业企业成功颠覆现有市场格局之前，传统的市场分析方法无法捕捉到这类企业的巨大潜力。而在创业企业成功颠覆现有市场格局后，尽管传统的产业分析方法可以发挥作用，但日本大企业派送员工去硅谷可能会获得的收益也就消失了。

有价值的信息源于那些技术潜力大或商业模式创新性强的创业企业，但是，如果日本大企业在收购或投资硅谷创业企业方面没有丰富经验，或者没有与硅谷创业企业合作过，那么它们在与硅谷创业企业交流时就会面临一个特殊的逆向选择问题。这就是，最有前途的创业企业不太可能有时间或兴趣与那些可能无法让它获益的企业交流。这不是只有日本企业才会遇到的问题，但由于日本企业内部的企业文化与较少收购外部企业的经历形成了更大的反差，使得日本企业遇到的问题更加突出。

在硅谷工作的日本大企业员工通常都需要处理好两方面的关系，而他们可能没有这方面的经验。在硅谷，他们需要抽时间与创业企业接触，尽管这些企业暂时还没有良好的业绩，他们要认真对待可能存在的潜在投资机会或与创业企业进行合作的机会。如果他们所在的企业名气很大或者拥有许多层级体系明显的供应商，那么在日本市场根本就不需要做这些事情。对于总部，他们要努力让其上级相信，为了获得有前景的创业企业的详细信息，有时也需要做出一些承诺。总部也许并不了解它们在硅谷的地位其实没那么高，尽管它们在日本市场非常强大且备受尊重。因此，尽管对于跨国公司而言，驻外工作需要向两个方向“兜售”不同的观点，已是十分常见的挑战，但在硅谷生态系统和日本大企业在日本市场上的典型运作方式之间的极大反差放大了这一挑战。此外，从硅谷的视角提出问题的员工通常需要确保他们的上级会持续支持他们开展工作——否则，上级通过岗位轮转就可以将他们边缘化。

在硅谷的日本大企业员工普遍抱怨总部提供的资金不够、决策速度慢，并且缺乏总体上的自主性。一个有前景的交易机会出现时，他们不能自行决定。即使允许他们采取行动，可供他们调用的资金又不够。因此，他们必须向位于东京的总部征求意见，而这个过程又十分缓慢。

正如有学者（Menjo，2015）指出的，来到硅谷的许多日本大企业都存在另一个问题，就是没有清晰的战略。虽然在进入硅谷之前制定一个战略也有风险，但没有任何战略带来的问题更大。一个战略不需要在每个细节上都是精确的。事实上，一个理想的战略确实需要一定的灵活性，因为硅谷的许多机会很可能都是出乎意料的。

8. 结论

对于像日本这样成熟经济体的持续增长，创新至关重要。在本报告中，我们研究了创新连续不断出现的硅谷生态系统，明确了以创新为基础的经济增长的六大制度基础，它们是：（A）为承担过高风险的创业企业提供资金的金融体系；（B）能够提供高质量、多样化和可流动的人力资源的劳动力市场；（C）旨在持续不断地产生创意、产品和企业的产业—大学—政府之间的互动；（D）老牌大企业与小型创业企业共生共荣的产业组织；（E）鼓励创业的社会制度；（F）协助企业创立和成长的各种专业组织。日本完全复制硅谷的所有制度来实现以创新为基础的经济增长是没有必要的，但具备这些制度的功能却十分必要。日本需要合适的制度来实现在硅谷大放异彩的这些功能。要不然，日本企业就需要利用硅谷的制度来承担日本制度所不能提供的功能。

如果日本政府成功促进了这六大制度基础的形成和发展，它就能够帮助日本转变为以创新驱动增长的经济体。或者，日本政府应该帮助日本的企业和企业家利用硅谷的制度。事实上，我们在第 5 部分评述的许多产业政策以及在第 6 部分列举的创新政策的目的，都在于建立健全这样的制度基础。表 13 说明了日本政府制定并实施每一项政策的初衷，都与构建此六大制度基础有关。

表 13　为促进以创新为基础的经济增长日本政府实施的主要政策

与建立起为承担过高风险的创业企业提供资金的金融体系有关的政策	促进创业企业发展（第 5.4 小节）；促进对创业企业及再创业企业家的投资（第 6 部分）；帮助新创企业步入良性发展轨道（第 6 部分）
与开发高质量、多样性和高流动性的人力资源有关的政策	
与建立旨在持续不断地产生创意、产品和企业的产业—大学—政府之间的紧密互动有关的政策	促进产业集群发展的政策（第 5.2 小节）；研发补贴（第 5.3 小节）；强化内阁科技政策委员会的综合统筹职能，强化研发机构的功能，促进公立机构和私人部门共同开展研发活动（第 6 部分）；建立国家创新体系（第 6 部分）；强化知识产权和标准化战略（第 6 部分）；建立统筹全国医疗研究的机构（第 6 部分）
与建立老牌大企业与初创小企业共生共荣的产业组织有关的政策	促进产业集群发展的政策（第 5.2 小节）
与建立鼓励创业的社会制度有关的政策	促进创业企业发展（第 5.4 小节）；促进对创业企业及再创业企业家的投资（第 6 部分）；建立新体制以激发创新活力，对国外领先者形成实质性挑战（第 6 部分）
鼓励那些协助企业创立和成长的各种专业组织发展的政策	促进创业企业发展（第 5.4 小节）；帮助新创企业步入良性发展轨道（第 6 部分）
协助日本企业和企业家利用硅谷生态系统的政策	
与制度基础建设或协助日本企业利用硅谷生态系统无关的其他政策	促进业务创新（第 6 部分）；应对以机器人技术创新及应用为标志的新产业革命（第 6 部分）

从表 13 可见，本报告所评述的所有产业政策都不能解决的一个制度基础是：建立一个能带来高质量的、多样化的人力资本且灵活调整的劳动力市场。而这样的劳动力市场恰好正是日本实现以创新为基础的经济增长所必需的六大制度基础之一。这并不是因为日本政府没做任何与劳动力市场改革有关的事。实际上，日本政府已制定实施多项政策力图提高日本劳动力市场的流动性、提

升人力资本质量，但这些政策与创新政策并没有直接联系。安倍经济学的结构改革也包括使劳动力市场变得更加灵活的内容。应当承认，这些劳动力市场改革政策对建立健全以创新为基础的经济发展的制度基础有重要影响。

在表13中，并没有具体的政策与协助日本企业和企业家利用硅谷生态系统相对应。除了建立健全有助于国内创新能力提升的制度基础之外，日本政府也应该鼓励日本企业和企业家利用硅谷生态系统。不过，在这方面日本政府似乎尚无作为。

正如我们在第7部分所言，目前缺乏关于日本企业在硅谷活动的系统性信息，因此，日本政府的首要作用就是投入资源来收集这些数据。例如，可以通过日本贸易振兴机构和新能源产业技术综合开发机构（NEDO），与大学联合起来做这件事。确保相关信息能够向社会公开是很重要的，因为进入硅谷的日本公司有很多经验教训。然而，这些知识大多是分散的。许多信息不仅只为单个企业所掌握，而且在许多情况下只有那些被派遣到硅谷的员工才掌握相关信息。也就是说，尽管日本企业进入硅谷获得了很多有价值的经验教训，但这些经验教训并没有为相关主体所共享。

缺乏鼓励日本企业和企业家利用硅谷生态系统的改革举措，应该只是一个例外而非常规。就其他促进创新的改革措施而言，理念的缺失不是一个硬约束。相反，1980年以来日本政府一直在努力建立健全制度基础，力图实现以创新为基础的经济增长。过往相关政策措施的缺点，是很少对这些政策的有效性进行评估，更谈不上以政策评估为基础对相关政策进行相应调整。因此，许多政策（例如促进产业集群发展的政策）在重复实施的过程中只是做了一些未见实效的微调。

例如，在促进为有风险的创业企业提供资金支持的风险投资基金快速发展方面，日本政府制定实施了多项政策措施。这些政策中的关键角色，就是诸如日本政策投资银行和商工中金银行这样的公立金融机构。然而，公立金融机构在提供风险资本方面的过往业绩，最多也只能说是参差不齐。像新银行东京（ShinGinko Tokyo）那样的重大失败并不少见。新银行东京是在时任东京都知事石原慎太郎推动下于2005年成立的，作为公立银行，它的使命是为私营部门有发展前景但又面临融资困难的中小企业提供资金支持。然而，通过创立政府金融机构，来弥补为创业企业提供资金支持的市场不发达这一缺陷而做的努力完全失败了。新银行东京成立不久即积累了巨额不良贷款，东京都政府最终不得不通过增资来帮它摆脱困境。

即使政府实施的融资项目能够识别出有发展前景的创业公司并获得合理回报，也并不意味着该项目取得了成功。原因在于，如果没有该政府融资项目，私营金融机构也可能会给有前途的创业企业提供资金，所以，该政府融资项目或许只是替代了私营金融机构而已。因此，必须要采用反事实评价法对政策进行评估。也就是说，政策评估的重点，是考察假如没有该政策将会产生哪些影响？然后将之与政策实施后的效果进行比较。这种严格的政策评估正是日本创新政策所缺少的。①

为终结持续了20多年的停滞并重启经济增长，日本需要转变其经济结构实现以创新为基础的经济增长。正如本报告所指出的，以创新为基础的经济增长有其制度基础，而政府是能够建立健全这些制度基础的。幸运的是，日本政府已经意识到促进经济实现创新型增长的政策的重要性，并采取行动制定和实施了诸多政策措施。不幸的是，很多政策没有进行严格政策评估就开始实施，以至于我们不知道哪些政策有效地促进了支撑创新型经济增长的制度基础的建立和完善。在安倍经济学中，政府同样要采取许多干预措施，这些政策措施或许会促进以创新为基础的经济增长模式的形成和发展。尤为重要的是，建立健全用于政策评价的指标体系，对所有的政策措施进行严格评估。因为这些政策措施正在制定并实施中，这样做我们就能及早从中获得宝贵的经验教训。

（中国社会科学院工业经济研究所　张艳芳　李鹏飞　译）

附录1　安倍经济学的九项创新政策

本附录所列内容基于2015年修订版增长战略的计划表（参见 http：//www.kantei.go.jp/jp/singi/keizaisaisei/skkkaigi/daizz/siryou1－3.pdf）。

---

① 并不是只有日本缺乏严格的政策评估。实际上，正如Lerner（2009）所言，世界上许多创新政策未能产生明显效果的地方，都存在这个问题。他同时也指出，即使执行严格的政策评估，也很难在短期内就对一项政策的效果做出确切评价。创新政策通常需要过一段时间才能产生明显效果。行之有用的政策评估必须要考虑这个因素，因而在评估政策效果时需要考虑足够长的时间。

1. 促进对创业企业及再创业企业家的投资

创新通常由小型创业企业执行。以此，鼓励对创业企业的投资可以带来更多的创新。这一政策领域也包括帮助那些努力创办新企业但失败了的企业家。日本的商业环境不容忍失败。一旦失败，企业家很难获得第二次机会，这阻碍了新企业的创办。通过让失败的企业家更容易再次尝试，该政策会尽可能地提高创业企业的数量。具体政策如下：

a. 培训有成熟判断力的人员，支持他们创业

b. 加大对天使投资的税收减免

c. 建立旨在促进投资于创业企业的税收体系

d. 简化日本产业革新机构的决策流程以加强对创业公司的支持

e. 促进投资性众筹

f. 制定“企业所有者和管理人员个人担保指引”

g. 支持公司分拆（spin-offs）和股权切离（carve-outs）

h. 由日本政策投资银行（JDB）创建“竞争力基金”

i. 创建大手町创新中心

该政策领域的考核指标为：

• 到2016财年将创业企业进入率和退出率（从2004年到2009年的平均4.5%）提高到10%，有正的净进入。

该政策领域的补充考核指标为：

• 在未来十年中，将全球创业调查中日本早期阶段创业总活动（TEA）提高一倍。

早期阶段创业总活动被界定为新兴企业家或新企业的所有者兼管理人员占18—64岁人口的比例。日本最近的早期阶段创业总活动是3.8%（2014年）。因此，这个补充考核指标的目标是在2024年，这一比例提高到7.6%。

正如我们在第1部分看到的，发达国家的大部分创新都是通过净进入效应产生的，以进入率和退出率为目标是有意义的。在这一政策领域的各种政策如果成功，就有可能提高进入率，但是，除了通过增加进入加强竞争之外，它们是否能提高退出率并不明确。

2. 建立新体制以激发创新活力，对国外领先者形成实质性挑战

这一政策领域背后的思想是有关新产品和新企业的法律或监管不确定性正

在阻碍创新和创新的商业化。因此，减少这种不确定性将鼓励创新。该领域的具体政策包括：

a. 建立公司实地检验体系，以检验新产品和新技术是否违反了现行监管

b. 消除灰色地带，以确定新企业的合法性

c. 由下一代健康产业委员会对提高健康寿命的产业进行研究

前两项制度已经由2013年《增强产业竞争法案》所建立，并于2015年开始实施。最后一项政策调整针对增强食品和产品健康的法律和监管不确定性，下一代健康产业委员会于2014年6月发布了中期报告。

到本文写作时为止，该政策领域没有任何考核指标。

3. 帮助新创企业步入良性发展轨道

风险资本公司设立风险资本基金并投资于创业企业。如果一家创业企业证明是成功的，风险资本公司可以通过首次公开发行向公众出售股份或者将整个企业出售给其他公司（通常是大公司）来获利。利润可以用于成立一个新的风险资本基金，投资于更多的创业企业。成功的创业企业家也可以获利，这又可以投资于另个一个风险资本基金。这种创业企业的良性循环就是指创业融资不断扩张和新创企业不断诞生的动态过程。这一政策领域的各项政策都旨在推动创业企业诞生的动态过程。具体政策如下：

a. 创建创业企业创造协会（Venture Business Creation Committee，VBCC）

b. 鼓励新进入者参加政府采购

c. 公共意识改革和培训企业家

d. 打造一个全球创业生态系统（硅谷和日本之间的交流项目 Kakehashi Project）

e. 与全球其他创业生态系统合作

f. 培育下一代全球创业企业

创业企业创造协会成立于2014年4月，作为执行该领域各项政策的组织。它们的活动可参见其网页。

这一政策领域和第一个政策领域（促进对创业企业及再创业企业家的投资）的考核指标是一样的：

• 到2016财年，创业企业进入率和退出率（从2004年到2009年的平均4.5%）提高到10%。

这一政策领域的补充考核指标为：

• 在未来十年中，将全球创业调查中日本早期阶段创业总活动提高一倍。

早期阶段创业总活动被界定为新兴企业家或新企业的所有者兼管理人员占18—64岁人口的比例。日本最近的早期阶段创业总活动是3.8%（2014年）。因此，这个补充考核指标的目标是在2024年，这一比例提高到7.6%。

4. 促进经营创新

经营创新是指学术创新商业化、为组织内部的创新设置流程、商业模式创新或其他。在这里，这个词看似用来描述商业模式创新，尤其是服务业。推动这些政策的是服务业尤其缺乏创新。为了促进服务业更多的创新，安倍政府提出了如下政策：

a. 创设“日本服务业奖”（Japan Service Award）

b. 在大学和研究生院创建“服务业管理项目”

c. 引入经营支持型服务业的质量认证

d. 制定“服务业指南”

e. 提高服务业的生产率

该政策领域的考核指标为：

• 到2020年将服务业部门的劳动生产率的增长率提高到2.0%（2013年为0.8%）。

5. 强化内阁科技政策委员会的综合统筹职能，强化研发机构的功能，促进公立机构和私人部门共同开展研发活动

在2015年修订版增长战略的政策列表中，这是三个独立的政策领域，但我们把它们结合成一个，因为它们都试图改善和加强科技政策。科技政策理事会（Council for Science and Technology Policy）是一个政府理事会，成立于2001年，负责日本的科技政策。该理事会由总理担纲。许多政策都由科技政策理事会牵头制定。这些政策包括：

a. 将科技政策理事会重组为科技和创新政策理事会

b. 由科技和创新政策理事会牵头制定政府预算中用于科学和技术的优先事项

c. 招聘新员工，留住现有员工

d. 制定“2014 年科技和创新综合战略”

e. 创建“战略性创新创造项目”（Strategic Innovation Creation Program，SIP）

f. 创建“创新型研发促进项目”（Innovative Research and Development Promotion Program，ImPACT）

g. 打造世界顶级的研发机构体系

h. 对薪酬、采购和自我创收（self-revenue）进行改革

i. 确保用于研究支持型人力的预算

这一政策领域的考核指标为：

- 5 年后（2018 年 3 月底），在世界经济论坛的创新排名中位列第一
- 5 年后（2018 年 3 月底），公共和私人部门的研发投资比例提高到 4%

世界经济论坛的创新排名是该组织每年出版的《全球竞争力报告》① 的竞争力排名的一个组成部分。创新排名是整合成竞争力指数的十二项排名之一。根据 2014—2015 年度的《全球竞争力报告》，日本的创新排名为第四。芬兰、瑞士和以色列都在日本之前，美国排第五。

6. 建立国家创新体系

这一政策的核心是改革全国的大学，增强它们在创新中的作用。这些具体的政策包括：

a. 大学改革

b. 重建分配研究拨款的制度

c. 加强研发机构的职能，如国立产业技术综合研究所（AIST）、新能源和产业技术综合开发机构（NEDO）；促进“交叉任职制度”

d. 改进研究机构的项目管理

e. 创建新的创新循环体系，促进开放式创新

这一政策领域的考核指标为：

- 10 年内（到 2023 年）有 10 所日本大学进入全球前 100
- 10 年内（到 2023 年）有大学开创的新产业大道 20 个以上

① 该报告可从如下网址获取：ttp：//reports. weforum. org/global-competitiveness-report-2014 –2015/，accessed February 7，2015。

• 将大学的年薪制研究人员从2015年的6000人增加到2016年3月的1万人

• 将政府配置给大学的资源提高到30%—40%，这取决于大学的改革努力

• 在3年内（到2016年）为年轻研究人员和外国研究人员提供1500个大学工作岗位

• 5年后（2018年3月底），在世界经济论坛的创新排名中位列第一

• 到2019年3月底，将大学（或研发机构）和公司之间的大规模合作研究项目提高30%

7. 促进地方创新

在2015年修订版增长战略中加入这一政策领域。这被视为“安倍经济学”的核心政策领域之一，旨在提高各地区经济的劳动生产率。

a. 通过战略性的区域协调机构和匹配机构，为地区间的信息交流创造机构

b. 创建跨学科研发的地区中心

c. 支持地方中小企业加强知识产权的战略

d. 促进中小企业的战略性标准化

该政策领域的考核指标为：

• 到2020年3月，将中小企业的专利申请比例提高到15%

• 到2016年，每年对中小企业提供2000项知识产权支持

• 到2020年，Traveling Patent Agency每年审查1000份专利申请

• 到2020年，中小企业的标准化技术和产品能达到100种

8. 强化知识产权和标准化战略

这一系列政策旨在帮助公司获得并保护知识产权，使日本在制定国际标准中发挥更重要的作用。具体政策如下：

a. 缩短知识产权审查的等待期

b. 专利法改革

c. 改革有关在职发明的规则

d. 促进商业秘密的保护

e. 改革标准化体系和认证体系

这一政策领域的考核指标为：

• 到2016年3月底，将授予专利权的时间缩短至小于36个月（已在2015年实现）

• 到2024年3月底，将授予专利权的时间缩短至14个月

• 到2016年3月底，在国际标准化组织（共99个委员会）中的秘书数量提高到全球第三的水平（已在2015年实现）

9. 实施“机器人新战略”

这一领域包括促进机器人行业的政策，具体如下：

a. 实施由“机器人革命性实现委员会”（Robotics Revolution Realization Council）2015年制定的“机器人新战略”

b. 2020年机器人奥运会

c. 促进机器人技术的基础研究

该政策领域的考核指标为：

• 将制造业国产机器人的总销售额提高100%，到2020年非制造业的国产机器人增加两倍。

• 制造业的劳动生产率提高不低于每年2%

参考文献

Aoki, M. (2001). *Toward a Comparative Institutional Analysis.* Cambridge, MA: MIT Press.

Aoki, M. (2007). “Endogenizing Institutions and Institutional Changes,” *Journal of Institutional Economics*, 3 (1), 1-31. Reprinted in Masahiko Aoki (2013). *Comparative Institutional Analysis.* Northampton, MA: Edward Elgar, pp. 268-297.

Baldwin, C. Y. and K. B. Clark (2000). *Design rules.* Cambridge, Mass., MIT Press.

Chesbrough, H. W. (2003). *Open Innovation: the New Imperative for Creating and Profiting from Technology.* Boston, Mass., Harvard Business School Press.

Cohen, S., J. B. DeLong and J. Zysman (2000). *Tools for Thought: What is New and Important about the “E-conomy”*. Berkeley, CA, Berkeley Roundtable on the International Economy, University of California at Berkeley.

Dasher, R. (2013). “Disruptive Ideas, Open Innovation, and New Value Chains: Trends in Asia.” Accessed June 15. http://asia.stanford.edu/us-atmc/wordpress/wp-content/uploads/2013/10/131003-Dasher-EE402A.pdf.

Editorial Committee of the History of the Policies on International Trade and Industry and Haruhito Takeda, Eds. (2011). *History of the Policies on International Trade and Industry*, vol. 5.

Fallick, B., C. A. Fleischman and J. B. Rebitzer (2006). "Job-hopping in Silicon Valley: Some Evidence Concerning the Microfoundations of a High-technology Cluster." *The Review of Economics and Statistics* 88 (3), pp. 472–481.

Fernandez, L. and N. Miranda. (2014). "Nation's Largest Homeless Encampment," The Jungle, "Dismantled." Retrieved January 20, 2015, from http://www.nbcbayarea.com/news/local/Game-of-Whack-a-Mole-Homeless-Upset-to-be-Evicted-by-Police-From-The-Jungle-in-San-Jose-284745461.html.

Foster, L., J. C. Haltiwanger, and C. J. Krizan (2001). "Aggregate Productivity Growth: Lessons from Microeconomic Evidence," in Charles R. Hulten, Edwin R. Dean and Michael J. Harper (Eds.) *New Developments in Productivity Analysis.* Chicago, IL: University of Chicago Press, pp. 303–372.

Foster, L., J. Haltiwanger and C. J. Krizan (2006). "Market Selection, Reallocation, and Restructuring in the U. S. Retail Trade Sector in the 1990s," *The Review of Economics and Statistics*, 88 (4), pp. 748–758.

Friedman, L., R. Gordon, S. Pirie, and E. Whatley (1989). "Law, Lawyers, and Legal Practice in Silicon Valley: A Preliminary Report." *Indiana Law Journal*, Volume 64, pp. 555–567.

Gilson, R. J. (1999) "The Legal infrastructure of High Technology Industrial Districts: Silicon Valley, Route 128, and Covenants not to Compete." *NYU Law Review*, June 1999, Volume 74, Number 3, pp. 575–629.

Grimaldi, R., M. Kenney, D. S. Siegel and M. Wright (2011). "30 years after Bayh-Dole: Reassessing academic entrepreneurship." *Research Policy* 40, pp. 1045–1057.

Harada, N. and H. Mitsuhashi (2011). "Academic Spin-offs in Japan: Institutional Revolution and Early Outcomes." in C. Usui. *Comparative Entrepreneurship Initiatives: Studies in China, Japan and the US*, Palgrave Macmillan, pp. 138–163.

Hogan, M. (2014) "Living in a Fool's Paradise." *Boom: A Journal of California* Summer 2014, Vol 4, No 2.

Hoshi, T., and A. Kashyap (2011), *Why Did Japan Stop Growing*? NIRA Report.

Industrial Structure Council (2000) "21 Seiki Keizai Sangyo Seisaku no Kadai to Tenbo [Economic and Industrial Policy for the 21st Century: Issues and Outlook]," Industrial Structure Council.

Johnson, B. (2000) Advising the new economy: the role of lawyers. In Lee, Chong-Moon William Miller, Marguerite Hancock, and Henry Rowen, eds., *The Silicon Valley Edge* pp. 325–341. Stanford: Stanford University Press.

JVSV (2014). *2014 Silicon Valley Index*, Joint Venture Silicon Valley Institute for Regional Studies.

Kenney, M. and R. Florida (2000). Venture Capital in Silicon Valley: Fueling New Firm Formation. *Understanding Silicon Valley: the anatomy of an entrepreneurial Region*. M. Kenney. Stanford, CA: Stanford University Press, pp. 98 – 123.

Kenney, M. and D. Mowery, Eds (2014). *Public Universities and Regional Growth: Insigh from the University of California*, Stanford University Press.

Kushida, K. E., and T. Brooks. (2012). "Japanese Entrepreneurship and Human Capital in Silicon Valley." New Energy and Industrial Development Organization (NEDO).

Kushida, K. E., J. Murray and J. Zysman (2013). "Clouducopia: Into the Era of Abundance." *CLSA Blue Book*. January.

Kushida, K. E., J. Murray and J. Zysman (2015). "Cloud Computing: From Scarcity to Abundance." *Journal of Industry, Competition and Trade.*

Lazonick, W. (2009). "The New Economy Business Model and the Crisis of U. S. Capitalis." *Capitalism and Society4 (2)*.

Lécuyer, C. (2006). *Making Silicon Valley: Innovation and the Growth of High Tech, 1930 – 1970*. Cambridge, Mass: MIT Press.

Lécuyer, C. (2014). Semiconductor Innovation and Entrepreneurship at Three University of California Campuses. in M. Kenney and D. C. Mowery. *Public universities and regional Growth: Insights from the University of California*. Stanford, CA: Stanford University Press, pp. 20 – 63.

Lee, C. – M., W. F. Miller, M. G. Hancock and H. S. Rowen, Eds. (2000). *The Silicon Valley Edge: A Habitat for Innovation and Entrepreneurship*. Stanford, CA: Stanford University Press.

Lenoir, T. (2014). Inventing the entrepreneurial university: Stanford and the co-evolution of Silicon Valley. in T. J. Allen and R. P. O'Shea. *Building Technology Transfer Within Research Universities: An Entrepreneurial Approach*. Cambridge, UK, Cambridge University Press, pp. 88 – 128.

Lerner, J. (2009). *Boulevard of Broken Dreams: Why Public Efforts to Boost Entrepreneurship and Venture Capital Have Failed-and What to Do About It*. Princeton, NJ: Princeton University Press.

Leslie, S. (2000). The Biggest "Angel" of Them All: The Military and the Making of Silicon Valley. in M. Kenney. *Understanding Silicon Valley: the Anatomy of An Entrepreneurial Region*. Stanford, CA: Stanford University Press.

Marshall, A. (1920). *Principles of Economics*. London, McMillan.

Menjo, H. (2015). "Shirikon baree chuzai ga muda ni owaru mittsu no akuhei [Three bad habits that waste a Silicon Valley posting]." *Nihon Keizai Shimbun*, April 26. http://www.nikkei.com/article/DGXKZO85904140Q5A420C1X12000/.

Metrick, A. and A. Yasuda (2011). "Venture Capital and Other Private Equity: A Survey." *European Financial Management* 17 (4): 619 – 654.

Nakata, T. (2013). *History of Japan's Trade and Industry Policy, 1980 – 2000 (12)*:

Small and Medium-sized Enterprise Policy. Research Institute of Economy, Trade and Industry. [In Japanese]

NVCA (2014). National Venture Capital Association Annual Report.

Odagiri, H. and T. Iwasa (2000). "1980 – 1990 nendaino sangyou gijutsukaihatsu seisaku-jirei kenkyu: jisedai sangyoukiban kenkyukaihatsu seido [Industrial technology development policy in the 1980s and 1990s-Case study: The Next-generation Basic Industrial Technologies]." *Tsush-ou sangyou seisaku shi kenkyu* [*Research on History of Japan's Trade and Industry Policy*]. Keizai Sangyo Chosakai. [in Japanese]

Okubo, T. and E. Tomiura (2012). "Industrial Relocation Policy, Productivity and Heterogeneous Plants: Evidence from Japan," *Regional Science and Urban Economics*, 42 (1 – 2), pp. 230 – 239.

OTL. (2014). "Stanford University Office of Technology Licensing Annual Report 2013." Retrieved January 10, 2015, from http://otl.stanford.edu/documents/otlar13.pdf.

Rao, A. (2012). "Chapter 13: Helpers-lawyers and investment bankers (1970 – 2000)." In Scaruffi, Piero, and Arun Rao, *A History of Silicon Valley*. Accessed at http://www.scaruffi.com/svhistory/sv/chap85.html on June 9, 2015.

Rosenthal, S. S. and W. C. Strange (2004). "Evidence on the Nature and Sources of Agglomeration Economies," *Handbook of Regional and Urban Economics*, vol. 4, Amsterdam,

Elsevier San Jose Mercury News (2005). "History of BART to the South Bay." Accessed at <http://www.mercurynews.com/bart/ci_ 5162648> on January 15, 2015.

Saxenian, A. (1994). *Regional Advantage: Culture and Competition in Silicon Valley and Route* 128, Harvard University Press

Saxenian, A. (2006). *The New Argonauts: Regional Advantage in a Global Economy*. Cambri Mass., Harvard University Press.

Small and Medium Enterprise Agency (2000). "Points of White Paper on Small and Medium Enterprises in Japan, 2000."

Small and Medium Enterprise Agency (2013). "2013 White Paper on Small and Medium Enterprises in Japan."

Small and Medium Enterprise Agency (2014). "2014 White Paper on Small and Medium Enterprises in Japan."

Stevens, A. J. (2004). "The Enactment of Bayh-Dole." *Journal of Technology Transfer* 29, pp. 93 – 99.

Suchman, M. (2000). Dealmakers and counselors: Law firms as intermediaries in the development of Silicon Valley. In Martin K enney, ed., *Understanding Silicon Valley: Anatomy of an Entrepreneurial Region*, pp. 71 – 97. Stanford: Stanford University Press

Sturgeon, T. J. (2002). "Modular Production Networks: A New American Model of Industrial Organization." *Industrial and Corporate Change* 11 (3), pp. 451 – 496.

Tan, G. (2014). "Making Things People Want." Stanford University, Stanford US - Asia Technology Management Center Seminar Series. Dec 4, 2014.

Wahl, C. (2015a). *Insights to the Japanese Entrepreneurial Mind.* Tokyo, Japan: Next Publishing.

Wahl, C. (2015b). "Recruiting Top Talent for Japanese and American Startups-Differences, Opportunities, and Challenges." Stanford Silicon Valley-New Japan Public Forum, Stanford University. May 14, 2015.

Watanabe, D. (2015). "Business Expansion From Japan Into Silicon Valley, Opportunities And Challenges ~The Case Of Dena~." Stanford Silicon Valley-New Japan Public Forum, Stanford University. February 17, 2015.

前沿

Guide

Comparative

叙事经济学

罗伯特·希勒

引　言

我所说的叙事经济学，主要研究流行叙事、故事，特别是人类兴趣和情感的传播与动力学，以及这一切如何随时间变化，以从中了解经济的波动。譬如经济衰退时期，很多人决定节俭度日：或暂时将就使用旧家具而不买新的，或推迟创办新公司，推迟为现有业务招聘新人手，抑或支持财政保守的政府。大家会做出上述任何决定以应对眼前的衰退（这是反馈），但要了解为什么发生衰退，光有反馈理论还不够。我们必须考虑到，有时经济严重衰退的主要原因可能与某些故事的流行程度和生动性有关，而不是经济学家喜欢建模来阐释的纯经济反馈或乘数变量。

---

* Robert J. Shiller，耶鲁大学经济学 Sterling 讲席教授，2013 年诺贝尔经济学奖获得者，当代行为金融学的主要创始人。2017 年 1 月 7 日美国经济学会第 129 届年会上的主席致辞，该届年会在芝加哥召开。

作者声明，以下排名不分先后。感谢英格兰银行、图卢兹经济学院/图卢兹高等研究所以及耶鲁大学经济系为这一演讲的早期版本举办研讨会，感谢所有与会者。特别感谢 George Akerlof、Bruno Biais、Jean-Francois Bonnefon、Michael Bordo、Donald Cox、Peter Dougherty、William Goetzmann、Dasol Kim、Rachel Kranton、Terry Loebs、Ramsay MacMullen、Peter Rousseau、Paul Seabright、Benjamin Shiller、Virginia Shiller 和 Peter Temin。Andrew Brod、Laurie Cameron Craighead 和 Nicholas Werle 提供了出色的研究帮助。

我们应该扩展经济学领域，使之涵盖对不断变化的流行叙事的严肃定量研究。据我所知，目前尚无可控实验证明，各种变化的叙事对引发经济波动有重要影响。我们无法轻易证明，不断变化的叙事与经济结果之间的任何联系并不都是从结果到叙事的反向因果关系。但是已有可控实验显示，人们对以下领域的叙事反应强烈：营销（Escalas，2007）；新闻（Machill et al.，2007）；教育（McQuiggan et al.，2008）；卫生干预措施（Slater et al.，2003）以及慈善事业（Weber et al.，2006）。

本文旨在描述我们所知道的叙事和人类心智受叙事吸引的倾向，思考为什么叙事很可能是对总体经济的重要外生冲击。这篇演讲不只拓展了以前我与乔治·阿克洛夫（George Akerlof）做过的一些研究（Akerlof and Shiller，2009，2015）以及我本人过去几十年的部分早期工作（Shiller，1984），更是阐述了分析方法并反映了更广泛的相关文献。

当然，世上几乎没有什么真的是经济学的外生因素，但新的叙事可能常常被当成诱发性创新，因为每个陈述都源自独立个人（或若干合作者）的心智。乔尔·莫克尔（Joel Mokyr，2016）称这样的个人为“文化企业家”，并将这一概念追溯到大卫·休谟（David Hume，1742），休谟曾经写道：“由少数人决定的事情很大程度归因于机会、秘密或未知的原因；而由众多人制造的事情则常常可以用确定和已知的原因来解释。”①

这里我想对“少数人”的相关影响给出一些看法，同时为叙事传播路径的某些已知的确定原因提供一组数学模型，以对叙事的动力学进行量化分析，并考虑如何增进我们对重大经济事件的理解。这些重大事件包括1920—1921年的不景气，20世纪30年代的大萧条，2007—2009年的大衰退，以及被大肆报道的2016年总统大选后的现状。

我使用术语“叙事”（narrative），意指某个简单的故事，或是很多人在谈话、新闻或社交媒体中想要提及的对一些事件的坊间解读，因为它可以用来激起他人的关注或情感，增进自身的利益。为显刺激，它通常带有或明或暗的人情味（human interest）。用本人（和其他许多人）的话说，一段叙事就是对话的精华，它可能是奇闻趣事或英雄故事，甚至可能是个笑话。一般来讲它不是被研究过的故事，没准还会像各种“都市传奇”那样破绽百出。叙事的形式

① Hume（1788）XIV，第101页。

随时间和情感而变化，但成功传播的核心感染元素是恒定不变的。一个元素为什么具有传染性以致“像病毒一样传播”，这也许很难理解，不过我们可以细思人们喜欢传播叙事的原因。叙事会随机突发变异，俨然进化生物学中的生物，而当它们形成传染性时，突变的叙事将引发看似不可预测的经济变化。

叙事可以基于不同程度的真相。一厢情愿的想法有可能加强传染度（Benabou，2013）。如今，非事实叙事的影响或许会比几十年前更大，因为现代信息技术和社交媒体兴起之后，传统新闻媒体就陷入了动荡状态。但是，在过去数十年间我们也可以观察到，没有事实依据的叙事被广泛传播且深入人心。例如直到现代以前，还有人断言女性没有能力从事男性的职业（Goldin，2014）。同样有人认为，一些种族或民族难以真正融入文明社会（Myrdal，1974）。过去人们对这类观点深以为然，现在看来却匪夷所思，因为大家不再沉浸于相关的叙事。

令人不安的是，2016 年的时候，牛津词典把“后真相”（post - truth）评为“年度国际词汇”。① 难道叙事越来越堆砌在虚假观念之上了？这种可能性值得我们更深入地解读。对于普通人来说，叙事往往会掺杂几分不诚实和控制欲。在一个竞争者操控客户以及利润因竞争而平平的竞争性市场上，没有哪家公司会拒绝参与类似的操纵。有胆敢尝试的，搞不好会被迫破产。于是，在各类叙事中，就会形成一个“钓愚均衡”，在这个均衡上有一个可接受的不诚实程度（Akerlof and Shiller，2015）。

叙事在社会科学和人文科学中的广泛作用

经济学家想要解读历史上最重要的经济事件，比如 20 世纪 30 年代的大萧条、接踵而来的衰退或针对财富和贫困的政策，但很少关注与事件相伴的重要叙事。在关注叙事的重要性方面，我们远落后于其他学科（图 1），而且自 2010 年以来虽然所有学科越来越频繁地使用叙事，可经济（和金融）领域却仍旧迟滞不前。其间一直有人呼吁经济学家注意“社会动力学”（social dynamics）和“流行模型”（Shiller，1984），注意新的“文化经济学”（Michele，2005）、“人类经济学”（McCloskey，2016），或者呼吁经济学诉诸更多的“叙事性”（Morson and Schapiro，2017），但几乎没有人利用可用于研究叙事的大型文字数据库。

① https：//en. oxforddictionaries. com/word - of - the - year/word - of - the - year - 2016.

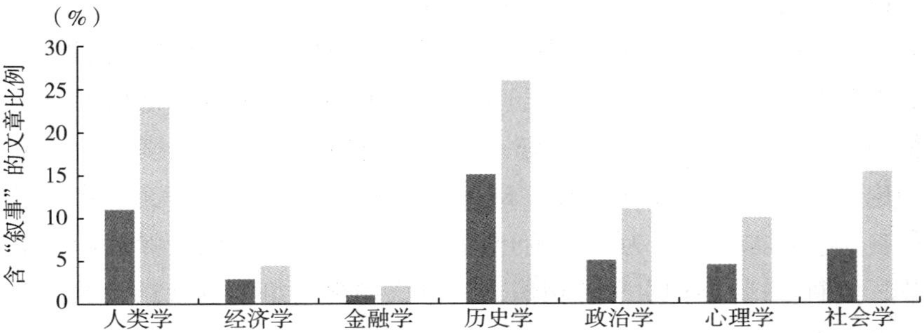

图 1　含“叙事”一词的论文占所有文章比例的 JSTOR 统计
（左边柱是整个数据库的数量，右边柱是 2010—2016 年的数量）

有人会说，历史学一直对叙事情有独钟。可历史学家有时也要牢记：想深刻理解历史，需要推断那些创造历史的人有什么思想以及他们有什么叙事，正如历史学家拉姆齐·马克马伦（Ramsay MacMullen）在其著作《感受历史》（*Feelings in History*：*Ancient and Modern*，2003）中的呼吁。他没有从字面上强调叙事的概念：他告诉我，他更喜欢用某个词表达“对某些情绪反应的刺激，但这样的词并不存在”。不过他指出，如果我们试图了解人们的行为，就得尽可能让我们自己去感受他们的经历，而他的著作描写了许多传达这类情感的历史叙事。

半个世纪以来，社会科学领域的学者开始深入探索流行叙事，这项研究被赋予各种名字：叙事心理学（Bruner，1986），故事社会学（Berger and Quinney，2004），宗教研究的叙事方法（Ganzevoort，2013），叙事犯罪学（Presser and Sandberg，2015），等等。最重要的主题是，如果你让人们解释各自的目标或生活哲学，他们通常一句都答不上来，但他们可以借机讲述个人经历，从而揭示自己的价值观（O'Conner，2000）。例如到某个监狱采访，你会发现当要求对方聊聊其他罪犯的故事时，话匣子就打开了，而这些故事传达的往往不是某种非道德的意识，而是改变了的道德观念。

将经济学中的叙事纳入研究，使经济学家与大学文学系建立起初步的联系。有文学理论家已经察觉，某些故事的基本结构总被不断重复，尽管名称和情境各有变化。这也许表明，人类大脑实际上备有构建故事的感受器。凯维尔迪（Cawelti，1976）对他所说的“程式化故事”做了分类。普洛普（Propp，1984）发现所有民间故事呈现 31 个“功能”。托比亚斯（Tobias，1996）称，全部小说里只有20种主要情节："探索、冒险、追求、拯救、逃亡、复仇、谜团、对手、落魄、诱惑、蜕变、转型、成熟、爱情、不伦之恋、牺牲、发现、可悲的无节制行为、上进和沉沦。"布克尔（Booker，2004）则认为只有7类基本情节："杀妖除魔、由俭入奢、远航和返航、喜剧、悲剧，以及重生。"文学理论家玛丽·克拉格斯（Mary Klages，2006）表示，文学理论中的结构主义将所有这些基本故事列为"过度化约和去人性化"。① 她虽然驳斥了上述基本情节，但断言："结构主义者相信，把单位和规则组织成有意义的体系的各种机制来自人类的心智本身。"② 彼得·布鲁克斯（Peter Brooks，1992）指出，叙事学应该关注"叙事如何作用于读者从而创建理解模型，以及为什么我们不仅需要也想要这些构建意义的指令（shaping orders）。"③ 布鲁克斯认为，结构良好的叙事"为意义构建过程增添生气"并满足"追逐意义的激情"④，叙事研究吸引他进入心理分析的殿堂。

叙事是本质上具有人性的创意作品

向公众预测创意作品的成功是极其艰巨的任务，与我们预测叙事传染率时面临的挑战休戚相关。我们无法准确观察造成传染的心理和社会过程。譬如众所周知，在电影上映之前预测其成功与否可谓困难之至（Litman，1983）。前美国电影协会主席杰克·瓦伦蒂（Jack Valenti）说过：

> 倾尽我们行业聪明绝顶者所有的经验和所有的创造灵感，也绝对没人能告诉你一部电影会在市场上产生什么影响……不到影片在漆黑的剧院开演，观众席间激辩的火花四溅，你都不敢说这部电影火了。⑤

据此类推，作家引经据典尤其像我在上文中那样援述长篇大论的原因，通常是想传达某个叙事，让读者对那些曾产生过影响或者只要完美地重复仍有可能产生影响的叙事形成一种历史感。和笑话一样，叙事必须正确地传递才能有

---

① Klages，第33页。

② Loc. Cit.

③ Brooks（1992），location 74.

④ Brooks，location 749.

⑤ Jack Valenti，in a speech "Motion Pictures and Their Impact on Society in the Year 2001，" April 25，1978，转引字 Litman（1983），第159页。

效。这就好比人们每次都想听到技艺高超的演奏者分毫不差地演奏一首乐曲。这正是为什么叙事研究很难展开，而纳入词汇统计或n元语法模型进行量化研究的文本分析也存在局限性。

大约从20世纪初开始，来自各个学科的学者渐渐发觉，那些似乎只有娱乐价值的叙事和故事，其实才是人类思维和动机的核心。例如1938年存在主义哲学家让－保罗·萨特（Jean-Paul Sartre）写道：

> 人常常是故事的讲述者，他生活的周遭遍布自己和别人的故事，他通过这些故事体味发生在自己身上的一切；于是他会努力像他讲述的那样生活。

如果只是有人述说，故事往往带有人情味。比如晚上睡觉时，叙事以梦的形式出现。我们的确会梦到只有方程式或几何图形，而没有人的因素。神经科学家将梦见人物、场景和分层式事件结构的做梦，描述为讲故事的本能，它类似于大脑前边缘系统及其皮质下连接（subcortical connection）受损引起的自发交谈（Pace-Schott，2013）。

对世界各地不同部落的行为进行研究后，人类学家发现了一种“普遍”现象：人们“用叙事来解释万物的生成，并用叙事来讲故事”（Brown，1991）。走访某个人类社会的人都会看到人们面对面坐在电视机或篝火旁，一起出声交流；更近以来，还会在推特上分享故事，同时等着获悉别人的回应，关注他人证实或驳斥某个想法的反馈。似乎人类的心智就是通过把事件编织成嵌入社会互动的叙事，来努力达到对事件的持久理解。

有人认为，最能让我们和动物区分开来的乃是故事，甚至人类这个物种被称为“旁白人”（Homo narrans，Fisher，1984）、“解说人”（Homo narrator，Gould，1994）还是“叙事人”（Homo narrativus，Ferrand and Weil，2001），取决于我们使用何种拉丁语系。这些描述比“智人”（Homo sapiens）更准确吗？自称为“智人”可能比较讨喜，但未必更准确。

需要注意的是，人们对叙事的反应通常不是反射式的，用心理学家尚克和埃布尔森的话说（Schank and Abelson，1977），这是因为它们会被当成剧本。当无法确定如何在不明情况下行动时，人们也许会回忆叙事，模仿他们以前在某个戏剧中见过的角色。叙事有能力形成社会规范，在某种程度上控制我们的活动，包括经济行为。

流行的叙事可能具有“我们与他们对峙”的情绪，一种在故事中描写他人时揭露其邪恶的摩尼教色彩。笑话则常常以牺牲其他群体的成员为代价。极端情况下，它们还可能瞄准某些事件，将之作为某类假想阴谋的证据。

诚然，人们提防阴谋也是合情合理的，历史上这类实际例子比比皆是。但人类的心智好像对阴谋有一股内在兴趣，倾向于去发现他人的阴谋，并在此基础上建立对朋友的个人认同和忠诚。这一特性貌似与人类的互惠和报复假想敌的模式不无联系，也是一种与经济行为相关的倾向（Fehr and Gachter，2000）。大脑损伤可能会放大这一特性，使之成为美国精神病学协会《诊断与统计手册》第五版（DSM V）认定的“偏执型人格障碍”，这一精神疾病困扰着2.3%—4.4%的美国成年人口。①

关于叙事的学术文献汗牛充栋，不少出自学术部门，还有一些与模因论、规范、社会潮流、思想传播等概念相关。虽然我们可能无法解释为什么有些叙事会“像病毒一样传播”并显著影响思维，而有些叙事不会，但是若想寻找经济波动的根源，就要明智地对人们谈论的内容做一些分析。经济学家不应该两手一摊，索性忽略这浩瀚的文献。我们需要了解宏观经济波动的叙事基础，思考叙事经济学应当如何为当前和未来的政策行动提供更多信息。

文化、时代思潮以及经济行为发生的急剧变化，均以叙事为主要载体。早在互联网革命之前，传播叙事（通常是围绕某个共同主题的诸多平行叙事）就一直在创造文化变迁，此时，恰逢计算机病毒在电脑之间传染，病毒这一隐喻说法就此流行开来。

有关叙事迅速传播的议论可以追溯到几个世纪前。1742年大卫·休谟写道：

> 任何理由都会在特定的时候和特定的人群中产生特殊的倾向或共情，尽管许多人可以逃离这种传染，专注追逐自己的志趣；然而大众一定会受制于共同的情感，并在行为中受其支配。②

查尔斯·麦基提请人们注意“非同寻常的流行幻想”传染式扩散

---

① 美国精神病学协会DSM V已经停止使用术语“偏执型精神分裂症”和其他描述偏执型精神障碍的术语。今天，曾被诊断为偏执型精神分裂症患者的人可能会同时获得两个诊断：偏执型人格障碍和精神分裂症。

② Hume（1788），第103页。

(Charles McKay, 1841)。古斯塔夫·勒庞更在其名著《乌合之众：大众心理研究》中指出："思想、情绪、冲动和信仰在人群中拥有与微生物一样强烈的传染力"(Le Bon, 1895)。相关的术语包括集体意识(Durkheim, 1897)、集体记忆(Halbwachs, 1920s)、文化基因(Dawkins, 1976)。传染也关乎身份问题，因为大多数描写过往事件的叙事都有一个很重要的组成部分：人们必须把自己想象成另一个人，因而至少暂时能和别人共享身份(Akerlof and Kranton, 2011)。

叙事的正常和异常维度

强调叙事重要性的心理学家杰罗姆·布鲁纳(Jerome Bruner)写到，我们不应该假设人类行为是为了回应纯粹的客观事实：

> 我不认为事实总是清楚地摆在所有人面前。从心理学家的角度看，实情并非如此，我们可以从知觉、记忆和思维的研究中充分了解这一点。真实世界更像是精心打造的橱柜，而不是无意间偶然发现的原始森林。①

叙事是人为结构，集事实、情感、人类兴趣和其他无关细节于一体，在人类心智中形成某种印象。

精神病学家和心理学家认识到，精神疾病往往是极端形式的正常行为，或者正常人类心理功能的小范围混乱。因此我们可以通过观察紊乱叙事(dysnarrativia)，即异常叙事现象，来了解正常人脑叙事过程的复杂性。神经学家扬和萨弗(Young and Saver, 2001)罗列了一些不同的形式：引人入胜的叙事、叙事不足、消解叙事，以及虚构。

精神分裂症可被视为与叙事问题相关的另一种脑异常现象(Gaser et al., 2004)。精神分裂症存在叙事障碍，因为它通常伴有幻听，觉得有人在述说荒诞、混乱的故事(Saavedra et al., 2009)。精神分裂症的幻听症与大脑特定区域的体积缺陷有关(Gaser et al., 2004)。在自闭症中发现的叙事中断也和大脑异常相关(Losh and Gordon, 2014; Pierce et al., 2001)。

叙事心理学同样涉及心理学家的概念框架(Kahneman and Tversky, 2000; Thaler, 2015, 2016)。如果我们能编造有趣的故事让别人一再重述，它就可能构建一个视角，成为影响决策的参照点。这也与卡尼曼和特沃斯基(Kahne-

① Bruner (1998)，第18页。

man and Tversky，1973）的“代表性直觉”（representativeness heuristic）相关，在这种直觉中，人们根据某些理想化故事或模型的相似情境形成他们的预期，并倾向于忽视基本的概率。

心理学家指出，正在经历诸如恐惧等强烈情感的人，很容易因“情感直觉”（affect heuristic）而将他们的感受延伸到无关的事件上（Slovic et al.，2007）。有时人们注意到某些强烈情绪或对可能性的担心，他们合乎逻辑地知道这些情绪或担心并不真实，这表明大脑拥有多种风险评估系统；另外“风险即感受”（risk - as - feeling）假说也认为，与强烈情绪有更多连接的原始大脑系统拥有自己的风险评估直觉（Lowenstein et al.，2001）。

自1989年以来，我一直在对机构投资者和美国高收入群体进行问卷调查，并将收集到的数据应用于2016年与威廉·戈茨曼（William Goetzmann）和达索尔·金（Dasol Kim）的合作研究中。我们发现，上述人群普遍高估了股市崩盘的风险，而这些评估受到他们阅读的新闻报道，尤其是头版报道的影响。一个有趣的调查结果是，像地震这样的事件也会影响人们对股市暴跌可能性的评估。如果30天里受访者所在地区30英里内发生地震，触动了情感直觉，他们对股市崩盘的概率统计就会显著提高。看起来，我们可以合理地假设当地地震会引发有负面情绪效价（emotional valence）的当地叙事。类似的证据表明，看似不相干但有叙事潜力的事件会影响经济或政治结果，比如世界杯的结果对经济信心的影响（Dohmen et al.，2006），还有广告背景音乐对观众的影响（Boltz et al.，1991）。

鉴于任何一个组织都无法在竞争激烈的新闻市场中确保生存，新闻媒体必须擅长管理新闻从而使叙事工作有所助益。此外，新闻媒体会用人情味十足的故事润色重要新闻。考虑到新闻媒体经常大肆报道自然和人为灾难以及犯罪和人性化的故事，它们似乎明确认为，报道这类事件会提高新闻产品的销量和关注度。然而，几乎没有人留意这种新闻故事对同一出版物中其他故事的影响。

流行病模型

克马克和麦肯德里克（Kermack and McKendrick，1927）的传染病数学理论标志着一场医学思想革命，因为它为了解感染性疾病的重要动态提供了一个现实框架。他们的超简单模型将人口分成三类：易感者、感染者和痊愈者，因而又被称为SIR模型或仓室模型（compartmental model）。*S*代表易感者，指未得病但容易受感染的人。I 表示感染者，指染上传染病并主动传播该病的人。R 代表痊愈者，指曾经患上这种疾病但因病愈而具有免疫力或不再传播该病的人。假定总人口数量 $N = S + I + R$ 为常数。

克马克—麦肯德里克传染病数学理论的关键思想是，在完全混合的群体中，流行病感染者的增长率等于恒定传染率 c（>0）乘以易感者数量 S 加感染者数量 I 减去恒定痊愈率 r（>0）乘以感染者数量所得的值。每次易感者遇到感染者都有染病的机会。每单位时间的接触次数取决于人群中易感者与感染者成对的数量。假设疾病的痊愈简单地以指数衰减方式发生，而不是遵循更一般概念下相对固定的病程时间表。三等式的克马克—麦肯德里克 SIR 模型可表述如下：

$$\frac{dS}{dt} = -cSI$$

$$\frac{dI}{dt} = cSI - rI$$

$$\frac{dR}{dt} = rI$$

这个 SIR 模型也可以用来描述某一想法的口头传播。此处，传染率是时间的分数，对故事感兴趣并接受故事的感染者，在接触之时有效说服易感者进一步将故事传播出去。特定人物受感染前可能需要多次接触。去除率（removal rate）可以称为遗忘率或简单的记忆衰减率，不过还存在一种线索性遗忘。当其他流行故事逐渐从这则故事中消失，记忆的线索变得模糊时，也会发生这类去除；这样的故事似乎关联性差且不够恰如其分，甚至表面上违背了现行理论和偏见。如模型所示，倘若传染率和去除率是叙事的内在因素，那么假设它们都不随时间变化也是合理的。由于信息传输误差（transmission erro），忽略基本利益价值的错误复述极难存活，参数 c 即代表故事核心利益价值的成功传播。

在现代，即便传播媒体已经使直接的面对面思想交流变得不那么重要，这个模型也依然是切实可行的。无论人们以什么方式建立联系，此核心模型都能适用。

这个模型提示，感染者和传染者人数从最初的小数量开始，沿着钟形曲线先上升然后下降。某种大幅减少的古老疾病的突变，可能只产生单一感染者，在疾病感染到足够多的人从而引发公众关注之前，会出现一个滞后，如果传染率 c 很小，则滞后时间可能会很长。接着流行病会攀上高峰，然后下降到最终结束，而且在所有人都被感染之前，感染率或去除率不起任何变化。

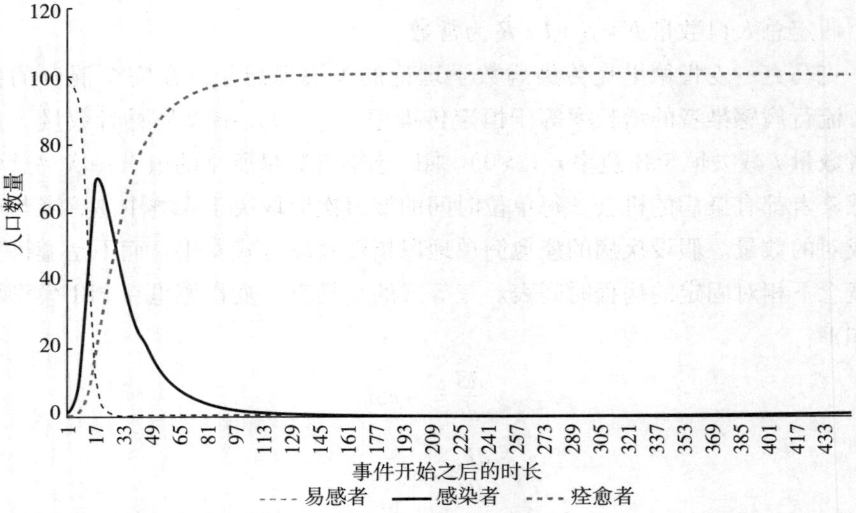

图 2　克马克—麦肯德里克 SIR 模型的解，$N=100$，$I_0=1$　$c=0.005$，$r=0.05$。

图 2 展示了上述三个方程暗示的一个例子，$N=100$ 人，任何一次接触时每单位时间的感染传播都很小：$I_0=1$　$c=0.005$，$r=0.05$。在这种情况下，几乎 100% 的人最终都会被感染。在实际流行期间，公众注意力往往集中在感染者的数量上，图中有一条看起来向右开口的钟形曲线。

并非每个人都会染病，有些人由于没有遇到有效感染源而得以避免，还渐渐变得愈发安全，毕竟随着人们战胜疾病并产生免疫力，感染者越来越少，因此没有足够的新接触机会充分制造新的感染者以维持疾病的增长势头。最后，感染者可能销声匿迹，人群中几乎只剩下易感者和痊愈者。

什么因素能引发那种最终可波及很多人的大疾病（总感染量和痊愈量以 R_∞ 衡量）？这是两个参数之比 c/r 的函数。随着时间的流逝，患病人数趋于极限 R_∞（称为流行病的规模）并严格小于 N。直接从第一和第三方程式得出 $dS/dR=-(c/r)S$ 和初始条件 I_0，其中 $S=(N-I_0)e^{-(c/r)R}$，由于 $I_\infty=0$，$N=S_\infty+R_\infty$，所以：

$$c/r=R_\infty{}^{-1}log\ (N-I_0/N-R_\infty)$$

如果我们可以选择 c 和 r，就能得出 I_0 到 N 之间的任何流行病规模 R_∞。无论 c 或 r 的水平如何，c/r 越高，对应的流行病规模 R_∞ 越大；而如果 c 越高，

且 c/r 保持恒定，则流行病的传播越快。如果将 $R_{\infty} > N/2$ 定义为“病毒扩散”，那么当 $c/r > 0.014$ 时，在这个例子中，我们就会看到病毒扩散。

将参数 c 和 r 乘以任意常数 a，则 $S(at)$，$I(at)$，$R(at)$ 满足相同的方程式。这意味着，根据参数 c 和 r，如果调整图 2 的标度，可以生成看似相同的快速和慢速流行病图形。倘若改变 c/r，还可以获得发作了几天并波及 95% 人口的流行病，蔓延了几十年并波及 95% 人口的流行病，发作了几天但仅波及 5% 人口的流行病，抑或蔓延了几十年却仅波及 5% 人口的流行病。不管怎样，在调整标度后，我们都能看到和图 2 相似的驼峰形感染模式。

克马克—麦肯德里克 SIR 模型（1927）成为流行病数学模型的起点，90 多年来产生了大量文献。基本的 SIR 仓室模型被修改，纳入了免疫力逐渐丧失的情况，由此痊愈者又会慢慢转变为易感者（SIRS 模型）。这和上述的 SIR 模型相同，只不过第一个方程的右边增加了 $+sR$ 项，第三个方程的右边增加了 $-sR$ 项，其中 s（>0）是再次易感率。在这个模型中，根据参数，感染者的路径可能看起来与图 2 相似，但随着时间的推移逐渐成为一条非零的水平渐近线，也就是说，感染者永远不会消失。SIR 模型也可以修改为易感者和感染者接触导致暴露者 E 增加（第四仓室），这类人后来变成了感染者（SEIR 模型）。模型还被修改为考虑了治疗后局部免疫、新易感者诞生、传染性极高的超级传播者的出现、地理传播模式等因素。

克马克—麦肯德里克理论应用于社会潮流

在把 SIR 模型应用于社会潮流和思想潮流时，某些变化显得自然而然。一个观点是，随着某个思想逐渐变得不再激动人心，久而久之其传染率应该跟着下降。对这个观点近似建模的另一方式是，依照戴利和肯德尔（Daley and Kendall，1964，1965）的说法，修改克马克—麦肯德里克模型，以表征感染人群遇到其他感染者或痊愈者之后可能会变成非感染者的情况，因为他们认为眼下很多人已经知道那个故事，不会再产生新鲜感和兴奋劲，所以他们选择中断进一步传播潮流。

巴塞洛谬（Bartholomew，1982）认为，当克马克—麦肯德里克模型的各种变体模型被应用于思想传播时，不能假设“停止感染他人”和“遗忘”是同一回事。人类行为可能会受到谈论不多但仍被牢记的旧思想所影响。这就是所谓的“行为痕迹”（behavioral residue，Berger，2013）。

今天，探讨网络模型的经济学文献浩如烟海，例如最近出版的《网络经济学手册》（Bramoulle，2016），尽管书中没有构建什么行为模型（也完全没出现过“叙事”一词）。这些修改版 SIR 模型涉及复杂的结果模式，有时还带有周期性。另外，全球的社交媒体连接正导致地理传播模式日益复杂化（Bailey et al.，2016）。

一些 SIR 模型①并非对随机混合思想的替代，而是选择使用网络结构。是否允许自己被感染这样的策略决策也许会出现，部分感染人群可能会参与决策（Jackson and Yariv，2005）。有的变体模型将个人描述为不仅在随机感染的过程中采取行动，而且通过理性计算与他人接触时传递的信息来采取行动（Banerjee，1992；Bikhchandani、Hirshleifer and Welch，1992）。

目前，社会潮流的单一模型尚未出现，但是已经有根据具体情况解读潮流的模型工具包。不过，我们仍然可以将克马克—麦肯德里克原创的 SIR 模型视为依赖传染和痊愈的各种动态模型的原型。这些动态模型通常仍然以类似的 c 和 r 作为基本参数，c 向上或 r 向下的轻微调整仍可能触发一连串事件，引爆滞后的潮流，因此潮流在首次受到公众关注的时候，其起因已经相当久远，难以辨认。

即便传播媒体使直接面对面的思想交流在现代日益不再重要，克马克—麦肯德里克模型也还是经济学的重要模型。无论人们如何交流，核心模型总有用武之地。令人担忧的是，现代传播媒体（新闻媒体、互联网等）使 SIR 模型对社会潮流的描述变得不太准确。不过，这种变化可能大致限于模型框架内，而且由于社交媒体自动将叙事引向对其感兴趣的人而不受地理位置的限制，所以叙事的传染率比较高。此外，营销类文献发现，直接口口相传的说服力仍然胜过其他形式（Herr et al.，1991），营销行业更是通过推广口碑传播策略和电视广告做出响应，其中表演者扮演普通大众可以识别的人物，模仿直接的人际口碑传播。在研究互联网、社交媒体以及 SIR 模型时，赵来军等人（Zhao et al.，2013）认为在修订版 SIR 模型中，新媒体推高了类似的参数 c 和 r。

鲍克哈格（Bauckhage，2011）提供证据表明，克马克—麦肯德里克仓室模型的 SIRS 变体，十分拟合谷歌搜索解析（现在的谷歌趋势）中有关互联网文化的时间序列数据。他研究互联网最近出现的傻瓜型互联网病毒，比如显示

① Lamberson（2016）对此进行了综述。

一只可爱的猫头鹰图片，似乎要表示一种困惑表情的“O RLY?”（噢，真的吗?）模因。他发现，由于这些模因基本上都比较无厘头，所以我们会期待它们能服从某一独立于其他思想的行为，从而很好地拟合 SIRS 模型。于是，接二连三出现了大致相同的驼峰形感染模式。

米歇尔等人（Michele et al.，2011）给出的检验证据表明，书籍提及名人时往往遵循一个随时间变化的驼峰形模式，这种流行很缓慢，有点像鲍克哈格观察到的现象，但历经的时间是几十年而不是几年或几个月。经济学家给出的一些例子，或许能说明某种仓室模型的慢性潮流如何遵循驼峰模式演绎了数百年：亚当·斯密（1723—1790）的谷歌 Ngram 图，直到 19 世纪 80 年代才达到巅峰，此后开始慢慢下降了一个多世纪。卡尔·马克思（1818—1883）的谷歌 Ngram 图则在 20 世纪 70 年代抵达峰值。

以克马克—麦肯德里克模型为例证或原型，这种学习理论或许意味着，在某个思想不再具有传染性很久以后，它的总体影响由其 R_∞ 衡量。因此思想的长期影响并不证明它的正确性，而是检验思想流行时的最初流行率 c/r。

将 SIR 模型应用于社会潮流时，我们还需考虑叙事会影响其他叙事的传染率，这些叙事往往被视为同一主题或进一步的补充信息。一个新的叙事可能会激活处于休眠状态的其他回忆。相似的叙事潮流可能会出现。

我们还必须想到，故事经过政治家、广告商或其他利益团体精心策划往往带有策略性（Akerlof and Shiller，2015）。有讲故事天分的人认为，把故事说得天花乱坠使之流传是一笔巨大财富。福尔克和梯若尔（Falk and Tirole，2016）称他们是“叙事企业家”。格莱泽（Glaeser，2005）提出“故事供应”说，并以制造仇恨、精心为建立政治优势而设计的故事作例证。吉诺等人（Gino et al.，2016）则将编造借口的人描述成“有动机的贝叶斯决策者”（motivated Bayesians），意指这些人开始相信他们为了自身优势而制造的假新闻。

有意识地制造新故事大多是为了个人利益，但其中一些是出于支持信心和良好价值观的爱国主义企图。完善故事的过程就是试错的过程，是对各种病毒化事物的回应。成功的故事企业家也许一生都在屡试屡败，也许只有一次或几次突破。但罕见的突破会使一切变得意义非凡。

经济理论的叙事潮流

我们来考虑一个与拉弗曲线相关的叙事潮流的例子，拉弗曲线是经济学家拉弗（Arthur Laffer）在公共财政理论中创建的。让我们画一条曲线，看看克马克—麦肯德里克模型如何诠释拉弗曲线的叙事。我们研究拉弗曲线相当于在大量叙事中做一个随机选择，不过我们可以很容易地从数据库中搜索到，因为“拉弗曲线”这个词紧密联系着某个具有明确经济影响的单一叙事。这个叙事在1978年引爆公众关注，焦点是1974年涉及美国经济学家拉弗的一起事件。图3中，来自ProQuest News & Newspapers和谷歌Ngrams的拉弗曲线逐年引用频率图，有点类似图2中克马克—麦肯德里克模型的感染情况。

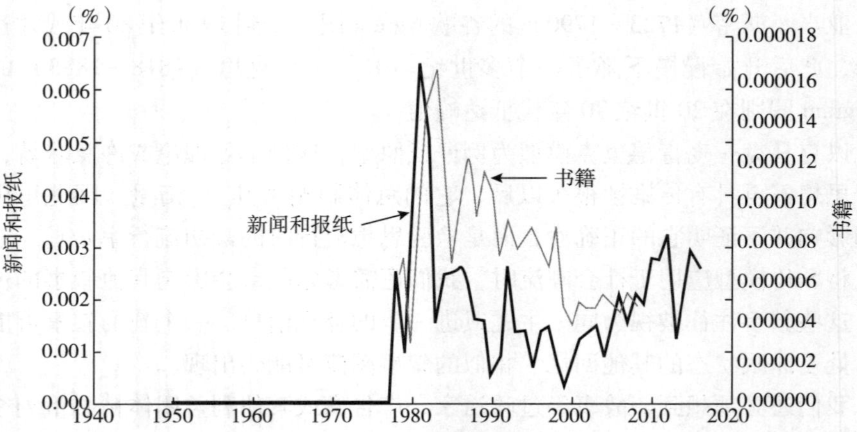

图3　“拉弗曲线”逐年出现的频率

注：对于新闻和报纸（1950—2016年，来自ProQuest），这是包含该短语的文章数量占当年所有文章的百分比。对于书籍（1950—2008年，来自谷歌Ngrams），它是“拉弗曲线”出现的次数除以数据库中该年份的单词总数所得的值，以百分比表示。

对于这两条曲线，由于存在出版方面的干扰信息，曲线相对于模型起伏不定，但仍然呈现一定的驼峰形状。新闻和报纸使用术语“拉弗曲线”的频率最初从1977年到1978年强劲上升，然后迅速攀爬了三年并在1981年达到高峰。接着开始滑落，这一落就持续了很多年，一如图2的模型所示，尽管2000年后再次有所上升。书籍中出现该曲线的爬升速度更慢，从1978年到1983年六年间连续五年上行，然后进入长时间的缓慢下降，和图2的模型相似。

拉弗曲线的传播很大程度上归因于它被视为是减税的重要理由。它的传播与承诺减税的罗纳德·里根1980年当选美国总统后做出的基本政治变革不无关系（也与玛格丽特·撒切尔夫人有关，而不是那时当选法国总统的社会党人弗朗索瓦·密特朗)。

拉弗曲线是一条将税收收入与税率挂钩的倒 U 形曲线，这一理论被用来证明对高收入者减税有理有据，因为高税收刺激他们减少生产。“税收可能会降低挣钱和创造就业动机”的见解并不新颖：早在 18 世纪亚当·斯密就已经发表了这个想法。① 1921—1932 年，美国财政部长安德鲁·梅隆因他的“涓滴”经济学而声名大噪；另有美国总统卡尔文·柯立芝，在 1923—1929 年成功地主张降低“一战”之后始终高企的所得税。但随后梅隆的名字慢慢褪去光环(除卡内基—梅隆大学外)，该理论也失去了有说服力的叙事特色。

拉弗曲线的故事在 1974 年还没有被疯狂传播，这是拉弗首次引入曲线的公认日期。1978 年，《华尔街日报》社论作家裘德·万尼斯基(Jude Wanniski)在《国家事务》(*National Affairs*)杂志上发表文章，首创一场文学革新，从而推动了这条曲线的传播。万尼斯基妙笔生花，写到 1974 年拉弗与白宫权力大腕迪克·切尼②、唐纳德·拉姆斯菲尔德③还有万尼斯基自己，在华盛顿旅馆双洲餐厅共享牛排晚餐的情景。席间，拉弗在餐巾上画出了他的曲线。在万尼斯基的助力下，当“餐巾上画出曲线”的趣闻传出时，这桩轶事出人意料地红了，以至于现在成了一种纪念品。一块画着拉弗曲线的餐巾就陈列在美国历史博物馆，彭博资讯(Bloomberg)还不失时宜地提供视频，重现拉弗在餐巾纸上绘制曲线的场景。

为什么这则故事会火爆？这类事情往往很难解释。万尼斯基的报道不胫而走后，连拉弗都表示他本人根本不记得四年前发生过那件事。④ 但万尼斯基是记者，感觉自己抓住了精彩故事的必要元素。万尼斯基提出的主要观点简洁有力：在零税率的时候，政府将颗粒无收。而税率达到 100%，政府也会一无所得，因为如果所有的收入都将被夺走，谁还想干活呢？介于两个极端之间，把税收和税率联系起来的曲线，必定呈倒 U 形。于是，正如万尼斯基在他 1978 年那篇文章开头大张旗鼓地指出的，这意味着除了在拉弗曲线的顶部外，对于

---

① Adam Smith, *Wealth of Nations*, Vol. II (1869)。“税收可能会妨碍人们辛勤劳作，阻止他们申请参与某些可能维持无数人就业的商业部门。”第 416 页。

② 1978 年之前切尼担任白宫办公厅主任，后来是国防部长和美国副总统。

③ 拉姆斯菲尔德 1978 年起直到最近一直担任国防部长。

④ Paul Blustein, 1981. “New Economics: Supply-Side Theories Became Federal Policy with Unusual Speed.” *The Wall Street Journal*. October 8, 1981, 第 1 版。

任何可行税收，都将有两种税率来形成这个倒 U 形：一种是曲线左边与高收入水平相伴的低税率；一种是曲线右边与低收入水平相伴的高税率。

这是一个经济效率概念，简单得所有人都能明白。虽然并无数据的支持，但万尼斯基认为，我们落在了拉弗曲线的低效率端。拉弗的才能在于叙事，而非数据收集。拉弗曲线的绘制似乎表明，削减税收将给国民收入带来巨大的意外收获。对于大多数不熟悉经济学又有定量倾向的人来说，这种经济效率低下的解释十分吸引眼球，足够像病毒一样传播开来，哪怕经济学家抗议说我们其实并没有处在拉弗曲线效率下降的一方（Mirowski，1982）。显然，很难用如此简单明了的方式说清楚为什么我们落在拉弗曲线的低效率侧是值得怀疑的，而说清楚这一点才能遏制拉弗曲线的流行。多年后，拉弗的确宽泛地谈及历史上减税的显著效果（Laffer，2004）；但在 1978 年，那则叙事起着决定性的影响。要想把故事讲得动听，你务必要把背景设在那家高档餐厅，顺带写写强大的华盛顿人民和当地的餐巾。

大约在相同时间，出现了另一个堪比拉弗曲线、牵涉多桩叙事的潮流："鲁比克魔方"。搜索 ProQuest 上的新闻和报纸，鲁比克魔方超过了拉弗曲线，但在谷歌 Ngrams 上，却不敌拉弗曲线。从长期来看，它们都呈现相似的驼峰形路径。

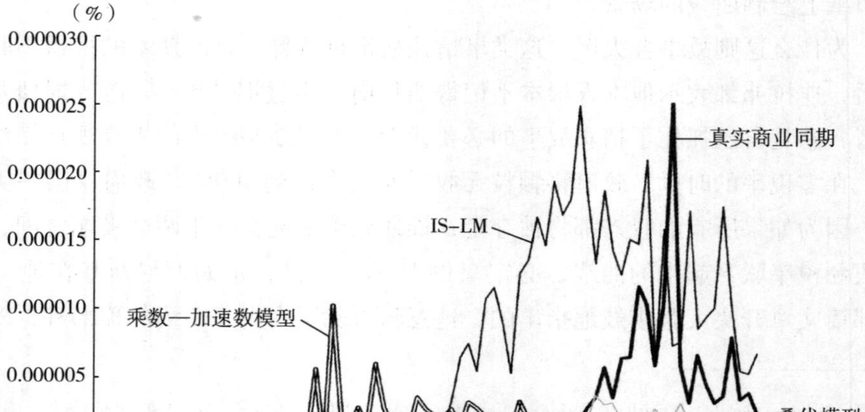

图 4 谷歌 Ngrams 关于四个经济理论的统计：IS－LM 模型（Hicks，1937），乘数—加速数模型（Samuelson，1939），叠代模型（Samuelson，1958）和真实经济周期模型（Kydland and Prescott，1982）

拉弗曲线流行之后，里根执政期间（1981—1989 年），美国联邦所得税最高税率从 70% 降到了 28%。同时期内美国企业利润税最高税率从 46% 滑至 34%；资本利得税最高税率从 28% 减少到 1981 年的 20%（尽管在里根任内的 1987 年再次回升至 28%）。假如拉弗曲线的潮流对这些变化影响甚微，那么对产出和价格指标必定造成巨大冲击。

图 4 显示关于经济理论若干其他例子的谷歌 Ngrams 结果，虽然它们只是叙事，不太适合我们的目的，但它们实质上比拉弗曲线更具原创性。然而，就算是重要的原创理论也会自带相关叙事，而且可能涉及 SIR 动力学。IS - LM 模型（Hicks，1937）、乘数—加速数模型（Samuelson，1939）、叠代模型（Samuelson，1958）以及真实经济周期模型（Kydland and Prescott，1982），都展示出类似克马克—麦肯德里克模型可能产生的如图 2 所示的驼峰形。在其中的三例中，在引入模型后，潮流首先盛行了十多年，这个现象也可以在克马克—麦肯德里克框架内得到解释：从极小范围兴起的潮流可能在开始一段时间后都未被察觉。

反馈的变化：乘数和泡沫

若想把与拉弗曲线快速流行相关的事件当作社会潮流，就要思考反馈信息。宏观经济学中原始的卡恩—凯恩斯乘数模型（Kahn，1931；Keynes，1936）及其著名的“多轮支出”，或可被描述为某种潮流模型，不过传染率 c 替代为 MPC（边际消费倾向），且去除率 r 为 0。这是一个理论上颇具吸引力的反馈模型。对经济的任何刺激，记为 I_0，以和我们的潮流模型一致，都能增加某个人的收入。这个人花费其收入的 MPC，为另一个花费其 MPC 收入的个人创造收入，以此类推，使国民收入不断提高，最后国民收入增加了 $I_0/(1-\text{MPC})$。

然而在实践中，纯粹的凯恩斯主义传染是有限的。一些乘数的估算非常低，意味着这种传染可能不像起初那样重要。“永久性收入假说”指出，倘若人们不相信收入暴涨是永久的，凯恩斯主义传染就可能极低。有些研究支持低乘数，例如根据密歇根大学的消费者调查问卷，马修·夏皮罗（Matthew Shapiro，2016）报告了自己与合著者关于财政刺激政策影响的研究。他们提出反事实问题（如果你没有收到退税支票，会采取什么不同做法），发现至少在他们的调查期间，边际消费倾向可能相当低（1/4—1/3 之间），这说明乘数几乎为1。

另一种特殊的潮流模型主要描述投机泡沫。人们一般不会直接根据这种模型给投机性资产价格建模，毕竟这种模型会产生平滑的时间路径。大多数投机性资产价格每天的变化几乎是随机游走的态势。原因显而易见：如果一大堆聪明人能出色地预测日常价格变化，他们早就可以神速致富甚至替代市场了。市场上既有消息灵通人士也有噪声交易者（noise trader），前者会试图预测后者的行为。① 大量价值投资方面的文献证实，预测可以带来长期回报。②

在泡沫中，公众对价格上涨的关注改变了传染趋势：价格快速上涨推高了证明价格上涨、需求增加、价格进一步上涨有其合理性的流行传闻的传染率。具体到股市泡沫，受关注的可能是拥有迷人新技术的公司和该技术创造者的故事。而在房地产泡沫里，可能就变成精明人靠倒手房屋大发其财的故事。如果投机价格上涨刺激了购买进而又抬高了价格，使价格到企业、利润到价格的反馈以及价格到监管放松再到价格的反馈都通过改变叙事来实现，就有可能出现价格到GDP再到价格的反馈（Shiller，1984，2000，2015）。

潮流对资产收益的影响取决于潮流传播速度和贴现率之间的关系。假如这个速度很慢，则对短期收益影响不大。长期来看，资产价格变化的短期序列相关性不大，而且短期内近似于随机游走。

美国最剧烈（尽管不是最糟糕）的经济衰退期是1920—1921年。在探寻经济衰退的叙事基础（可能很难看出这一点，因为叙事并不容易测量）时，最幸运的是我们可以观察那些真正的大衰退：自有现代统计数据以来，1920—1921年的美国经济衰退是最剧烈的。美国消费者价格指数突然从通货膨胀变为通货紧缩：1920年6月至1921年6月的大衰退期间，消费者价格指数下跌了16%，这是美国在一年内经历的最剧烈的通货紧缩。批发价格指数下落更猛：相同时间段内掉了45%，创历史最大跌幅。③ 经周期性调整的市盈率（实际标准普尔综合指数除以十年实际平均收益，Campbell and Shiller，1988）在1920年12月跌至4.78，是自1871年以来美国股市的历史最低水平。注意，

---

① 关于金融领域“噪声交易者”的文献堆积如山，例如参见LeRoy and Porter（1981），Shiller（1981，1984），Summers（1986），De Long、Shleifer、Summers and Waldman（1990），Shleifer and Vishny（1997）。

② 例如参见Fama and French（1993）。

③ St. Louis Fed Fred II M04049USM052NNBR，来源：National Bureau of Economic Research。

目前这一比率约为28。常规市盈率（根据过去12个月的收益计算得出）也只有超低的8.51。正是这场严重的经济衰退影响了新兴的国民经济研究局（NBER）强调商业周期及其时间测定的研究计划。

令人惊讶的是，近一百年后当人们进行搜索时，发现国民经济研究局的在线工作论文几乎只字未提是什么导致了这场急剧衰退。它究竟为什么会发生？

米尔顿·弗里德曼和安娜·施瓦茨在他们的《美国货币史》中给出最具影响力的阐释。据他们所说，1920—1921年的紧缩有一个明确原因：第一次世界大战后，经验不足的美联储犯了一个错误，为了遏制1919年因草率的过度扩张政策造成的不合理通货膨胀，不得不在1920年采取有力措施对抗通胀，于是提高了贴现率。纽联储主席本杰明·斯特朗（Benjamin Strong）自1919年12月开始漫长任期，但无法阻止联邦储备银行（银行当时并没有相互协调它们的政策）在1920年1月将贴现率一次性提高足足1个百分点。

当时美联储还成立不久，1914年才开始运作，因此它会犯错，会实施过于大幅摆动的政策，这不足为奇。但我们不能轻率地断言是美联储引发了这场衰退。那时还发生了其他值得注意的事情。如果要挑出重大事件重点研究，应该记住：重要事件通常是许多因素综合造成的，而且这些因素当中往往有不断变化的叙事在起作用。

当时恰逢一系列可怕事件的发生：第一次世界大战，这场战争结束14个月之后就发生了经济衰退；一场在战争期间爆发且仍未结束的流感疫情，它甚至比战争更致命；还有战后美国爆发的一系列种族骚乱。但是，这些事件又如何转化成1920年的流行叙事呢？

我想起了一部描写20世纪20年代的书：《崛起的前夜》（*Only Yesterday: An Informal History of the* 1920*s*），作者是流行作家弗雷德里克·刘易斯·艾伦（Frederick Lewis Allen），作品出版于1931年，后记中对大萧条的早期阶段进行了评论。① 他的历史记载除了描述某些耸人听闻的事件外，着重叙述了所有引人注目的愚蠢小时尚和小娱乐，或许可以称之愚蠢之举的历史。

---

① 这里，我重读的是50年前19岁的我作为密西根大学本科生，修习Shaw Livermore教授的332历史课程“个人主义与集体主义”时拿到的该书副本。我当时花了85美分买了一本新书，我一直保留着这本书。另外我还存着那门课程的手写笔记。也许你会认为，你们这些教书匠开设的讲座很快会被遗忘，请注意从那时起我一直都在思考Shaw Livermore的讲座和阅读作业。去除率有时真的很低。

1920—1921 年的经济衰退爆发时，也恰好是公众普遍恐惧共产主义的早期阶段。搜索 ProQuest 上的新闻和报纸可以发现，1919 年之前"共产主义"一词的使用频率相对较低。当然，马克思和恩格斯早在 1848 年就完成了《共产党宣言》，报纸确实报道过他们，尽管不太频繁。如果从未真正发生过共产主义革命，大多数人可能都懒得去了解抽象的共产主义理论。马克思和恩格斯经常被视为无足轻重的人。但在 1918 年以后，大家突然开始关心起共产主义。

艾伦（1931）这样描写美国的"红色恐怖"时期：

> 他们［美国人］正在倾听满世界谣传的反美国政府和制度的激进大阴谋。他们竖起耳朵使劲儿听炸弹爆炸和布尔什维克军队的脚步声。他们真的以为，至少数百万理性公民真的以为，一场红色革命将在下个月或下周在美国爆发。①

尤其是，第一次世界大战后发生了一桩关于共产主义意外获胜及其暴行的惊人故事：1918 年 6 月 17 日，共产党人杀害了沙皇尼古拉二世及其一家。这则令人反感的故事讲到，这个举世皆知的家庭（全世界的读者都在报纸和明信片上见过他们的照片，就像我们今天经常看到的英国皇室那样），被要求盛装打扮，然后坐着被突然出现的行刑队处决了。沙皇的死讯登在 1918 年 6 月 28 日的报纸上，但直到 1920 年 9 月大萧条的中期，叶卡捷琳堡的调查报告才将所有可怕的细节公之于众。于是，世界各地的报纸报道了这个故事——肯定是一个能吸引读者的"传染性"故事——的残酷细节。故事至今仍在流传；由于传染率低但去除率也低，因此它以一种持久、缓慢而萎缩的流行形式持续存在着。

当时还出现了石油价格冲击，自然也产生了相关的叙事。美国的油价从 1919 年中至 1920 年底上涨了 50% 以上。由于消费价格下跌，实际价格上涨幅度更大，到了 1920 年底，实际油价攀升至 1979 年以前的 20 世纪最高水平。

一些报纸提出了高油价的一个直白解释：因为动荡，俄罗斯和墨西哥暂时中断了供应。但是另一种解释的传染率更高。尽管大衰退，但是当时汽车和其他能源密集型设备不断涌现，所以油价因需求旺盛而走高。1920 年 9 月，《洛杉矶时报》一篇署名伍兹（W. W. Woods）的文章称："在过去的两年里，汽

① Allen（1931），第 38 页。

油内燃机的需求日益增长，已经是1901年的6倍多。”他得出结论，18年后全美的石油供应将会枯竭。此外据报道，1920年末煤炭价格居高不下，随着冬天的临近，家用锅炉的煤炭零售店濒临断货。克莱顿（Clayton，2015）记录了这段叙事的历史，从西奥多·罗斯福的1908年白宫资源枯竭会议，到1920年5月美国地质调查局首席地质学家大卫·怀特更可怕的预言：石油生产“可能在5年甚至3年内”达到顶峰（事实上，1920年后新石油的发现迅速将石油价格压了下去）。所有事件：世界大战、流感疫情、种族骚乱、红色恐怖和石油危机，无不伴随着极度令人忧郁的叙事，很可能由此引发了对经济的不确定感，进而抑制了家庭的自由支出，延缓了世界各地公司的雇佣决策。这些潜在因素听起来肯定比纽约联储主席本杰明·斯特朗决心在需要他的时候挺身而出更有意义。

另外一些较微妙的叙事可能也导致了经济衰退。1920年流传着一个说法，消费者价格指数最终会回到第一次世界大战之前的1913年水平。当然，并非所有人都这么认为，但是很明显，在这种通缩预期下，很多人觉得应该等到价格下跌后再购买，然而一大堆人都在等待购买，结果引发了萧条。对于预期通货膨胀的人来说，预期的实际利率高得离谱。尽管约翰·贝茨·克拉克1895年向经济学界引入了实际利率概念，但是ProQuest News & Newspapers所代表的报纸根本不曾提及这场萧条期间的实际利率。实际利率的概念当时尚未扩散（或者说它一直没有扩散）。不过许多人肯定都明白为什么应该推迟购物，以免在出现大规模通缩时借款。

1913年，美国的零售价格指数（消费者价格指数CPI的前身）引起广泛关注。我们现在使用的CPI在1913年是以基准值10开始计算的。到了1920年，该指数翻一番达到20，在1921年年中降至17。从战争结束到1920年的价格上涨，被广泛归咎于那些被贴上新流行词“投机商”的人。《牛津英语词典》1912年第一次使用“投机商”，但直到“一战”之后这个词才真正传播开来。投机商通常的同义词（诈骗者、剥削者、黑市商人、唯利是图者、吸血鬼等）似乎都没有相同的含义，也不会和牺牲战争英雄而积累起来的战争财富扯上关系。这个词来自更古老的“私掠船船长”一语，意指得到敌对政府支持的海盗。战时曾盛传对高价感到愤怒的顾客殴打送奶工，并警告他们要停止吃肉以对抗肉商。但是战争结束后，这些叙事潮流也就跟着消停了。

1920 年，通俗作家亨利·黑兹利特（Henry Hazlitt）写道：

> 从此，每个角落都有自以为是的人在谴责这个肮脏世界犯下的暴行和劫案。肉商诧异于卖鞋的人竟然那么暴利；鞋商震惊于剧院门票投机者竟敢胆大妄为；门票投机者感叹他的房东专横跋扈；房东万般无奈于煤炭工的要求，而煤炭工又崩溃在肉商的肉价上。①

据报道，1920 年 1 月美国参议员阿瑟·卡珀（Arthur Capper）曾表示"投机商比赤色分子更危险"，并敦促消费者"拒绝购买超高价的商品，抵制贪婪的逐利者。"② 把 1920—1921 年的衰退视为当时的消费者抵制，也许还更恰当些。

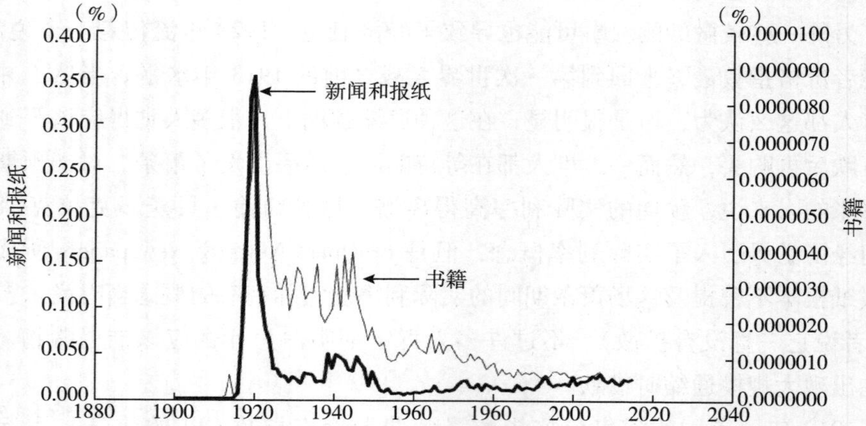

图 5　按年出现"投机商"一词的频率

注：对于新闻和报纸（1900—2016 年，来自 ProQuest），这一频率表示出现这个短语的文章数量占当年所有文章的百分比。对于书籍（1900—2008 年，来自 Google Ngrams），表示该短语出现的次数除以当年数据库中的单词总数，以百分比计。

但是，并非只是对投机商的愤怒抑制了消费。消费价格将大幅下降的传言自从与投机商的叙事有了关联，立刻变得极易传播，在 1920—1921 年经济衰

① Henry Hazlitt, "Profiteers as Public Benefactors," *New York Times*, March 21, 1920, 第 xxx10 版。

② "Profiteers are Incubators for 'Reds' —Capper," *Chicago Daily Tribune*, Jan 25, 1920, 第 A9 版。

退期间，报纸开始报道某些商品的价格已经跌至1913年或1914年的水平，于是这则传言就以暗示而非直接讲述的方式成千上万次地传播了出去。这是典型的报纸报道，撰稿者都在试图别开生面地编写一些吸引普通读者的趣味故事。报纸知道，通货紧缩时期读者对这些故事敏感，因为在没有受过相关训练的人看来，一旦战争结束，价格恢复到原来的水平是理所当然的，而这对于一直想着要不要买新房或汽车的人非常重要。

对许多人来说，等价格跌了再购买非必需品似乎是显而易见的策略，但这么一来却引发了萧条。正如某位观察家1920年写道："消费者知道战争已经结束，而且到了拒绝为物品支付战争价格的时刻。商品是不会跑的，因为人们根本不会购买。"① 当时更有民粹派愤怒地抵制暴利制造商和零售商。抗议言论上升到了道德层面："假如人们决定只购买不可或缺的食品或其他东西，供求的必然规律就会自动运作从而使环境变得更正常。"② 于是节俭成为新的美德。1913年的价格水平被奉为神奇的数字。1920年1月劳工统计局局长罗雅尔·米克（Royal Meeker）指出，他的机构在1913年已经开始统计零售价格指数，很多人认为这个日期是价格水平的基准点，将引导他们推迟购物："我们在1913年试着统计的价格渐渐被视为理想，"但他表示这是个错误的理想。

显然，他的话没有立即产生效果，人们确实延迟了购物，这既因为不满于传闻中的自私投机商，也因为人们认为在价格下跌期间推迟购物能有机会获利。这两个原因都有情感共鸣，因为战争过后，情感直觉会预测到流感疫情等因素。

至此我们知道，对于1920—1921年的衰退，一种基于叙事的非传统解释（或至少是部分解释）可能是：无数消费者基于将这些投机商描述成反面人物的叙事，抵制想象中的投机商；同时延迟购物的个人机会感，或者智胜投机商的报复意识，以及受其他煽情叙事驱动的情感直觉事件（涉及世界大战、共产主义革命、流感疫情、种族骚乱、红色恐慌、石油危机等）也起到了推波助澜的作用。押注消费价格下跌未免具有投机性，最终会和"股市行情之我见"的变化一样快；果然，这场赌局才过一年多就落幕了。

---

① "General Drop in Prices Forecast: Bankers and Traders Expect a Material Reduction in Practically All Lines—Say Era of Extravagance Has Passed." *The Christian Science Monitor*, Sept 25, 1920, 第4版。

② "Women Fight High Prices," *The Globe*, Sept 4, 1920, 第6版。

20 世纪 30 年代大萧条时期的叙事

大萧条（我记述的是 1929 年至 1941 年的整个时期，包括美国国民经济研究局记录的两次收缩）是世界历史上最漫长最严重的宏观经济失灵事件。然而，我们还没有公认的理论阐释这轮衰退何以如此惨烈、持久。

指称大萧条的极端持久性并没有诉诸有关叙事的一些理论似乎也颇具说服力。科尔和瓦尼安（Cole and Ohanian，2004）认为，美国 1934 年出台《国家工业复兴法案》实施“公平竞争法规”，其中一项旨在对抗大萧条的政策延长了大萧条。该法案使企业更容易形成卡特尔，更难以削减工资。尽管 1935 年最高法院宣布该法案违宪，但是科尔和瓦尼安表示，罗斯福政府有能力让这部法案的实质性内容继续得到执行。

埃肯格林等人（Eichengreen，1996；Eichengreen and Temin，2000）认为，大萧条的持久与国家轻率承诺金本位制有关，仿佛金本位制是上帝赐予的某种美德，即使劳动力市场的变化使工资更具有向下的刚性，也不能做出相应调整。他们表明，更早放弃金本位制的国家，经济复苏得更好。米尔顿·弗里德曼和安娜·施瓦茨在《美国货币史》里将大萧条归责于美联储，指出货币供应量的变化正说明了这一点。该书创造了“准控制实验”一词，是当今大量“自然实验”类论文的先导，不过，两位作者本人并没有这样认为。彼得·特明（Peter Temin）用一个更好的视角，阐释了弗里德曼和施瓦茨的观点。货币供应量下降主要是内生的，部分原因是引发大萧条的反馈造成了一系列银行挤兑，而弗里德曼和施瓦茨无非是说，美联储如果能够抵消货币供应量的下滑，原本可以做得更好。特明还留意到，弗里德曼和施瓦茨曾经指出，银行挤兑和经济活动指标之间没有实质性的对应关系。

我要再次指出，极可能是多种多样的因素汇合在一起产生了严重后果，导致人们大幅削减支出，而这些因素反过来又常常采取了叙事的潮流形式。

大萧条的第一则叙事记述了 1929 年 10 月 28 日的股市下跌。股市下跌的突发性和严重性使这则叙事显得异常震撼，把公众的注意力聚焦到美国这场史无前例的崩溃上。当时的下跌创造了单日跌幅纪录。然而除了创纪录的跌幅以外，很难说清是哪些因素导致这次崩溃叙事如此成功地得以传播。这个故事的时间非常巧，瞬间就引起了公众持久的反应。

如图 6 所示，1929 年崩溃的叙事强烈到今天仍在谈论，虽然现在更多见

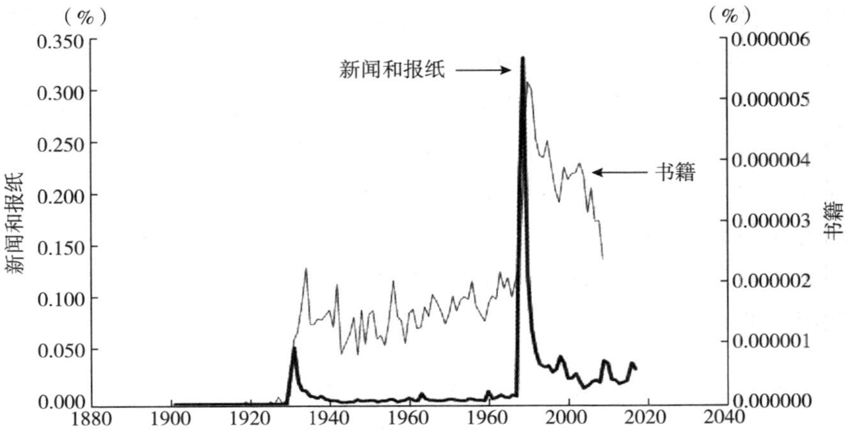

图 6　按年统计的“股市崩盘”短语出现的频率

注：对于新闻和报纸（1900—2016 年，来自 ProQuest），这一频率是含该短语的文章数量占当年所有文章的百分比。对于书籍（1900—2008 年，来自谷歌 Ngrams），它是该短语出现的次数除以该年份数据库的单词总数，以百分比表示。

于书籍而非报纸。在 1929 年真正崩溃之前，相关的潮流似乎于 1926 年就已暗流涌动。在报纸方面，出现了两次快速的潮流，都在一年内达到高峰，说明它们具有很强的短期传染性。第一次大比例出现在 1929 年，该年 10 月 28 日道琼斯工业平均指数单日跌幅 12. 8%，创下历史新高。第二次从 1987 年 10 月 19 日开始，当时道琼斯指数下跌了 22. 6%，几乎是 1929 年 10 月 28 日跌幅的 2 倍，只不过低于 1929 年两天的跌幅。说 1929 年以来再没有什么股价走势值得称为崩溃，这听起来挺奇怪。报纸非常关注纪录，大概是因为它们知道读者热衷于此，而 1987 年出现了 1929 年之后唯一的单日跌幅纪录。坊间传闻表明，1929 年股票市场的传染极具穿透力。我们都知道，1987 年的传染潮是十分严重的。在 1987 年 10 月 19 日之后的几天，我做了邮件问卷调查，询问受访者何时获悉 1987 年的崩溃。97% 的受访者称他们当天就知道了，其中绝大多数人是在中午，这说明消息并非来自早间或晚间新闻，而可能主要来自口口相传（Shiller，1989）。1987 年的流行潮看起来远远强于 1929 年，但它确实从 1929 年的记忆中汲取了力量；鉴于用单词统计作为叙事测量指标有其局限性，1987 年的流行潮可能其实没有那么强烈，尽管图 6 展示了这一点。

那么，1929 年崩溃的叙事是从哪里获得这种力量呢？其部分力量似乎源于某种道德说教。20 世纪 20 年代不仅经济过剩，也是性解放的时代——一些人对这种道德观持负面看法，他们无力反对，直至股市崩盘的新故事出现。

1929 年 11 月 3 日的周日布道会高度关注这场崩溃，并将它归罪于道德和精神上的无节制行为。第二天的报纸如是报道。这些布道会助推了针对“喧嚣的 20 年代”的审判日式叙事。（谷歌 Ngrams 指出，20 世纪 20 年代很少使用“喧嚣的 20 年代”一词：这个词的使用在该世纪 30 年代首次变得频繁，而且大致遵循图 2 绘制的驼峰形传染模式，直到 20 世纪 60 年代初到达顶峰。）

听听大萧条时期民众自己的叙事会很有好处，艾伦在《崛起的前夜》中用较为温和的辞色说道：

> 美国国民的性情和生活方式都有显著变化……无论走在美国哪个城市或乡镇的街区，基本上都能注意到这种改变。①

作家兼女演员丽塔·维曼（Rita Weiman）在 1932 年描述了这一变化：

> 在通货膨胀的这些年，我们一直徘徊在悬崖边缘，丧失了判断力。大家花大量的钱财购买物品和享乐，收获的价值却完全不相称。如果某物花费不菲，我们马上断定那必定是好的……比如家庭娱乐。许多人几乎都忘了朋友们欢聚一堂是多么开心的事。我们所有人都患了“消化不良症”。②

另一位作家凯瑟琳·哈克特（Catherine Hackett）也在 1932 年解释了她对大萧条期间新道德的看法：

> 在以前的繁荣时期，我可以买下一罐沐浴盐或多买一双晚用拖鞋而不必对缺少生活必需品的穷人怀有愧疚的感觉。我总能愉快地想起媒体报道的零点工穿着丝绸衬衫、乘车到福斯公司上班的情景。现在不同了。如果继续举办盛大聚会、穿漂亮衣裳，这种时髦会被视为对人类苦难无动于衷。③

---

① Allen（1931），第 289 页。

② Bird，Carol.“We're getting ‘ANCHORED’ Again Says Rita Weiman.” *Washington Post*，July 10，1932，第 SM3 版。

③ Hackett，Catherine.“Why We Women Won't Buy.” *Forum and Century*. December 1932，第 343 页。

关于大萧条初期的另一种叙事，是重述1920—1921年的事件，对于大萧条时期的人来说，这些时间就如同今天我们回忆2007—2009年的往事一样毫不遥远。既然许多人都像1920—1921年以前那样预期价格会跌，他们肯定想推迟购物直到价格完全下降为止。经济学家自然认为，这轮紧缩会和1920—1921年的同样短暂，这也解释了为什么胡佛总统和其他人都自信地表示一切将很快过去。但公众不一定相信胡佛总统。凯瑟琳·哈克特写道：

> 我已经看够了经济学家的预测，他们就想让我相信我对未来价格走势的猜想和别人的差不多。家庭主妇在下跌的商品市场中博弈，和投资者在股市的下跌中博弈没什么两样；在购买实际必需品外的任何东西之前，她要坐等价格稳定下来。可我不必成为经济学家也能意识到，如果2000万家庭主妇都这么做的话，经济复苏可就遥遥无期了。①

这里我引用1932年的原文，是因为它阐明了可能被遗忘或不受重视的一些消费者行为。她发现消费者行为与股市投机者的行为有相似性，后者投入自身的情感能量，形成对股票价格的个人预测，而不是信任专家以及“高传染”的投机叙事。妇女们势必像投机者那样交谈，讲述她们购物成功或失败时做出的一些聪明决定或错误行为。这往往涉及消费价格变动的第二阶段。即便对通货膨胀的平均预期为非负数，但如果有关价格下跌的煽情叙事传染率提高，那么消费支出就可能出现显著的净减少。

奇怪的是，经济学家并没有更多地关注女性提供的证据来研究消费函数。纵使（也许尤其是）在价格飞速上涨的时候，妇女们肯定在广泛交流如何凭借自己的直觉制定购物攻略。显然那个时候性别角色划分比现在更加分明，投资股票市场是男人的事，而女人则主要负责购物，但1929年前后，连妇女也堂而皇之地投身于股市的投机博弈。②

因此，有人试图重新创建一种道德律令（moral imperative），反对投机于价格下跌，反对女性做出像普通男性卖空股票市场那样的行为。1930年，华盛顿商会发起了一场“为繁荣而买”运动。有个“繁荣委员会”还请求所有

---

① Hackett 1932 op. cit.

② John Jacob Raskob. 1929. “Everybody Ought to Get Rich.” *Ladies Home Journal.*

教派的教士“通过他们的讲坛宣讲繁荣”，从而“刺激生产，缓解失业状况”。①

据报道，在1932年大萧条最严重的时期，有位查尔斯·福斯特太太对一个妇女团体说：

> 今天，美国妇女手中最有效的武器之一就是其巨大的购买力。听说她们花掉了美国85%的收入。她们怎样才能更好地制造公众舆论，支持像往常一样消费，而不是仅仅以身作则？②

就算如此，紧缩仍被普遍认为是某种反馈的产物。在1933年的总统就职演说中，富兰克林·罗斯福用“唯一值得恐惧的就是恐惧本身”，概括描述了人们对他人恐惧的反应。迄今，我们对这句话记忆犹新；他的炉边谈话更是发展成缓慢而有力的叙事，哈克特却不同，她并非描述某种恐惧情绪。

罗斯福还为花钱提供道德上的理由。1933年就职后没几天，赶在全国发生大规模银行挤兑，以致不得不关闭所有银行之际，罗斯福总统通过电台，采取不同寻常的措施应对这个问题。在这番“炉边谈话”中，他解释了银行业危机，呼吁人们不要继续从银行提取存款。他像军事指挥官在战斗打响前给士兵讲话那样，要求国民付出勇气和忘我精神。罗斯福说：“大家必须有信心，绝不能被流言和猜测所吓倒。让我们战胜恐惧团结起来。”③ 他向不知所措的全国人民提出个人请求：停止银行挤兑，当银行重新开业时，有资金流入而不是流出银行。今天，这首轮炉边谈话的叙事犹在耳畔，从罗纳德·里根总统开始，每届总统都定期在周六开设广播聊天，然而这些叙事并没有强大或者被充分使用到足以防止经济衰退。

大萧条时期的宏观故事情节逐渐演变成国民对“喧嚣的20年代”的过度自信和病态自信的反感。其他叙事则集中于左派或共产主义运动的兴起，人们认为这些对未来政府政策的潜在影响，远远超过了《国家工业复兴法案》这一支持公平价格的新政制度。在人们看来，该法案只是一个最终有可能变现的

---

① “Buy – Now Campaign Started in Capital,” *The Washington Post*, Oct 25, 1930, 第7版.

② “Jersey Clubwomen Urged to Arouse Public Opinion in Favor of Spending” *New York Herald Tribune*, Feb 7, 1932, 第E11版.

③ Roosevelt Fireside Chat No. 1 March 12, 1933 https://www.youtube.com/watch?v=r6nYKRLOFWg.

国家干预商业的一个实例而已。

在1932年和1933年大萧条的最糟糕岁月，人们还整天为欧洲和亚洲的可怕事件提心吊胆。日本1931年刚刚占领中国东北地区。1932—1933年苏联正在爆发人为的“大饥荒”——乌克兰版大屠杀：斯大林试图扼杀持异见者，导致数百万人付出生命。这些叙事，事后看来就和第二次世界大战最糟糕的叙事一样，在西方广为流传。到了1933年1月，希特勒攫取德国政权，迅速开始屠杀政治对手，恐吓犹太人。

这些叙事引发了焦虑，而焦虑会刺激很多人取消无意义的消费计划，比如为体现自己有充足积蓄而买更大的房子或新车。其中一些事件也反映出不花钱的道德原因。人们掀起各种抵制运动：抵制德国和日本货，抵制与犹太人有关的物品。德国人则开始排斥西方的商品。这些行动肯定造成了一定的经济后果。

富兰克林·艾伦1931年的著作《崛起的前夜》似乎更接近于用当时的故事来诠释大萧条的真正原因，从我首次阅读这本书开始，它便激发我不断思考。作品在某种意义上显得有些肤浅：除结尾外，都是一堆毫无中心主题的故事。然而通过了解所有这些描写时尚和狂热的故事，你能看到20世纪20年代发生了什么。1931年有位评论家解释了他从书中学到的东西：“显然，我们改变时尚。这就是我们不变的本质——大家以千变万化的轻松姿态，从一种狂热扑向另一种狂热。”①

当大量人口失业的时候，传染率更高的自然是企业倒闭事件而不是励志故事。故事里商界人士自杀的情节数不胜数。②

进入大萧条晚期，大多数人似乎认为政府控制企业是必然趋势。1939年5月的民意调查询问，“你认为从现在起十年内，政府对企业的控制会比现在更多还是更少?”56%的受访者表示更多；22%表示更少；8%两者都不选；14%不发表任何意见（Higgs，1997）。

到了20世纪30年代，不管大家喜不喜欢，有关“美国的共产主义势力将把美国推往未来发展的必然方向”的理论可谓家喻户晓。罗斯福总统的日益激进在这些话题中发挥着一定作用：1936年，谈到财阀权贵时他说，“我欢迎

① Lewis Gannett，“Books & Things,” *New York Herald Tribune*, Dec 1, 1931, p. 19.

② 33 “Rise in Suicide Rate Laid to Depression: National Survey Shows 20. 5 of 100, 000 People Took Their Lives in 1931—Highest Figure since 1915, *New York Times*, June 23, 1939, p. 24.

他们的仇视。”（Higgs，1997）。

从20世纪30年代末起，有关共产主义阴谋的叙事开始谈及日益左倾的劳工法窒息商业的传闻。流言四起，指称工会这类外部煽动者破坏公司和平，扰乱原本对工作很满意的员工的宁静；陌生人的示威抗议，其他工会协调一致拒绝处理公司产品；现有的员工自己组成工会，想方设法避开冲击，谁料激进的国家劳资关系委员会却把它当作“公司工会”弃若敝屣。①

大萧条期间，美国还流传一则关于1934—1940年墨西哥总统拉萨罗·卡德纳斯的故事。和美国一样，大萧条放大了墨西哥民众要求采取社会主义或共产主义解决方案的呼声，搞得商人个个胆战心惊。卡德纳斯征用了大片商业种植土地，并于1938年对墨西哥石油产业和铁路实施国有化。这些行动被视为在其他国家也有可能发生，果不其然，其他国家效仿卡德纳斯实施了国有化，尽管美国不在其列。

斯科特·贝克尔（Scott R. Baker）、尼古拉斯·布鲁姆（Nicholas Bloom）和史蒂文·戴维斯（Steven J. Davis）的经济政策不确定性指数（按在线新闻媒体中单词出现的次数统计）显示，美国和英国的政策不确定性大幅上升。

导致2007—2009年“大衰退”的叙事

2007—2009年的世界金融危机被称为“大衰退”，是参照了20世纪30年代的“大萧条”。当然，自20世纪30年代以来，“大萧条”的叙事还从未如此突然引起全国性的空前关注，见图7。

图7表明，2009年甚至比大萧条期间更加关注“大萧条”，尽管大家必须谨慎认识到，当时危机发生时，人们实际上并没有给它冠名“大萧条”。不过他们关于大萧条的叙事，肯定使用了那个时期罕见的词语，比如排队领救济食品的队伍（breadline），谷歌Ngrams显示，该词在1929—1934年的书籍中使用频率爆增，而后才相当稳定地衰减了。

谷歌趋势（Google Trend）搜索统计也证实了2009年人们对大萧条的兴趣，虽然没有图7描绘的那样剧烈变化。这并不意味着大家忽然对富兰克林·罗斯福或新政更重视。数量统计显示，人们对那些历史细节的兴趣几乎没有增

① Harold Fleming. “No New Deal Agency Irks Businessmen like the NLRB” *The Christian Science Monitor*, August 23, 1939.

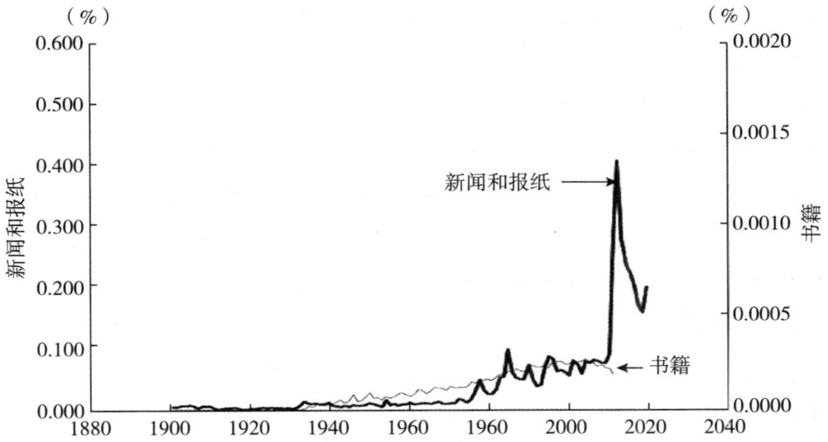

图 7　按年统计的短语“大萧条”出现的频率

注：对于新闻和报纸（1900—2016 年，来自 ProQuest），这是含该短语的文章数量占当年所有文章的百分比。对于书籍（1900—2008 年，来自 Google Ngrams），则是这个短语（大写）出现的次数除以当年数据库中的单词总数，以百分比表示。

加。重要的是，叙事的传播变得快速、简单：2007 年的时候，我们已经度过了“喧嚣的 20 年代”那样不道德的狂热投机时期，2008 年股市和银行崩溃仿佛回到了 1929 年，眼下经济可能真的会再次坍塌；我们甚至可能失业，满街都是倒闭的银行，绝对是真的！这就是基本叙事。

让我们来考察基于叙事的 2007—2009 年金融危机大事记。金融危机是由一连串故事驱动的。例如，关于银行挤兑的故事在 19 世纪几乎就是金融危机的同义词。但在大萧条之后，银行挤兑被认为可以治愈。2007 年的北岩银行挤兑，是 1866 年以来英国的第一例银行挤兑事件，令人们回想起昔日的叙事：恐慌的储户在紧闭大门的银行外聚集成愤怒的人潮。这一描述导致国际局势持续紧张，一年后美国发生华盛顿互惠银行（WaMu）挤兑事件，几天后，储备优选基金公司（Reserve Prime Fund）挤兑风潮爆发。当时，这些事件促使美国政府给美国所有货币市场基金提供了一年的非常规担保。政府显然意识到，不能让公众过于关注银行挤兑的老故事从而产生焦虑情绪。

有一个了解危机的叙事方法或能带我们回到更久以前。2001 年，英国电视台推出“房产阶梯”（Property Ladder）节目。这档真人秀节目大获成功，给人们展示如何买房子，再装修、粉刷房子，然后倒卖挣一大笔利润。成功的叙事经过适当修改后被复制，在其他国家重新推出。2005 年美国电视节目

“翻转房子”（Flip that House）试图复制“房产阶梯”，结果2008年金融危机爆发时被取消。“房产阶梯”持续到2009年，更名为“房地产、蛇和阶梯”，在该年的晚些时候也告停播。

导致2007—2009年经济大衰退的，是技术进步造成的对长期工作不安全感的普遍担忧。2004年出现Facebook和Gmail，2005年出现YouTube，2006年Twitter，2007年又出现iPhone。这些都是时代的著名商业传奇，而它们留下的印象也许是：正在组建的公司可能不会为缺乏技术天赋或与这类人毫无关联的人创造就业机会。

“大衰退”这个名称可以理解为叙事潮流的证据。给大萧条后的金融危机命名可不是任何个人的选择。以前有人尝试过把“大衰退”贴给之前的各轮经济衰退。奥托·埃克斯坦（Otto Eckstein）1978年写了本名为《大衰退》的书，就想为1974—1975年的严重衰退挂上这个名字。奈何名字没叫响。到了1981—1982年衰退期间，该词又让约瑟夫·格兰维尔（Joseph Granville）使用了，这位爱出风头的分析师通过制造噱头，比如和训练有素的黑猩猩一起出现，滔滔不绝地谈论他对股市下跌的预测。① 然而不巧，名字又没有传开。但是2007—2009年，事情变了样。鲁里埃尔·鲁比尼（Nouriel Roubini）在2006年底——衰退开始前的一年，第一个提出了“2007年经济大衰退”。② 不过直到2009年，这个叫法才流行开来。

长期以来，在公众心目中，20世纪30年代的大萧条一直都和之前的“1929年股市崩盘”联系在一起。大多数人对于给事件贴上浮夸的名称都很谨慎，除非有权威做出证明。莱昂内尔·罗宾斯（Lionel Robbins）1934年的作品《大萧条》书名一炮走红，是因为罗斯福总统这位公认的权威人士用过这个词③，指称这是一场史上最严重的经济紧缩。可以想见，给事件命名或许演变成了一个自我实现的预言，因为它制造了忧虑和不确定性，进而可能促使经济持续低迷。

① “Granville: Market Heading for another ‘Massacre’,” *The Atlanta Constitution*, January 1, 1982, p. 2C.

② http://search.proquest.com/news/docview/222625882/EE9DE487B6184667PQ/1?accountid=15172.

③ 1932年9月20日，富兰克林·罗斯福在第一次竞选活动中说，“大萧条之手重重地挥落在这个西方国家身上”（文本参见 *New York Herald Tribune*，1932年9月21日第6版）。

2007—2009 年事件到底是怎么使“大衰退”这个名称猛然传播起来的？从美国的最高失业率判断，此轮危机并不比 1981—1982 年的衰退更严重。

这或许是因为，2007—2009 年事件契合了大萧条最常见的片面记忆。大家都记着无数银行倒闭是大萧条纪事的一个情节，而且貌似这种情况非常拟合 2007 年的一连串事件。在 1981—1982 年经济衰退期间，股市尚未蓬勃发展（它还没从 1974—1975 年崩溃中恢复过来，这好像仍然是 1981 年的一起重大事件），另外在 1982 年，股市并没有跌到低于 1980 年水平。相比之下，2007—2009 年股市市值从非常高的水平跌去接近一半。民意调查显示，1981—1982 年大家都在注意失控的消费物价通胀，目睹中央银行突然发力遏阻通货膨胀的种种事件。

心理学家卡尼曼和特沃斯基提出的代表性直觉是指人们倾向于通过对代表性事件的相似记忆来判断当前事件。大萧条由于其传奇色彩，成为人们心目中被夸大了的典范。2007—2009 年，各国总统或总理不约而同，援引大萧条来论证他们刺激经济的请求。这是否帮助形成了一个自我实现的预言，尽管没那么严重，却是大萧条的镜像事件？事实上，名字说明了一切，这是大衰退，不是大萧条。

2017 年的叙事和今天的经济展望

2007—2009 年金融危机的叙事渐渐已淡出我们的记忆，但是仍然鲜活而意义重大。不过目前，美国的注意力已经相当明显地偏离了以前的思维方式。

当选总统特朗普是位叙事大师。他的叙事对一些人来说极富感召力，成千上万民众赶赴他的竞选集会便是明证。他们已经成了其他人的一种预警。

特朗普在 2016 年的总统选举中大获全胜，可能部分归功于他的公众形象，他始终坚持宣传自己在努力成为能够做出艰难决定并达成交易的商业天才。特朗普能感染别人的一个重要原因是，电视真人秀《飞黄腾达》慷慨地聚焦到他身上。这档节目实在万众瞩目，以致许多国家纷纷仿制，每个国家都有自己本土的特朗普替代人，其中一些替代人接着就在政途上风生水起，譬如 2016 年巴西圣保罗的当选市长若昂 · 多利亚（Joao Doria）。①

---

① BBC，“From The Apprentice to politics：it's not just Trump，” December 10，2016.

历史表明，就算是像特朗普这样老辣的政治家，也并不真能控制自己所创造的叙事的进展。这类叙事展露的风格会在任何经济预测中发挥重要作用。为了最好地预测经济活动，除其他方面外，我们需要观察叙事并提出问题：叙事中出现的扭曲将如何影响消费倾向，如何影响创办标新立异的新公司以及雇佣新员工？一句话，“动物精神”将受到什么影响？

特朗普的案例和他的“志向远大，快意人生”（think big and live large）的告诫（Trump and McIver，2004），似乎给他的众多崇拜者带来不小的鼓舞，而且有了他的刺激性税收政策，说不准真能提振消费需求和创业热情。很多人也许会把自己代入特朗普的故事，然后随意花钱并放宽其风险容忍度（risk tolerance）。

但是，我们也要注意到，与特朗普的崇拜者人数相当的诋毁者们，可能更多是朝着20世纪30年代的道德方向考虑。从特朗普的新叙事中预测总需求，需要特别留心自相矛盾的叙事。

将这些因素纳入经济预测并非绝无可能。无论如何，更深入地了解和研究叙事在经济中的作用，我们将受益良多。

叙事经济学研究者的机会

从学者已有的研究来看，叙事经济学一直名声不佳。这其中的部分原因可能是叙事和经济结果之间的关系往往复杂多变。新闻界经常提到叙事对经济的影响，但是不谈学术严谨性的要求。叙事的新闻报道所产生的影响可能与经常被证明是错误的大胆预测有关。大数据和更好的语义检索算法出现后，有望给这一领域带来更多的可靠性。

经济学研究已经开始寻找更好的量化方法，来理解叙事对经济的作用。文本搜索在经济研究中原本是一个小领域，但正在不断扩展。对国民经济研究局工作论文数据库进行搜索，可以找到略少于一百篇含“文本分析”一词的论文。例如，经济学家已经使用文本分析记录党派关系的变革（Kuziemko and Washington，2015）、政治极化现象（Gentzkow et al.，2016）以及消息和投机价格走势（Roll，1988；Boudoukh et al.，2013）。但是还有很多可做的事情，比如可以进一步将历史分析纳入个人日记、布道、私人信件、精神科医生的患者记录和社交媒体的数据库。

还应该更加认真地收集有关叙事的深层时间序列数据，不囿于被动采集他人的言论，而是开展揭示含义和心理意义的实验。自 1989 年以来，我一直在收集关于股价和房价问卷调查的相关数据，所提的开放式问题每每邀请受访者写上一两句话。这些问题旨在促使受访者思考是什么因素在刺激他们，以便将来可以分析他们的反应。不过，我主张有专门的资源致力于收集叙事和公众反应方面的数据，并对叙事进行严肃的解读。这些事情可以由讨论小组和社交媒体来完成。

但是，这项研究至今仍然需要改进，以便更好地跟踪和量化叙事。研究人员在处理经常相互冲突的一系列叙事以及分级和叠加的问题上困难重重。即使最简单的潮流模型也显示，没有一种叙事能够传播到每一个人，而某个特定叙事会传播到哪个人，很大程度上是随机的。词汇的含义取决于语境和随时间发生的变化。故事的真正意义，即它的扩散性，也可能因时而变，所以从长远来看很难追踪。

推断因果关系，区分哪些是纯粹报道经济行为的叙事，哪些是造成经济行为变化的叙事，这些都是很严峻的挑战，但也并非无法解决。①

研究人员还必须攻克困扰文学理论家的问题。如前所述，理论家若想罗列所有文学中的基本故事，就必须尽量提炼这些故事的主题思想，找出令它们具有传染性的因素。历史上任何时候都不乏极富感染力的故事，要将它们分类整理谈何容易。理论家只好尝试关注普通故事的细节，因为这类事件在日常生活中非常常见。他们还要面对一个难题：解释一系列故事随时间而发生的变化。

语义信息和符号学的研究一直在向前推进。譬如，机器翻译已经多少能够通过观察上下文和其他相近的单词来选择该词的意思。2010 年苹果公司推出它的 Siri 功能，自此语义检索跃升了一大台阶，用户可以口头提问“南非最长的河流是哪条?”然后直接得到口头回答。如今，语义检索在全世界都得到了良好的发展。

然而，语义检索想达到按人类思维去理解叙事的程度，恐怕还长路漫漫。同时，研究人员如果利用多个研究助理，依循明确指示阅读叙事并对基本的情感动力进行分类和量化，他们仍然可以定量研究叙事。而心理学、神经科学和

---

① 例如，Chen et al.（2016）根据引文和引文内的引文，计算出叙事传染的“传播分数”。这类测量涉及叙事的传播重要性，而不是仅仅提及数量的统计。

人工智能的发展，可以用于增进我们对叙事经济学结构的理解。

随着研究方法的进步以及越来越多社交媒体数据的积累，未来几年文本分析将成为经济学研究的一个更强大的领域。这可以让我们超越20世纪30年代风格的反馈模型——“多轮支出”，更加接近各种真正推动经济事件的反馈。这也将有助我们更好地理解我们遭受的种种蓄意操纵和欺骗，从而制定一些考虑叙事背景的积极的经济政策。

（颜超凡 译）

参考文献

Akerlof, George A. 2007. "The Missing Motivation in Macroeconomics" (AEA Presidential Address) *American Economic Review*. 97 (1): 3 - 36.

Akerlof, George A. and Rachel Kranton. 2011. *Identity Economics: How Our Identities Shape Our Work, Wages and Well - Being*. Princeton: Princeton University Press.

Akerlof, George A, and Robert J. Shiller. 2009. *Animal Spirits: How Human Psychology Drives the Economy and Why this Matters for Global Capitalism*, Princeton: Princeton University Press.

Akerlof, George A, and Robert J. Shiller. 2015. *Phishing for Phools: The Economics of Manipulation and Deception*. Princeton: Princeton University Press.

American Psychiatric Association. 2013. *Diagnostic and Statistical Manual of Mental Disorders Fifth Edition*. American Psychiatric Publishing.

Bailey, Michael, Ruiqing Cao, Theresa Kuchler and Johannes Stroebel. 2016. "Social Networks and Housing Markets. Presented at NBER behavioral finance workshop

Banerjee, Abhijit. 1992. "A Simple Model of Herd Behavior." *Quarterly Journal of Economics*.

Bartholomew, D. J. 1982. *Stochastic Models for Social Processes*.

Bauckhage, Christian. 2011. "Insights into Internet Memes." Proceedings of the Fifth AAAI Conference on Weblogs and Social Media. http://www.aaai.org/ocs/index.php/%20ICWSM/ICWSM11/paper/viewFile/2757/3304

Beck, Andrew T., Andrew C. Butler, Gregory K. Brown, Katherine K. Dahlsgaard, Cory F. Newman and Judith S. Beck. 2001. "Dysfunctional Beliefs Discriminate Personality Disorders." *Behavioral Research and Therapy*. 39 (10): 1213 - 1225.

Benabou, Roland. 2013. "Groupthink: Collective Delusions in Organizations and Markets." *Review of Economic Studies*. 80: 429 - 462.

Berger, Jonah. 2013. Contagious: *Why Things Catch On*. New York: Simon and Schuster.

Berger, Ronald J. and Richard Quinney. 2004. *Storytelling Sociology: Narrative as Social In-*

quiry. Lynne Rienner Publishers.

Boltz, Marilyn. Matthew Schulkind and Suzanne Kantra. 1991. "Effects of Background Music on the Remembering of Filmed Events." *Memory & Cognition* 19 (6) 593 – 606.

Booker, Christopher. 2004. *The Seven Basic Plots: Why We Tell Stories.* New York: Bloomsbury.

Boudoukh, Jacob, Ronen Feldman, Shimon Kogan and Matthew Richardson. 2013. "Which News Moves Stock Prices: A Textual Analysis." NBER Working Paper No. w18725.

Bramoullé, Yann, Andrea Galeotti, and Brian Rogers, editors. 2016. *The Oxford Handbook of the Economics of Networks.* Oxford: Oxford University Press.

Brooks, Peter. 1992. *Reading for the Plot: Design and Intention in Narrative. Cambridge:* Harvard University Press.

Brown, Donald E. 1991. *Human Universals.* Boston: McGraw – Hill. 51

Bruner, Jerome. 1998. What Is a Narrative Fact? *The Annals of the American Academy of Political and Social Science* 560: 17 – 27.

Cawelti, John G. 1976. *Adventure, Mystery, Romance: Formula Stories as Art and Popular Culture.* Chicago: University of Chicago Press.

Chandani, Sushil, David Hirshleifer and Ivo Welch. 1992. "A Theory of Fashions, Fads, Customs and Cultural Change as Informational Cascades." *Journal of Political Economy.* 100 (5): 992 – 1026.

Chen, Daniel Li, Adithya Parthasarathy, and Shivam Verma. 2016. "The Genealogy of Ideology: Predicting Agreement and Persuasive Memes in the U. S. Courts of Appeals." Unpublished paper, Toulouse School of Economics.

Clark, John Bates. 1895. "The Gold Standard of Currency in the Light of Recent Theory." Political Science Quarterly. 10 (3): 383 – 97.

Cole, Harold L. and Lee E. Ohanian. 2004. "New Deal Policies and the Persistence of the Great Depression: A General Equilibrium Analysis." *Journal of Political Economy.* 112 (4): 779 – 816.

Daley, Daryl J. and David. G. Kendall. 1964. "Epidemics and Rumors." *Nature.* 204: 1118. 1964.

Daley, Daryl J. and David. G. Kendall. 1965. "Stochastic Rumors." IMA *Journal of Applied Mathematics* 1: 42: 55.

Dawkins, Richard. 1976. *The Selfish Gene.* Oxford University Press

De Long, J. Bradford, Andrei Shleifer, Lawrence H. Summers and Robert J. Waldmann. 1990. "Noise Trader Risk in Financial Markets." *Journal of Political Economy.* 98 (4): 703 – 738.

Dimand, Robert W. 1988. *The Origins of the Keynesian Revolution: The Development of Keynes's Theory of Employment and Output.* Stanford: Stanford University Press.

Dohmen, Thomas J., Armin Falk, David Huffman, and Uwe Sunde. 2006. "Seemingly Irrelevant Events Affect Perceptions and Expectations – The FIFA World Cup 2006 as a Natural Experiment." CEPR Discussion Paper No. 5851. https://ssrn.com/abstract=951789

Durkheim, Emile. 1897. *Suicide.*

Eckstein, Otto. 1978. *The Great Recession with a Postscript on Stagflation.* Elsevier Scientific.

Eichengreen, Barry. 1996. *Golden Fetters.* Oxford University Press.

Eichengreen, Barry, and Peter Temin. 2000. "The Gold Standard and the Great Depression," 2000. *Contemporary European History.* 9 (2): 183 - 207, July.

Escalas, Jennifer Edson. 2007. "Self - Referencing and Persuasion: Narrative Transportation versus Analytical Elaboration." *Journal of Consumer Research.* 16: 421 - 429.

Fama, Eugene F., and Kenneth R. French. 1993. "Common Risk Factors in the Returns on Stocks and Bonds." *Journal of Financial Economics.* 33 (1): 3 - 56.

Fehr, Ernst, and Simon Gächter. 2000. "Fairness and Retaliation: The Economics of Reciprocity." *The Journal of Economic Perspectives.* 14 (3): 159 - 81.

Ferrand, Nathalie and Michèle Weil, eds. 2001. *Homo Narrativus, Recherches Sur la Topique Romanesque dans les Fictions de Langue Française Avant* 1800. Montpellier FR: presses de l'Université Paul Valéry.

Fisher, Walter R. 1984. "Narration as a Human Communication Paradigm: The Case of Public Moral Argument." *Communication Monographs.* 51 (1): 1 - 22.

Gentzkow, Matthew, Jesse M. Shapiro and Matt Taddy. 2016. "Measuring Polarization in High - Dimensional Data: Method and Application to Congressional Speech." Unpublished paper, Stanford University.

Gino, Francesca, Michael I. Norton, and Roberto A. Weber. 2016. "Motivated Bayesians: Feeling Moral While Acting Egoistically." *Journal of Economic Perspectives.* 30 (3): 189 - 212.

Glaeser, Edward L. 2005. "The Political Economy of Hatred." *Quarterly Journal of Economics.* 120 (1): 45 - 86 (February).

Goetzmann, William N., Dasol Kim and Robert J. Shiller. 2016. "Crash Beliefs from Investor Surveys." Cambridge MA: NBER Working Paper w22143.

Goldin, Claudia. 2014. "A Pollution Theory of Discrimination: Male and Female Differences in Occupations and Earnings." In Leah Platt Boustan, Carola Frydman, and Robert A. Margo, editors, *Human Capital in History: The American Record.* Chicago: University of Chicago Press.

Gordon, Robert J. 2016. *The Rise and Fall of American Growth.* Princeton: Princeton University Press.

Gould, Stephen Jay. 1994. "So Near and Yet So Far." *New York Review of Books*. October 20.

Graves, Lloyd Milner Graves. 1932. *The Great Depression and Beyond.* New York: Press of J. D McGuire.

Hamilton, James. 1983. "Oil and the Macroeconomy since World War II." *Journal of Political Economy* 91 (2): 228 - 248. April.

Herr, Paul M., Frank R. Kardes and John Kim. 1991. "Effects of Word - of - Mouth and

Product – Attribute Information in Persuasion: An Accessibility – Diagnosticity Perspective. " *Journal of Consumer Research*, 10: 454: 62. March.

Hicks, John. 1937. "Mr. Keynes and the 'Classics'; A Suggested Interpretation. " *Econometrica* 5 (2): 147 – 59.

Higgs, Robert. 1997, "Regime Uncertainty: Why the Great Depression Lasted So Long and Why Prosperity Resumed After the War," *The Independent Review*, 1 (4): 561 – 90. Spring. http: //www. jstor. org/stable/pdf/24560785. pdf

Hume, David. 1788 (1742) . "On the Rise and Progress of the Arts and Sciences" in Essays and Treatises on Several Subjects, Vol. I, London: T. D. Cadell.

Jackson, Matthew O. and Leeat Yariv. 2005. "Diffusion in Social Networks. " *Économie Publique*16 (1): 2 – 16.

Kahn, Richard F. 1931. "The Relation between Home Investment and Unemployment. " *Economic Journal*. 41 (162): 173 – 98.

Kahneman, Daniel, and Amos Tversky. 2000. *Choices, Values and Frames*. Cambridge: Cambridge University Press.

Kahneman, Daniel, and Amos Tversky. 1973. "On the Psychology of Prediction. " *Psychological Review* 80 (4): 237 – 51. 53

Kermack W. O. and A. G. McKendrick. 1927. "A Contribution to the Mathematical Theory of epidemics. " *Proceedings of the Royal Society*. 115 (772): 701 – 21

Keynes, John Maynard. 1936. *The General Theory of Employment Interest and Money*. London: Palgrave Macmillan.

Kuziemko, Ilyana, and Ebonya Washington. 2015. "Why Did the Democrats Lose the South? Bringing New Data to an Old Debate. " NBER Working Paper No. 21703.

Kydland, Finn E. and Edward C. Prescott. 1982. "Time to Build and Aggregate Fluctuations. " Econometrica 50 (6): 1345 – 1370.

Laffer, Arthur. 2004. "The Laffer Curve, Past, Present and Future. " *Backgrounder*, no. 1765. Heritage Foundation.

Lamberson, P. J. 2016. "Diffusion in Networks. " in Bramoullé, Yann, Andrea Galeotti, and Brian Rogers, editors. 2016. *The Oxford Handbook of the Economics of Networks*. Oxford: Oxford University Press.

Le Bon, Gustave. 1895. *Psychologie des foules* (The Crowd) Alcan.

Litman, Barry R. 1983. "Predicting Success of Theatrical Movies: An Empirical Study. " *Journal of Popular Culture* 16 (4): 159 – 175.

Machill, Marcel, Sebastian Köhler and Markus Waldhauser. 2007. "The Use of Narrative Structures in Television News" *European Journal of Communication* 22 (2): 185 – 205.

MacMullen, Ramsay. 2003. *Feelings in History: Ancient and Modern*. Claremont California: Regina Books.

McCloskey，Dierdre. 2016. "Adam Smith Did Humanomics：So Should We." *Eastern Economic Journal*. 42（4）：503－13.

McKay，Charles. 1841. *Memoirs of Extraordinary Popular Delusions*. London：Richard Bentley.

McQuiggan，Scott W.，Jonathan P. Rowe，Sunyoung Lee and James C. Lester. 2008. "Story－Based Learning：The Impact of Narrative on Learning Experiences and Outcomes." In Beverley P. Woolf，Esma Aïmeur，Roger Nkambou and Susanne Lajoie，editors，*Intelligent Tutoring Systems*，Springer. ISBN：978－3－540－69130－3（Print）978－3－540－69132－7（Online）

Mirowski，Philip. 1982. "What's Wrong with the Laffer Curve." *Journal of Economic Issues* 16（3）：1815－28.

Michel，Jean Baptiste，et al. 2011. "Quantitative Analysis of Culture Using Millions of Digitized Books." *Science*. 331（6014）：176－82.

Mokyr，Joel. 2017. *Culture and Growth：The Origins of the Modern Economy*. Princeton NJ：Princeton University Press.

Morson，Gary Paul，and Morton Schapiro. 2017. *Cents and Sensibility：What Economics Can Learn from the Humanities*. Princeton NJ：Princeton University Press.

Myrdal，Gunnar. 1974. "The Case against Romantic Ethnicity." *Center Magazine*. 7（4）：26－30. 1974.

O'Connor，Patricia E. 2000. *Speaking of Crime：Narratives of Prisoners*. Lincoln NE：University of Nebraska Press.

Pace－Schott，Edward F. 2013. "Dreaming as a Story－Telling Instinct." *Frontiers in Psychology*. 4：159. 54

Propp，Vladimir. 1984. *Theory and History of Folklore*. Minneapolis：University of Minnesota Press.

Robbins，Lionel. 1934. The Great Depression. New York：Macmillan.

Roll，Richard. 1988. "Orange Juice and Weather." *American Economic Review*. 74（5）：861－80.

Romer，Christina，and David Romer. 2004. "A New Measure of Monetary Shocks" *American Economic Review*.

Saavedra，Javier，Mercedes Cubero and Paul Crawford. 2009. "Incomprehensibility in the Narratives of Individuals with a Diagnosis of Schizophrenia." *Qualitative Health Research* 19（11）：1548.

Samuelson，Paul A. 1958. "An Exact Consumption－Loan Model of Interest with or without the Social Contrivance of Money." *Journal of Political Economy*. 66（6）：467－82.

Samuelson，Paul A. 1939. "Interactions between the Multiplier Analysis and the Principle of Acceleration" Review of Economics and Statistics 21（2）：75－78.

Sartre，Jean－Paul.（1938）. *Nausea*. Translated by Robert Baldick. Harmondsworth U. K.

Penquin.

Schank, Roger C. , and Robert P. Abelson. 1977. *Scripts, Plans, Goals and Understanding: An Inquiry into Human Knowledge.* Hillsdale NJ: Lawrence Erlbaum Associates.

Shapiro, Matthew D. "How Economic Shocks Affect Spending." NBER Reporter, 2016 (2): 11 – 13.

Shiller, Robert J. 2000, 2005, 2015. *Irrational Exuberance.* Princeton: Princeton University Press.

Shiller, Robert J. Market Volatility, Cambridge: MIT Press. 1989.

Shleifer, Andrei, and Robert W. Vishny. 1997. "The Limits of Arbitrage." *Journal of Finance.* 52 (1): 35 – 55.

Slovic, Paul, Finucane, Melissa L. , Peters, Ellen and MacGregor, Donald G. 2007. "The Affect Heuristic". *European Journal of Operational Research* 177 (3): 1333 – 1352.

Smith, Adam. 1869. *An Inquiry into the Origin and Causes of the Wealth of Nations.* Oxford: Clarendon Press.

Slater, M. D. , Buller, D. B. , Waters, E. , Archibeque, M. , & LeBlanc, M. 2003. "A test of Conversational and Testimonial Messages versus Didactic Presentations of Nutrition Information". *Journal of Nutrition Education Behavior*, 35, 255 – 259.

Summers, Lawrence H. 1986. "Does the Stock Market Rationally Reflect Fundamental Values?" *Journal of Finance.* 591 – 601.

Temin, Peter. 1976. *Did Monetary Forces Cause the Great Depression?* New York: W. W. Norton.

Temin, Peter. 1989. *Lessons from the Great Depression.* Cambridge MA: MIT Press.

Thaler, Richard. 2016. "Behavioral Economics: Past, Present and Future." (AEA Presidential Address) *American Economic Review.* 106 (7): 1577 – 1600.

Thaler, Richard. 2015. *Misbehaving: The Making of Behavioral Economics.* New York: W. W. Norton.

Tobias, Ronald B. 1999. *Twenty Master Plots and How to Build Them.* London: Piatkus.

Trump, Donald J. and Meredith McIver. 2004. *How to Get Rich.* New York: Random House.

Wanniski, Jude. 1978. "Taxes, Revenues and the 'Laffer Curve'." *National Affairs.*

Wanniski, Jude. 1979. *The Way the World Works: How Economies Fail and Succeed.* Basic Books.

Weber, K. , Martin M. M. , Members of COMM 401, and Corrigan, M. 2006. "Creating Persuasive Messages Advocating Organ Donation." *Communication Quarterly.* 54: 67 – 87.

Young, Kay and Jeffrey Saver. 2001. *The Neurology of Narrative.* Madison WI: University of Wisconsin Press.

Zhang, Sarah. 2015. "The Pitfalls of Using Google NGRAM to Study Language." *Wired.* http: //www. google. com/s/www. wired. com/2015/10/pitfalls – of – studying – language – with –

google - ngram/amp/

Zhao, Laijun, Hongxin Cui, Xiaoyan Qiu, Xiaoli Wang and Jiajia Wang. 2013. "SIR Rumor Spreading Model in the New Media Age." *Physica A: Statistical Mechanics and its Applications*. 392 (4): 995 - 1013.

法和经济学

Law and Economics

Comparative

企业的政治理论

路易吉·津加莱斯

大公司的收入经常可以匹敌国家政府。在一份包含了 2015 年公司和政府收入的名单中，有 10 家公司出现在世界上最大的 30 家实体中：沃尔玛（第 9）、中国国家电网（第 15）、中石油（第 15）、中石化（第 16）、荷兰皇家壳牌（第 18）、埃克森美孚（第 21）、大众（第 22）、丰田（第 23）、苹果（第 25）和英国石油公司（第 27）（Global Justice Now，2016）。所有这 10 家公司在 2015 年的年收入都高过瑞士政府、挪威政府和俄罗斯政府。实际上，按照收入排序的 100 家最大公司和政府实体中，有 69 家是公司。有时候这些大公司拥有匹敌最好特工机关的私人安保武装，使美国总统竞选总部相形见绌的公关部门，比美国司法部还多的律师，以及足够的金钱来俘获（通过竞选捐款，游说，甚至直接的贿赂）大部分民选代表。这些公司缺失的只有发动战争的权力和扣留人的法定权力，由于它们的政治影响力是如此之大，以至于很多人认为大公司可以通过代理人来行使这些权力（至少在特定的环境下）。

---

* Luigi Zingales，芝加哥大学布斯商学院有杰出贡献的企业家精神和金融学 Robert C. McCormack 讲席教授、乔治·施蒂格勒中心主任。已翻译成中文的主要著作有：《从资本家手中拯救资本主义》（和曾任印度央行行长和 IMF 首席经济学家的同事拉古拉迈·拉詹合著）、《繁荣的真谛》（以上两本均由《比较》编辑室编辑出版）。本文原文发表于 *Journal of Economic Perspectives*, Volume 31, Number 3（Summer 2017），pp. 113 – 130。感谢 Mark Gertler、Gordon Hanson、Enrico Moretti、Tim Taylor 非常有益的评论，以及感谢 Steve Heber 教我 Google 游说的多种方式。郑重鸣谢乔治·施蒂格勒中心和芝加哥大学 George Rinder 研究基金会的资助。

而在当今的经济学中，关于企业的流行观点忽视所有这些政治和权力元素。根据这个观点，企业只是一个“合约的联结” （Jensen and Meckling，1976），除了合约各方以外没有目标或者生命，是个人实现其目标的面纱，或者更好地说，方便的工具。这个观点可能对于小公司或者由私人牢牢掌控的公司是合理的近似，但肯定不能准确地描述全球性巨型公司。

当代最大的公司们使经济（和政治）权力大规模集中到少数人手中，这些人几乎不对任何人负责。

这不是简单地因为许多这些巨头（如中国国家电网、中石油和中石化）是受政府监督的。在美国，对大公司的恶意接管几乎（不幸地）全部消失了，而公司的董事们不用对任何人负责。他们很少不会再次当选，而且即使没有得到很多选票，也可以被增补回同一个董事会（Committee on Capital Market Regulation，2014）。董事会成员失去工作的主要途径是批评现任 CEO（参见 Bob Monks 在泰科的经历，Zingales，2012）。美国大公司来自市场的唯一压力是由激进的投资者施加的，他们在强烈的政治反对下运作而且并不总是与所有股东的利益一致。

在本文中，我将论证集中化的公司力量和政治之间的互动对自由市场经济的运行及其可以带来的经济繁荣是一个威胁，而且对民主也是一个威胁。我首先讨论这些担忧如何出现在亚当·斯密（1776）的著作中，接着说明它们如何在新古典企业理论中被中性化，随后它们又如何在企业的“不完备合同理论”中获得一定程度上的重生。不过，即使不完备合同理论也假定游戏规则是外生设定和实施的。然而，一旦我们意识到，大企业拥有影响游戏规则的很多力量，重要的问题就会随之产生：企业在市场中拥有的力量何种程度上可以转化为政治权力？企业获得的政治权力何种程度上能用来保护并增强企业拥有的市场力量？

企业变得足够大从而影响政治有时乃至支配政治，这并不是新现象。伯利和米恩斯在 1932 年的经典著作《现代公司和私人产权》（*The Modern Corporation and Private Property*）中写道：“现代公司的崛起导致了经济力量的集中，使它们可以和现代政府平等竞争，也即经济力量对抗政治权力，这两者在各自的领域都非常强大。政府试图在某些领域管制公司，而公司一如既往地不断变得强大，尽力避免这样的管制……现在以公司为典型的经济有机体，未来可能不仅和政府平起平坐，甚至还会作为社会组织的支配形式取代它。”然而，我会证明在最近几十年的美国经济模式中，大公司的相对规模在上升。

因此，我呼吁关注“美第奇恶性循环”的危险。中世纪的“执政团”，即城邦是 13 世纪到 16 世纪意大利常见的政府形式，它们由那些以商业利益为主要目标的有钱有势的家族支配，取代了“公社”（commune）这一民主制度。美第奇恶性循环的可能性和程度取决于几个非市场因素。我找到了六个：政治权力的主要来源、媒体市场的状况、检察和司法权力的独立性、竞选融资法律以及主流意识形态。我描述了这些因素何时以及如何发挥作用，并说明如何将它们纳入更广义的企业的“政治理论”。

从亚当·斯密到新古典企业理论

亚当·斯密关于股份公司的观点

经济学家并不总是无视公司的权力。亚当·斯密（1776［1904］，第五篇，第一章）本人对当时被称为股份公司（joint stock companies）的有限责任公司（corporations）有着非常负面的看法。这些公司被君主赋予了垄断权力：“然而这类公司的负责人看管的是其他人的钱财而不是自己的钱财，不能期望他们会像在一家私人合伙企业中照管自己的钱财一样照管别人的钱财……因此，在管理这类公司的事务中，疏忽和挥霍几乎可以肯定是很普遍的。正是由于这样的原因，国际贸易股份公司少有可以和私人投机商竞争的。同样的，没有特许权它们也很难成功，而且往往要有多个特许权才会成功。”正如安德森和托利森（Anderson and Tollison，1982）认为的，斯密的许多消极看法来源于他那个时代对股份公司运作的经验观察。

在斯密的时代，最古老和最大的股份公司之一就是东印度公司，它于 1600 年建立，有 15 年的贸易特权。但是它延长自己垄断的意图影响英国政治长达两个世纪。当英国议会试图通过给另一个竞争者特许权以对东印度公司引入竞争时，一些东印度公司股东干脆买了竞争对手足够多的股份并强行予以并购，从而重获垄断地位。为了防止未来竞争者的挑战，东印度公司给予英国财政部 320 万英镑的贷款，作为交换，英国财政部又给予它据说只有几年的贸易垄断权。但是，当垄断权过期时，东印度公司再三游说并贿赂，以延长其特许权，直到 1813 年的大部分商品和直到 1833 年的茶叶。15 年的垄断权持续了 233 年，这无情地提醒我们经济权力和政治权力搅和在一起是多么危险。

然而，垄断者典型的高价格和有限产出是东印度公司制造的最小问题。印度人和中国人经历了最糟糕的方面。在1764年以前，东印度公司已经成为孟加拉的实际统治者，它在孟加拉垄断了谷物交易，并禁止当地交易商“囤积”大米（对当代经济学家来说，这是一种保留储备以防范粮价波动风险的合理行为）。1769年旱灾来袭的一年后，东印度公司在这片土地上提高了业已沉重的税负。结果，1/3的孟加拉人——超过1000万人——死于饥荒。东印度公司的另一个可耻之处与鸦片有关。1813年，东印度公司失去了同印度贸易（除了茶叶）的垄断权，于是粗暴地推动了孟加拉鸦片对中国的出口。为了保护东印度公司将鸦片卖到中国的权力，大英帝国发动了两次“鸦片战争”。

镀金时代

在东印度公司的全盛时期，成立公司是政府只赋予少数群体的特权。随着时间的推移，成立公司成为公民的权利，只受制于基本的注册程序。这个变革极大地增加了新公司的进入，促进了竞争。然而，在19世纪头10年的后期，另一种现象为保障公司的市场权力做出了贡献：在钱德勒（Chandler，1977）称为第二次产业革命的时期，规模经济开始兴起。最开始是铁路，然后是石油精炼、钢铁以及之后的化工产品。积极进取的企业家们创造出伟大的技术成就，他们被切尔诺夫（Chernov，1998）称为“巨人”，被约瑟夫森（Josephson，1934）称为“掘财大亨”（robber barons）。

实际上，他们既是巨人又是掘财大亨。如同在一场体育竞赛中，与第二名相比第一名的奖赏越不均衡，使用兴奋剂的动机就越大，在商业中也是如此。经济越变得赢家通吃，掘财大亨们就越有激励腐化政治体系以获取决定性的小优势。因此，切尔诺夫的产业巨人同时也是最大的腐败者。加利福尼亚州的铁路资本家柯利斯·亨廷顿（Collis Huntington）曾有言：“如果你必须花钱［给一个政治家］以落实合理的事情，这样做完全是公正和公平的……如果一个［政治家］有权做坏事，而且不贿赂他就不做好事，那么在我看来……给他行贿是一个人的责任”（Josephson，1934）。并不令人惊讶的是，合法的竞选支出在19世纪末期达到了顶峰（经GDP调整后）（Ansolabehere、De Figueiredo and Synder，2003）。1889年，约瑟夫·开普勒（Joseph Keppler）创作的一幅漫画在*Puck*上发表，画中将参议院打上了“垄断者有，垄断者治，垄断者享！”的标语。

在一个赢家通吃的经济中，企业家游说和腐败，不仅为了抓住关键的先发优势，还为了长期保持其权力。他们害怕政治征收，这可能来自平民主义者反抗垄断者的侵害行为或者其他有政治影响力党派的寻租行为。如果市场权力不是来自技术优势或者技能差距，而是来自先发优势或者因为幸运地处于焦点（诸如交易场所），这种征收就更容易实施，因为这类情况下的转移支付意味着很少的无谓损失。

企业巨大的政治权力先后在进步时代（Progressive Era）和罗斯福新政时期受到抑制。1907 年《提尔曼法案》（Tillman Act，禁止公司对联邦候选人直接捐款）和 1914 年《克莱顿法案》（使反托拉斯的执行更容易）的通过开始对公司影响施加限制。罗斯福新政的立法走得更远，迫使一些有强大政治影响力的公司解体：例如，1933 年《格拉斯—斯蒂格尔法案》要求投资银行和商业银行分离，1935 年《公用事业持股公司法》撤除金字塔式的公司。致命一击来自罗斯福执政后期反托拉斯的积极执行，当时瑟曼·阿诺德（Thurman Arnold）被任命为司法部反托拉斯局局长（Waller，2004）。

竞争和接管的力量

作为 20 世纪前半叶政治改革的结果，美国进入了经济不那么集中的下半叶。因此并不令人惊讶的是，那时候的经济学家开始强调由产品市场竞争和公司控制权市场对企业权力施加的限制。例如，施蒂格勒（Stigler，1958）认为，竞争压力会决定在市场中观察到的企业规模，不太大也不太小。市场对投入和产出的竞争性选择过程也会消除许多（如果不是全部）经理自主权（managerial discretion）。故而，在一个完全竞争的行业，如阿尔钦和德姆塞茨（Alchian and Demsetz，1972）写道："企业并不拥有法定权力（power of fiat），也不具备权威，不能采取惩戒措施，这和两个人之间普通的市场签约没有任何差异。"

甚至在产品市场缺乏竞争的情况下，公司控制权市场的压力可以制约经理自主权。正如曼尼（Manne，1965）首先提出的，一个低效率运行的公开上市公司代表着一个套利机会。袭击者可以买下该公司，提高效率，重新卖掉该公司或者继续经营它，从而赚钱。

这些年，新古典经济学非常成功地将注意力从企业的"权力"维度转移到更温和的技术层面。例如，在著名的微观经济学教材中，范里安（1992）将企业定义为"技术上可行的投入和产出的组合"，并假定"企业如此行动是为了最大化利润”。如果这个假定的目标并不成立，就可以推导出收购威胁（Manne，1965）和产品市场激烈竞争（Stigler，1958）的必要性。因此，新古典经济学认为在一个完全竞争以及零交易成本的世界里，企业只是等产量图。

然而，事实上甚至在完全竞争的条件下，只有在可签订完备合同的情况下，公司才不会拥有权力。为了理解这个观点，我们需要离开新古典经济学的标准化世界。

不完备合同范式

新古典框架只描述好了一组交易，威廉姆森（Williamson，1985）称之为“标准化”交易，它包含许多相似产品的生产者和许多潜在的消费者。然而，许多常见的交易并不符合这种模式。

比如，考虑购买定制的机器。购买者必须联系一个厂商并就详细规格和最终价格达成一致。更重要的是，签署协议并不代表着买卖关系的结束。生产机器需要时间。在此期间，可能会发生一些事件，改变了生产机器的成本以及买家的支付意愿。更重要的是，在协议签署之前，机器制造商市场可能已经是竞争的了。但是，一旦生产开始，买卖双方都会陷入双边垄断。定制的机器对买家的价值有可能高于其市场价值。另一方面，签约的制造商可能会以最低成本来生产机器。双方一起产生的价值和它们在市场中可以获得的价值之间存在着差异，这个差异就是双方需要分割的准租金。

当然，最初的合同在划分准租金中发挥了主要作用。但大部分合同都是不完备的，它们不会完全规定每种可能的或然情况下的盈余分割（这样做可能成本太高或者完全是不可能的，因为或然情况是不可预料的）。这导致了两种决策之间的差异：双方达成合同关系而不可逆投资沉没时的决策和之后分割准租金时的决策。

合同的不完备性为讨价还价创造了空间。讨价还价的结果会受到最初合同在内的几个因素的影响。第一，它在某种程度上取决于机器被生产时哪一方拥有机器的所有权。第二，它取决于替代选择的可获得性：买方延迟接收新机器的成本有多高？卖方延迟接收最终付款的成本有多高？让工作由另一个制造商完成的成本高多少？最后，制度条件在影响讨价还价的结果中发挥主要作用：法律执行多有效和多迅速？职业规范是什么？关于制造商绩效的信息能多快和多可信地传播到潜在客户？所有这些因素都决定了权威或者权力的配置。在这种情形下，即使合同无法规定所有的或然性，但通常可以规定合同中未约定的或然性出现时谁有权做出决定，这相应地会影响关于盈余的策略性讨价还价。在这一背景下，格罗斯曼和哈特（Grossman and Hart，1986）的“剩余控制权”既是有意义的，也是有价值的。

拓展不完备合同范式

从格罗斯曼和哈特（1986）发端的不完备合同文献解释了企业的权力如何来源于它们的市场权力（Rajan and Zingales，1998）。尽管它只关注来自过去投资的市场权力，但即使市场权力的来源是规模经济、网络外部性或者政府给予的执照，这一联系依然成立（Rajan and Zingales，2001）。

此外，鉴于合同与规则的不完备性，不完备合同也为游说、寻租和权力攫取创造了空间。传统文献关注公司专有的人力资本投资不足或者过度，但这一框架很容易拓展到政治领域。假如合同和规则事先并没有对租金的分配做出完备的规定，经济行为人就有充分的空间对管制、司法和政治系统施加压力以攫取更大的租金份额。

据我所知，两种情况的相互影响远远没有得到研究。在一个金钱贿赂非法且相对罕见的世界里，企业需要利用其他手段来游说并施压政界和监管界。比如，一个常见的机制是对未来职业机会的（含蓄）承诺。这种承诺的可信度（以及由此而来的有效性）强烈地依赖企业当前和未来的经济权力。在经济危机的高峰时期，花旗银行提供的职位就不是非常可信，因为人们严重怀疑花旗银行能否存活。相比之下，由于摩根大通银行拥有稳定的权力，所以其 CEO 杰米·戴蒙（Jamie Dimon）被视为可信之人。因此，即使没有动用资金，一家企业的经济权力越强大，其政治权力也越强大。

如果影响政治权力的能力随着经济权力而增长，对影响政治权力的需求也随经济权力而增加，因为企业的市场权力越大，就越担忧来自政治权力的剥夺。由此，存在一个恶性循环的危险，我将其定义为美第奇恶性循环。

美第奇恶性循环

某个竞争优势经常只是暂时存在。录像带租赁连锁商 Blockbuster 基于这样一个理念建立起来：录像带已经成为主流产品，再也不用从充斥着各种乱糟糟物品的简陋商店里租借，而是可以在一个有着明亮光线和耀眼标志的家庭友好型环境里租借。这个简单（以及可复制）的理念很快变成了跨城市的店铺网络。一旦本地商店网络成型，Blockbuster 就制造了阻碍竞争者进入的巨大壁垒，但在互联网上获取或租赁电影的技术最终瓦解了这个壁垒。

大多数企业都在积极地保护其竞争优势的来源：通过创新、游说，或两者兼而有之。只要大部分的努力都与创新有关，就不必担忧。由于担心被竞争对手赶超，企业就会进行创新（Aghion、Akcigit and Howitt，2013）。更成问题的是将大量努力投入游说。

换句话说，这里的问题不是暂时的市场权力。期望基于创新获得某种暂时的市场权力是许多创新和进步的动力。对我来说，令人担忧的是，我称之为"美第奇恶性循环"的现象，其中金钱被用来获取政治权力，而后政治权力被用来赚取更多金钱。① 恶性循环需要被打破。在中世纪的意大利，它将佛罗伦萨从最工业化和最强盛的城市之一变成了其他帝国的一个边缘省份。至少，美第奇时代的佛罗伦萨还留下了一些伟大的艺术作品。我不知道 21 世纪的市场资本主义是否也能做到同样的事情。

美国企业不断增强的市场权力

在一个完全竞争的世界里，企业的经济权力只来源于过去的专有投资。经济权力的潜在量级是有限的，并且不会从政治权力的支持中受益很多。因此，在这个初级经济学理论的世界里，游说活动仅限于那些企图逃避监管或对政府合同感兴趣的企业。在这样一个世界里，新古典经济学对企业的描述"没有法定权力，没有权威"是对现实的一个良好近似。

人们可以争论这样的世界是否曾经存在过，但不能否认这不是我们今天生活的世界，即便是历史上在这方面做得很好的美国。在过去 20 年中，超过 75% 的美国产业经历了集中度的上升，赫芬达尔指数平均增加了 50% 以上。其间，美国公开上市公司的平均市值规模扩大到过去的 3 倍：从 12 亿美元到 2016 年的 37 亿美元（Grullon、Larkin and Michaely，2017；也可参见 Kahle 和 Stulz 的讨论）。

这一现象是两个趋势的结果。一方面，新企业诞生率的下降，从 1980 年

---

① 一些最近的二手资料声称，美第奇家族的座右铭是："用金钱获取权力，用权力保护金钱"，但这些资料来源都没有提供原始出处。比如，Santi（2003）的语录书、2005 年的电影"The American Ruling Class"（如同 Walton 2011 年讨论过的）以及 Gross（1980），都引用了这一座右铭。

后期的14%到2014年的低于10%（Haltiwanger，2017）。另一方面，企业的合并行为高度活跃，在过去20年中的许多年间，企业合并价值每年都超过了2000亿美元①。

对利润率的影响

更高的集中度并不必然意味着更大的市场权力，不过越来越多的证据表明，市场权力增加了。首先，企业合并看似提高了生产率，但只使平均加价从15%增加到50%以上（Blonigen and Pierce，2016）。大企业拥有的市场权力也表现为小企业参与市场竞争的难度越来越大：1980年，只有20%的小型上市公司每股收益为负；2010年，这一比例上升到60%（Gao、Ritter and Zhu，2013）。

不过，最令人信服的证据是巴凯（Barkai，2016）提供的，他发现增加值中劳动力份额的下降不是由于资本份额的上升（即，资本的成本乘于资本量再除以增加值），而是由于利润（剩余）份额的上升，利润份额从1984年的2%变成了2014年的16%。这并不仅仅是重新贴标签。通过区分资本报酬和利润，我们可以识别什么时候利润来自（不可复制的）进入和竞争壁垒而非来自资本积累。区分资本和利润的份额也使巴凯（2016）获得了关于劳动力份额下降的洞见。假如加价（产品成本和售价之差）是固定的，导致劳动力份额下降的相对价格或任何技术变化肯定会引起资本份额的同比例上升。如果劳动力的增加值份额和资本的增加值份额都下降了，加价肯定会发生变化，也就是说，有定价权的企业的要价比其成本更高。这一“市场权力”假说也得到了支持，巴凯发现在1997—2012年经历了更高集中度的部门，也经历了产出中劳动力份额的更大下降，以及由此而来的（据推测）利润份额的更大上升。

可能的解释

对于这些趋势，一个最流行的解释是网络外部性的出现和扩散，也即，使用量增加直接增加了对其他用户的价值。至少自从电话被发明以来，这些外部性就是存在的，但它们已经随着互联网和社交媒体的扩散变得更为广泛。

另一个解释是，在高固定成本和低边际成本的信息密集型产品激增的推动

① Institute for Mergers，Acquisition $ Alliances，见https：//imaainstitute. org/mergers - and - acquisitions - statistics/.

下，赢家通吃型产业的作用越来越大（Zingales，2012；Autor、Katz、Patterson and Van Reenen，2017）。一个相关的解释与信息互补有关。Facebook（脸书）和 Instagram（照片墙）相结合带来的数据价值很可能高于 Facebook 和 Instagram 各自的数据价值之和，因为数据可以组合和比较。因此，即便忽略任何潜在的市场权力效应，Facebook 很可能也是 Instagram 的高价值用户。如果加上市场权力效应，集中的动能也许就难以抗拒。

还有一个解释是反托拉斯执法的减弱。《谢尔曼法案》的第二条界定“垄断，或试图垄断，或与他人合并或共谋以垄断交易或商业的任何部分”为非法。1970—1999 年，司法部和联邦贸易委员会（FTC）依据《谢尔曼法案》第二条，平均每年起诉 15.7 起案件；2000—2004 年，它们每年只起诉了 2.8 起案件（Grullon、Larkin and Michaely，2017）。所有这些解释都不是相互排斥的。实际上，它们是相互增强的。

企业的政治权力

关于企业政治权力的本质和重要性有许多误解。如果政治是依照党派路线来定义的，那么公司不是很相关而且它们也不愿意相关。富有的个人，像赌场巨头谢尔登·阿德尔森（Shelden Adelson），在资助政治竞选中扮演重要角色，而公司不会。奥塔（Ota，1998）报道说，“‘米老鼠既不是共和党人也不是民主党人’，夏皮罗（Jeo Shapiro）担任迪士尼法律总顾问时说道。如果你强烈地持有其中的一种立场，你就会惹恼大概一半人民。”这解释了为何特朗普没有任何一家美国前 100 强公司的支持（和竞选捐款）却在 2016 年当选为美国总统。

公司在特定问题上需要国会（以及在政府）里的一些朋友，而它们一般能成功都拥有这些朋友，无视政治立场。想想花旗为了改变《格拉斯—斯蒂格尔法案》付出的努力，该法案切断了投资银行和商业银行的经济纽带。在 1998 年，花旗收购了旅行者（Travelers，一家保险公司），尽管法律禁止银行收购保险公司。在合并时，旅行者的 CEO 桑迪·威尔（Sandy Weill）解释了为何在与法律明显冲突的情况下两家公司还要前进：“我们已经（与美联储和财政部的）展开了充分的讨论，相信这不是问题。”① 当时的财政部长鲁宾

---

① Mitchell Martin，“Citicorp and Travelers Plan to Merge in Record $70 Billion Deal：A New No. 1：Financial GiantsUnite，”《纽约时报》，1998 年 4 月 7 日。

（Richard Rubin）不遗余力地劝服其民主党同僚修改法律。鲁宾于1999年7月众议院以两党投票343比86通过新版法案的第二天，离开了财政部。3个月后的10月18日，鲁宾以年薪1500万美元受聘于花旗银行，没有任何经营责任。

对于游说，美国大公司花的实际金额非常小，只占其销售额的一小部分。例如，2014年谷歌（重组为伞型公司Alphabet）的收入有800亿美元只花了1600万美元来游说（参见Open Secret的游说数据库，可登录https：//www. opensecrets. org/lobby）。就美国的公司施加政治影响而言，它们似乎一直选择更难被察觉但更有效的方式。实际上，自从戈登·塔洛克（Gordon Tullock）的著名作品问世以来，为何政治中的金钱这么少就一直是政治科学的一个谜（Ansolabehere、deFigueiredo and Snyder，2003）。

一个可能的解释是公司不需要做这么多来保持政治上的优势，因为它们面对（公共利益）的对手是非常无组织的，进而可以不费吹灰之力地保持优势（Zingales，2015，第五章）。如果金钱只用在边际事件上，人们就会观察到在捐款和成功之间几乎没有相关性（Ansolabehere、deFigueiredo and Snyder，2003），但在大公司如愿以偿上却有很高的成功率［参见Pierson（2015）对医改立法的讨论］。

另一个解释是，实际的捐款金额和游说如此之小，是因为大公司非常善于不需要金钱转移就达到它们的目标。没人敢用黑手党行贿的规模来衡量它们的影响。事实上，像马里奥·普佐（Mario Puzo）的名著《教父》中唐·科莱昂那样的黑帮老大，其权力并不在于他花钱收买人心的能力，而在于他提出人们无法拒绝的要约的能力。客观地说，黑手党诉诸直接的暴力威胁，而公司利益团体并非如此。然而，成功的黑手党老大可以最小化暴力：它是均衡之外的暴力，极少被执行。公司利益团体可以利用的威胁，是在公共官员任期结束后不让其进入商业世界。现实中很少观察到这种排斥现象，说明它是多么有效的威胁。

换句话说，为了洞察公司的权力，我们需要看产出，而不是投入。每次迪士尼公司的米老鼠版权将要失效时，版权法都会延长，这是巧合吗（Lessig，2001）？这个案例这么惹人气愤，不是因为它是如此独特，而是因为它不做任何的掩饰：不断延长已故作者的版权不可能鼓励新产品的创作！

相似的，我们可以问为什么联邦贸易委员会针对谷歌的反托拉斯案件在美国（但不是在欧洲）被放弃了。泄露的员工报告总结到，谷歌非法维持它在一般搜索和搜索广告上的垄断，其方法有“擦除对手垂直网站的内容”，“和网络出版商达成特许的和高度限制性的协议，禁止出版商展示相竞争的搜索结果或搜索广告，”以及“维持禁止广告战的交互平台管理的合约限制。”① 无视这份控告报告，联邦贸易委员会一致同意放弃该案件。人们想知道谷歌雇员频繁到访白宫起到了什么作用：从奥巴马第一次就职典礼到2015年10月底，谷歌雇员和相关人士到访白宫427次，包括21次和奥巴马总统的私密小会议②。

由布朗和黄杰琨（Brown and Huang，2017），我们得知，2009—2015年有高管到访白宫的公司的股价在接下来两个月额外上升了1%。这看起来似乎不多，但是你会发现在奥巴马任期内，霍尼韦尔国际公司（Honeywell International）的董事长和CEO拜访白宫30次，而通用电气拜访了22次。

如果公司没有成功阻止对自己不利的国会立法，它们可以起诉试图执行法律的监管者，以此来中止立法。《多德—弗兰克法案》要求美国证券交易委员会废除禁止机构投资者在董事会任命其代理人的规则。事实上，这一要求还是十分谨慎的，在数量和持股期限方面施加了很多限制，实际上给机构投资者设置了障碍。然而商业圆桌会议（Business Roundtable）还是起诉了美国证券交易委员，试图阻止证券交易委员会的规则。这一案件由当时美国最高法院法官安东宁·斯卡利亚（Antonin Scalia）之子尤金·斯卡利亚（Eugene Scalia）辩诉，在美国哥伦比亚特区联邦巡回上诉法庭获胜，赢在一个技术细节——证券交易委员会没有在事先进行成本收益分析。当证券交易委员会选择撤退，而不是展开这样的分析和重新提出该规则时，这个小胜利变成了股东们的重大战果。在2011年12月的一次会议中，我问证券交易委员会的时任主席玛丽·夏皮罗（Mary Schapiro），她的机构什么时候会重新引入该规则。我甚至答应提供免费的成本收益分析。但她坦言，证券交易委员会的日程上有很多其他事情，因而把这件事搁置一边，对我而言这似乎是证券交易委员会已经向压力屈服的外交辞令。

如果事与愿违，大公司直接游说监管者，也可以成功避免监管的问世和执

① https：//graphics. wsj. com/google – ftc – report/img/ftc – ocr – watermark. pdf.

② 来自Google Transparency Project的报告，可参见https：//graphics. wsj. com/google – ftc – report/img/ftc – ocr – watermark. pdf。

行。朗伯特（Lambert，2015）发现，监管者对游说银行发起监管行动的可能性会下降44.7%。

游说不是公司避免监管的唯一途径：它们这样做还可以隐藏重要信息。正如我和夏皮拉（Shapira and Zingales，2017）的文章所述，杜邦公司借助商业秘密法，来隐藏信息并保护自己，虽然它在西弗吉尼亚的工厂污染了附近的水源，但在30多年的时间里一直没有承担应有的责任。

为什么问题越来越严重？

上述所有行为不仅需要金钱，还需要有法定权力和惩罚性措施，这不同于两个经济行为人之间的普通市场签约行为。在一个碎片化和竞争性的经济中，企业难以运用这个权力。相反，获得一些市场权力的企业能够以普通市场参与者无法实现的方式游说（更广泛意义上的游说）。准确地说正是它们的市场权力在影响力游戏中给予它们竞争优势：它们的市场权力越大，从政治系统中获取它们想要的东西的效率就越高。反过来，它们从政治系统中获取它们想要的东西的效率越高，它们的市场权力就越大，因为它们能阻碍竞争者并保护自己。随之而来的就是美第奇恶性循环的风险。

在过去30年中的美国，公司塑造游戏规则的力量因为三个主要因素变得更强了。第一，公司的规模和市场份额都扩大了，这弱化了同一部门中冲突利益集团的竞争，并使公司比消费者的利益更强大。第二，监管的规模加大、复杂性加剧，使得既定利益集团更容易让游戏向自己的利益倾斜。第三，过去在民主党内部盛行的反商业思想消亡，减少了两党被认为过分偏袒大公司利益的成本。

我（2012，第四章）描述了2005年《防止破产滥用及消费者保护法案》的立法历程，说明了企业权力的增强。用一位法学家的话来说："在我们的历史中从来没有一场如此精心组织、精心策划以及有充足资助的运动，来改变债权人和债务人的权力平衡。"（Tabb，2007）

企业的政治理论

我并不是想要得出企业应当在政治进程中没有影响力的结论。首先，因为有其他强大的特殊利益集团（诸如联盟）在扮演重要角色。如果没有公司发出的声音，政治决策的结果会向反方向过度倾斜。甚至更重要的是，如果没有捍卫其产权的坚实选民，政府的权力可能就会过分凌驾于其公民之上。

理想的情况是政府权力和企业权力的适当平衡。太弱的政府不足以执行产权，因而企业要么诉诸自己（通过私人暴力）来执行产权，要么解体。政府太过强大，它会忍不住剥夺企业。当企业相对于政府而言太弱小，它们就有被剥夺的危险，即便不是正式剥夺（伴随着产权向政府的转移），也是大量的剥夺（政府索要投资的大部分回报）。但当企业相对于政府而言太强大时，它们可能会以自己的利益而不是广大公众的利益，重新界定并执行产权，如米老鼠版权法案的例子。"适当"平衡的可能性取决于制度特点和经济特点的组合。

根据这一标准，美国在国际比较和历史比较中都做得相对较好。然而，我们不应将这样的时运视为理所当然。第二次产业革命打破了适当平衡，经过了40年改革的巨大努力才得以恢复。现在正在进行的第三次产业革命正在发挥同样的效应。为了在历史和国际背景中理解这一现象，回顾全球当前不同的各种均衡是极为有益的。

制度特征

在大多数专制国家，权力的主要来源是对武装力量和警察的控制，也就是说，对合法使用暴力的垄断。在这样的国家中，对武装的实际控制极大地取决于普通士兵对某些指挥官的个人忠诚以及某个领导人可信地承诺的未来租金。相反，在民主国家，政治权力的来源是广泛的社会共识，通过选举程序来正式确定。

形成民主共识的第一个关键因素是媒体，它本身也受到政治权力（通过审查、所有权、补贴及泄露消息）和经济权力（通过广告、直接所有权、融资及信息获取权）的影响。传统上，媒体如果不受政府审查的影响就被认为是自由的。然而，同等重要的是，它们（大部分）也不受公司审查的影响。公司审查这种现象在小国尤其常见，因为在这些国家，媒体市场经常由紧密联系的少数几个家族控制（也可参见 Zingales，2016）。

形成政治共识的第二个关键机制是选举程序，由选举法和竞选融资的规则共同塑造。比例代表制支持新的进入和竞争，但也使既得利益集团更容易俘获小党派从而将他们转变成特定利益的游说组织。竞选融资的来源也至关重要。当竞选融资来自政府时，政治控制就更强，当来自私人捐款时经济权力就更强。某种程度上匹配公共融资以限制私人捐款的混合体制，就是试图在这些选择中找到平衡。

形成共识和合法化政治权威的第三个因素是意识形态。在一些国家，政治合法化与正式的选举程序联系在一起；在另一些国家，以不同方式形成的政府也被视为合法。意识形态也是基于对经济利益主导的相对收益的认知。

最后一个至关重要的因素是检察和司法权力。它们独立于政治和经济权力的程度不同，其意识形态的普及程度也不尽相同。例如，爱泼斯坦、兰德斯和波斯纳（Eipstein、Landes and Posner，2013）证明，美国最高法院在1946—2011 年亲商业的裁决大幅增加。

经济特征

在大多数国家，直接贿赂受到法律和社会的限制，一家公司从政治系统中获取利益的能力取决于：（1）它做出可信的长期承诺的能力（例如，政治家和监管者的未来就业机会），而这又十分依赖于该公司长期存活的可能性；（2）公司对特定人力资本的市场掌控力（例如，有多少潜在的核工程师的雇主）；（3）公司用一个更大、更高尚的理念掩饰其自利目标的能力（例如，房利美和每个美国人都应该能借钱购房的目标）；（4）公司对其社会形象的控制，通过雇佣、数据所有权、媒体所有权、广告、研究资助，以及其他方式。

在经济方面，企业的规模和市场集中度对所有决定企业影响政治系统能力的关键因素都有正面作用。在这里，重要的不只是产品市场的集中度，还有更一般的经济权力的总集中度。一个城镇中主要的雇主就非常有政治影响力，即使该企业在城镇以外的竞争市场中销售产品。

一个分类系统

如果我们关注经济权力和政治权力之间的平衡，就可以识别出一些原型政体。在一端，有传统的共产主义专政，如苏联、朝鲜和古巴。在这样的体制中，政治权力控制了经济权力的所有来源。在另一端，有最极端的财阀政权，如东印度公司的保护国印度或者利奥波德二世对刚果的占有。在此类案例中，经济权力获得了政治权力的功能。20 世纪早期的“香蕉共和国”就是用来描述像联合果品公司（United Fruit Company）这样的美国大公司几乎垄断了产自拉美和加勒比海地区的香蕉供应，这是纯财阀制的修正版。至少从形式上看，香蕉共和国的政治权力还有其来源，而 1858 年前在印度的东印度公司系统和

1908 年前的刚果自由邦则没有。

进一步深入地看，我们发现有两种政权，尽管本质上非常不同，但结果上往往相似。一方面，我们发现印度尼西亚的苏哈托、尼日利亚的古德拉克·乔纳森以及当今非洲许多政治首脑的政治互惠政体。在这些政体中，政治权力以矿产开采许可权或者垄断（准垄断）权的方式授权握有经济权力的实体从事特定业务。一个特殊的例子是埃及，其军队将自己改造成一个联合大企业，经营所有商业企业。

另一方面，我们有“纵向政治一体化”政体（Haber、Razo and Maurer，2003），其中富有的商人有时直接（如他信时期的泰国和贝卢斯科尼时期的意大利）、有间接（如普京时期的俄罗斯寡头）地控制政治系统。这些政体在权力的主要来源集中度上不尽相同。印尼的苏哈托或者津巴布韦的穆加贝对政治权力有近似独裁的控制，而尼日利亚的古德拉克·乔纳森却没有。同样，英国石油（British Petroleum）在中东的经营被国有化以前，几乎垄断了在伊朗的经济权力的来源，而俄罗斯的寡头和意大利的贝卢斯科尼却没有。尽管最终的权力来源非常不同，但是政治互惠和纵向政治一体化的政权在使用政治权力保护和强化商业的方式上却非常相似。事实上，许多国家经常在这两种政体中摇摆：例如，俄罗斯从叶利钦时期的纵向政治一体化政权变成了普京时期的政治互惠政权。

虽然完美的适当平衡是无法达到的理想，但是假如正在发生的事件会以任何给定的方式展现这种平衡，那么最接近理想状态的国家可能就是今天的北欧国家和 20 世纪下半叶的美国。对成功实现适当平衡而言至关重要的，是一个强有力的、根据公平原则运行的政府（Rothstein，2011），以及竞争性的私人部门经济。

在北欧国家，私人部门的竞争性是由这些国家的小规模保证的，小规模迫使它们开放并受制于国际竞争。政府的质量是由良好而开明的君主和有利于国内公民认同感的种族同质性的悠久传统来保证的。

从历史上看，确保美国内部竞争的是国家规模远远超过了当时公司的规模和公司管理人员到各地整合经营的能力，这使小的生产者团体更难“拥有”政府。在“冷战”期间，政府的效率由军事冲突的威胁所决定。现在，这两个方面都消失了，美国像拉美国家那样变成纵向政治一体化政体的风险在加大。

结 论

在 1911 年一次著名的演讲中，哥伦比亚大学校长尼古拉斯·默里·巴特勒（Nicholas Murray Butler）谈到了 19 世纪后期和 20 时期初期大公司实现的实际进步，他说道：

> 有限责任公司是现代最伟大无双的发现，不论你从它的社会效应、道德效应、产业效应、长期效应（在我们理解它并知道如何利用它以后）还是政治效应来判断，都是如此，而当我这样说的时候，是经过了深思熟虑的。甚至蒸汽和电力也远没有有限责任公司重要，如果没有它，蒸汽和电力也黯然失色。

巴特勒是对的，但这个现代公司形式的发现——像所有发现一样——既可以促进发展，也可以阻碍发展。许多公司的规模超过了现代国家。正因如此，它们有可能将小型甚至中型国家转变成现代版的“香蕉共和国”，甚至还有可能给高收入的大型经济体带来经济和政治风险。

为了对抗这些风险，几个政治工具也许可以付诸运用：提高公司活动的透明度，改善公司民主，针对旋转门（revolving door）的更好规定并更多地关注公司利益集团俘获科学家和经济学家的风险，更大胆地使用反托拉斯当局，以及关注媒体市场的功能和独立性。然而，最重要的补救措施可能让更广泛的公众意识到这些风险。如果没有意识到公司形式的堕落风险以及公司和政府之间的适当平衡，任何解决方法几乎都没有希望。

（中国政法大学　黄健栓 译）

参考文献

Aghion, Philippe, Ufuk Akcigit and Peter Howitt, “What Do We Learn from Schumpeterian Growth Theory?” 2013. PIER Working Paper No. 13 - 026.

Alchian, Armen A. and Harold Demsetz, 1972, “Production, Information Costs and Economic Organization”, *American Economic Review*, 777 - 795.

Anderson, Gary M. and Robert D. Tollison, 1982, “Adam Smith's Analysis of Joint-Stock Companies,” *Journal of Political Economy*, 90 (6): 1237 - 1256.

Ansolabehere, Stephen, John M. de Figueiredo and James M. Snyder Jr., 2003. “Why is

There so Little Money in U. S. Politics?" *Journal of Economic Perspectives* 17 (1): 105 – 130.

Autor, David Dorn, Lawrence F. Katz, Christina Patterson and John Van Reenen, 2017. "Concentrating onthe Fall of the Labor Share," *Americain Economic Review* 107 (5): 180 – 185.

Barkai, Simcha. 2016. "Declining Labor and Capital Shares." http://home.uchicago.edu/~barkai/doc/BarkaiDecliningLaborCapital.pdf.

Berle, Adolf A. and Gardiner Means, 1932. *Modern Corporation and Private Property*. Piscataway NJ: Transaction Publishers.

Blonigen, Bruce A. and Justin R. Pierce, 2016. "Evidence for the Effects of Mergers on Market Powerand Efficiency," Federal Reserve Board Divisions of Research & Statistics and Monetary Affairs Finance and Economics Discussion Paper 2016 – 082.

Brown, Jeffrey R. and Jiekun Huang, 2017. "All the President's Friends: Political Access and Firm Value," NBER Working Paper 23356.

Butler, Nicholas Murray. 1911. "Politics and Business: Address of Nicholas Murray Butler Ph. D., D. Litt. LL. D., President of Columbia University." Lecture presented at the 143rd Annual Banquet of the Chamber of Commerce of the State of New York, New York, NY, November 16, 1911.

Chandler, Alfred D., 1977, *The Visible Hand: The Managerial Revolution in American Business*. Harvard University Press.

Chernow, Ron (1998). *Titan: The Life of John D. Rockefeller, Sr.*, New York: Random House.

Committee on Capital Market Regulation. 2014. *Annual Shareholder Meetings and the Conundrum of "Unelected" Directors*. Cambridge, MA: Committeeon Capital Markets Regulation.

Epstein, Lee, William M. Landes, and Richard A. Posner. 2013. "How Business Fares in the Supreme Court." *Minnesota Law Review* 97 (1): 1431 – 72.

Gao, Xiaohui, Jay R. Ritter, and Zhongyan Zhu, 2013. "Where Have All the IPOs Gone?" *Journal of Financial And Quantitative Analysis* Vol. 48 (6): 1663 – 1692.

Global Justice Now. 2016. "10 Biggest Corporations Make More Money than Most Countries in the World Combined." September 12. http://www.globaljustice.org.uk/news/2016/sep/12/10 – biggest – corporationsmake – more – money – most – countries – world – combined.

Google Transparency Project. No date. "Google's White House Meetings." http://googletransparencyproject.org/articles/googleswhite – house – meetings.

Gross, Bertram. 1980. *Friendly Fascism: The New Face of Power in America*. New York: South End Press.

Grossman, Sanford J. and Olive D. Hart. 1986. "The Costs and the Benefits of Ownership: A Theory of Vertical andLateral Integration," *Journal of Political Economy* 94 (4): 691 – 719.

Grullon, Gustavo, Yelena Larkin, and Roni Michaely. 2017. "Are U. S. Industries Becoming More Concentrated?" Available at SSRN: https://papers.ssrn.com/sol3/Papers.cfm?abstract_

id = 2612047.

Haber Stephen, Armando Razo, and Noel Maurer 2003. *Politics of Property Rights: Political Instability, Credible Commitments, and Economic Growth in Mexico, 1876 – 1929*, Cambridge University Press.

Haltiwanger, John C. 2016. "Firm Dynamicsand Productivity: TFPQ, TFPR, and Demand-Side Factors." *Economia Journal of the Latin American and Caribbean Economic Association* 17 (1): 3 – 26.

Jensen, Michael C. and William H. Meckling. 1976. "Theory of the Firm: Managerial Behavior, Agency Costs and Ownership Structure," *Journal of Financial Economics* 3 (4) 305 – 360.

Josephson, Matthew. 1934. *The Robber Barons*. New York: Houghton Mifflin Harcourt.

Keppler, Joseph. 1889. *The Bosses of the Senate*, a cartoon in *Puck*, January 23. https://commons.wikimedia.org/wiki/File:The_Bosses_of_the_Senate_by_Joseph_Keppler.jpg.

Lambert, Thomas. 2015. "Lobbying on Regulatory Enforcement Actions: Evidence from U. S. Commercial and Savings Banks." Available at SSRN: https://papers.ssrn.com/sol3/Papers.cfm?abstract_id = 2517235.

Lessig, Lawrence. 2001. "Copyright's First Amendment", *UCLA Law Review* 48: 1057 – 1065.

Manne, H. G. 1965, "Mergers and the Market for Corporate Control," *Journal of Political Economy* 73: 110 – 120.

Martin, Mitchell. 1998. "Citicorp and Travelers Plan to Merge in Record $70 Billion Deal: A New No. 1: Financial Giants Unite." *New York Times*, April 7. http://www.nytimes.com/1998/04/07/news/citicorp – and – travelers – plan – to – merge – inrecord – 70 – billion – deal – a – new – no.html.

OpenSecrets.org. No date. Lobbying Database. http://www.opensecrets.org/lobby/.

Ota, Alan K. 1998. "Disney in Washington: The Mouse That Roars." *Congressional Quarterly This Week* (*CNN*), August 10. http://edition.cnn.com/ALLPOLITICS/1998/08/10/cq/disney.html.

Pierson, Paul. 2015. "Goodbye to Pluralism? Studying Power in Contemporary American Politics." Paper presented at the Wildavsky Forumfor Public Policy, Goldman School of Public Policy, Berkeley, CA, April 9, 2015.

Puzo, Mario. 1969. *The Godfather*. G. P. Putnam's Sons.

Rajan, Raghuram G., and Luigi Zingales. 1998. "Power in a Theory of the Firm." *Quarterly Journalof Economics* 113 (2): 387 – 432.

Rajan, Raghuram G., and Luigi Zingales. 2001. "The Firm as a Dedicated Hierarchy: A Theory of the Origins and Growth of Firms." *Quarterly Journal of Economics* 116 (3): 805 – 851.

Rothstein, Bo. 2011. *The Quality of Government, Corruption, Social Trust, and Inequality in International Perspective*. Chicago: University of Chicago Press.

Stigler, G. J. 1958. "The Economies of Scale." *Journal of Law and Economics* 1: 54 – 71.

Santi, Antonio. 2003. *The Book of Italian Wisdom*, 2003, New York: Citadel Press.

Shapira, R. and L. Zingales. 2017. "Is Pollution Value Maximizing? The DuPont Case." Unpublished paper.

Smith, Adam. 1776 [1904]. *An Inquiry into the Nature and Causes of the Wealth of Nations*. Edited by Edwin Cannan, London: Methuen & Co., Ltd.

Tabb, Charles Jordan. 2007. "The Top Twenty Issues in the History of Consumer Bankruptcy." *University of Illinois Law Review* 2007 (1): 9 – 30

Tullock, Gordon. 1972. "The Purchase of Politicians." *Western Economic Journal* 10: 354 – 355.

Varian, Hal R. 1992. *Microeconomic Analysis*, 3rd edition, W. W. Norton & Company.

Waller, Spencer Weber. 2004. "The Antitrust Legacy of Thurman Arnold," *St. John's Law Review* 78 (3): 569 – 614.

Walton, Beatrice. 2011. "The American Ruling Class." *Harvard Political Review*, September 6. http://harvardpolitics.com/books – arts/the – american – ruling – class/.

Williamson, Oliver E. 1985. *The Economic Institutions of Capitalism*. New York: The Free Press. Zingales, Luigi. 2012. *A Capitalism for the People: Recapturing the Lost Genius of American Prosperity*. New York: Basic Books.

Zingales, Luigi. 2016. "Are Newspapers Captured by Banks? Evidence From Italy." 12 May. https://promarket.org/are – newspapers – captured – by – banks/.

特稿

Feature

Comparative

新制度经济学的过去和未来

许成钢

制度经济学与新制度经济学的发展历程

自从亚当·斯密时期的政治经济学以来，其研究主体就是制度。从政治经济学一产生，它的主要研究对象就是制度和经济现象之间的关系。后来在经济学不断地走向社会科学的过程中，越来越多地引入了科学的手段。在这个过程中，人们发现，讨论制度相当困难。当把制度抽象掉之后，许多经济现象分析起来更容易。因此到了19世纪末之后，在经济学逐渐走向经济科学的转型过程中，为了避开分析制度带来的困难，经济学者们就用假设的方式把制度固定住，对制度不予讨论。这样的经济学的研究对象是市场经济。在市场经济中的制度都是一样的假设条件下，去寻找“没有制度”的经济中的规律性现象。

科学地讨论制度的主要困难在于定量化。任何科学都始于定量的观察，由此得到系统的严密的结论，并由此使理论可以得到定量的验证。当经济学变成科学的时候，非常重要的第一步，就是要能够定量地度量其研究对象。比起离开制度的“纯”经济和金融现象，度量制度更难度。因此，从20世纪初以来产生的新古典经济学，其最重要的基本特点之一就是把制度固定住（或称为没有制度），只探讨相对比较成熟的市场经济现象。

---

* 作者为长江商学院教授。

在那个时期，经济学界还存在一个和新古典经济学有所区别的制度学派，或奥地利学派。严格地说，所谓的制度学派或者奥地利学派继承了政治经济学的老传统，因此并不是新的学派。

今天讨论的所谓新制度经济学，区别于奥地利学派，区别于老的制度学派。新制度经济学的奠基人是科斯和诺思。其核心内容是科斯的交易成本理论、科斯定理，以及诺思的路径依赖理论等。用这些新的概念、新的分析工具讨论制度。但是，从把制度作为研究对象来讲，无论是新制度经济学、奥地利学派，还是20世纪以前的政治经济学传统，都是一脉相承的。

新制度经济学的“新”就是指上述的新概念和新分析方法。但是，当我们讨论新制度经济学的时候，如果强调的是新概念、新分析方法，那就不局限于科斯和诺思发展的新概念和新方法。在科斯和诺思那个时代，他们提出的概念是新的。到现在，这些概念已经成为人们耳熟能详的概念和方法了，已经不再是新的了。所以，新制度经济学面临着和整个经济学的主流融合及共同发展的趋势。

当人们用新制度经济学来讨论问题的时候，有一种倾向是清楚地区分新制度经济学和主流经济学。但如果我们关心的是对制度的研究，实际上这两者之间并不真的有明确的界限。因为主流经济学自从70年代以来系统地引入了博弈论（尤其是非合作博弈论）和制度设计理论（又称机制设计理论），此后制度就成了主流经济学理论研究的重点之一。比如说制度设计理论，顾名思义研究的就是制度。而且制度设计理论产生的直接背景就是兰格和哈耶克关于市场社会主义制度和私有制的资本主义制度之间的辩论的延续。这一辩论的内涵就是最大、最基本的制度问题。所以，从某种意义上说，制度设计理论与制度经济学在许多方面重合。只不过它和传统的制度经济学使用的方法不同，它和新制度经济学中科斯的理论、诺思的理论看上去也不同，但整体上，研究对象是一样的，都是制度问题。

值得指出的是，主流学术界通常将制度设计理论视为博弈论的一个分支，而博弈论本身也从根本上改变了经济学研究的方法和对象。在博弈论引入经济学以前，经济学者们把制度假设掉，在不看制度的情况下分析市场经济，中心问题是市场上的需求和供给均衡，由此建立一般均衡理论模型，然后用这个理论框架去讨论市场经济。但是，引入了博弈论以后，讨论的对象就扩展到人和人之间在社会上的任何博弈，超越了单纯的市场供求。

如果我们来看一下诺思关于制度的定义，就可以看到制度经济学在概念上与博弈论的重合。诺思将制度定义为社会博弈的规则，而博弈论讨论的正好是人的社会博弈，在不同规则下的博弈。当我们讲社会博弈的规则时，指的就是制度，并讨论什么样的制度下博弈会出什么样的结果，这正好就是博弈论要讨论的内容。从这个角度来看，自博弈论和制度设计理论的发展以来，主流经济学已经为系统地从理论上研究制度奠定了基础或者部分基础。就此而言，新制度经济学和主流经济学之间的关系是日益融合，而不是相互分野。

除了理论之外，另一个重要方面是经验研究。在最近二三十年的时间里，无论是在新制度经济学还是在新政治经济学中，经验研究都有了巨大发展，这主要是由于以下几个原因。第一个原因是制度变化。20 世纪 80 年代末 90 年代初的苏联、中东欧国家，包括中国、越南，从中央计划经济转向市场经济。这段时间里人类历史上最大规模的制度变化，极大地刺激了新制度经济学的发展。

第二个原因是技术的变化，包括互联网的发展、计算机技术的发展。大量与制度相关的数据在过去很难获得，但现在由于互联网的发展，变得更加容易获得。有没有数据实际是科学发展的决定性问题。任何科学的经验工作的第一关就是数据，而互联网的发展为获取大量数据奠定了重大的技术基础。另一个重大的技术基础就是个人计算机的发展，这使学者们对数据的统计分析变得极其容易，人人都可以在家里对数据进行复杂的统计分析。上述两个因素相结合，在最近二三十年里，使新制度经济学、新政治经济学和新经济史学领域的经验研究蓬勃发展。需要指出的是，这三个领域在很大范围内是互相重叠的。经常很难清楚地划出界限，实际上也没有必要人为地划清界限。

经验研究的迅猛发展告诉我们，新制度经济学不但获得了巨大的发展，而且一定会有更大的发展，实际上，已有的这些发展是为下一步更大的发展奠定基础。一方面是在理论上，引进了博弈论和制度设计理论；另一方面在经验研究上，已经积累了大量的数据和从大量经验研究中发现的规律性内容。这些都有待于好的理论的发展。

新制度经济学对主流经济学的推动

新制度经济学至今能够取得如此成就，原因之一是新制度经济学的分析框架更具科学性、可操作性。科斯的交易成本理论和科斯定理，诺思的理论，包括对制度的定义和路径依赖理论，对新制度经济学研究的发展，不仅有概念上的推动，也包括经验研究上的帮助。下面我分别就诺思的理论和科斯的理论各举一个例子来说明。

首先，是诺思关于路径依赖的理论。概括地说，路径依赖理论是指在制度演变的过程中，不同国家中不同制度的演变和过去的制度相关，进而可以分析，过去的制度，在什么意义上，会决定后来演变成什么样子。例如一个关键的制度因素是，过去的制度能否使这个制度本身有兑现承诺的能力。过去的制度如果使得其统治者能够兑现其承诺，那么制度就会向良性循环演进：从具备部分兑现承诺的能力到承诺能力越来越强。但是，如果过去的制度里没有这种能力，这个制度可能很难向良性循环演变。在一个统治者完全没有承诺能力的制度中，可能一直发展不出来统治者兑现其承诺的能力。

这是一个非常重要的概念上的讨论。诺思和他的合作者应用这个概念讨论了宪政的发展，为什么英国是世界上第一个发展出现代宪政的国家，为什么很多国家发展不出宪政。诺思认为，在英国产生宪政之前，在封建君主制下，封建贵族们实际上能在一定程度上强迫君主兑现一些他的承诺。也就是说，在英国的封建君主制度中，存在部分使君主兑现其承诺的机制。从 13 世纪的大宪章运动起，经过几百年的演变，这个制度显现了良性循环，君主在贵族的集体制衡下，被迫越来越多地兑现其承诺。从一开始能承诺一点点，到后来越来越多地兑现，最终建立宪政。宪政归根结底就是以分权的方式，迫使统治者必须兑现他许下的承诺。

有不少经济史学家在这个理论的基础上，做了大量的研究和发展。诺思的理论甚至对博弈论也有非常大的推动作用。诺思关于制度决定承诺兑现能力的讨论，后来在博弈论中成了一大类的主流问题，即所谓的动态博弈论问题。

科斯对经济学主流的影响更大。例如，交易成本理论不仅应用非常广泛，有大量的人做了大量的工作，它反过来对经济学的基本理论也有重大的推动作用。从理论的角度讲，交易成本理论是一种化约形式（reduced-form）的理论。所谓化约形式的理论是相对于从经济现象最基本的原理（first principles）出发的理论而言的。所谓最基本原理相当于公理，是大家公认而不用解释的基本出发点。而化约形式的理论是以直觉为基础的从中间假设或中间结果出发的。

物理科学、生物科学的基本理论都是从最基本的原理产生出来的，尤其是物理科学。例如牛顿力学定律。经济科学也试图这样做。但社会科学面临的问题极其复杂，所以一切都追求从最基础的原理或公理出发来构建理论，往往在难以实现的时候，把人们陷入技术陷阱里，看不到经济问题、社会问题。相比之下，科斯定理把称为“交易成本”的中间结果作为起点，获得了极其丰硕的成果。由于交易成本不是最基础的原理，作为黑匣子，它启发人们如何去构建更基本的理论。面对化约形式的理论，到底什么是交易成本，什么东西决定了交易成本？市场上和企业内部这两种不同的交易方式，为什么带来的成本不同？到底哪一种类型的交易成本更高？

进一步看，无论是在市场上进行交易还是在企业内部进行交易，都是以合同的形式进行的。在市场上进行交易的合同和在企业内部进行交易的合同，到底有什么差别？如果它们之间没有质的差别，那么世界上就不会存在企业和市场的差别。在现实中，人们感到（或者观察到），在企业内部交易和在市场上交易有质的不同。有企业和没有企业也有质的不同。如果是质的不同，到底是什么不同？这里面涉及合同理论（博弈论的一个分支）和产权理论。什么是企业？任何一个组织被叫作企业的时候，意味着整合在一起的一组产权。所谓市场指的是人们在市场上互相交换和买卖产权，如果买卖的只是一个产品，那是关于这个产品的产权，如果买卖的是股份，就一定在交易产权。所以，人们在市场上交易的内容和在企业内部交易的内容是有质的不同的。

为什么会有产权？有产权和没有产权到底会不会造成差别？为什么产权重要？这些是从交易成本理论受到启发提出来的基本问题。奥利弗·哈特在科斯的交易成本理论的启发下，打开了交易成本理论这个黑匣子。其出发点是合同的不完备性，以及由此产生的一系列剩余控制权如何分配的问题。所谓的剩余控制权分配就是产权的分配，因为谁有产权，谁就掌握了剩余控制权。剩余控制权存在的原因，既包括了合同自身不完备的特性，也包括人们为了控制产权有意设计的不完备合同。这是现代产权理论的基础。这些理论发展对今天主流经济学的各个领域，包括金融学，都产生了极其重大的影响。

除了科斯和诺思之外，威廉姆森和埃莉诺·奥斯特罗姆（Elinor Ostrom）也被认为是新制度经济学的创始人。威廉姆森的理论是对科斯理论的直接延伸。在哈特的工作之前，交易成本理论之所以变得威力巨大，非常重要的一部分贡献是威廉姆森。科斯的写作并不多，他只是原则上把这个问题提了出来，并在概念上说清楚了，但如何应用这个概念解释复杂的经济现象，大量是威廉姆森的工作。此外，刚才讲到从不完备合同理论的角度解释产权，这个基本思路也是源于威廉姆森。当然严格的理论构建工作，是哈特。所以他们实际上是不同层次的贡献，在科斯那里更像哲学概念，而威廉姆森把科斯的抽象哲学概念具体化，而且他有大量的观察。威廉姆森基本上不太使用系统的数据，而是根据经验观察，他用哲学概念把大量经验观察串在一起，然后又哲理性地讨论为什么要有产权，产权的作用是什么，最后发现它和合同的不完备性是相关的。

新制度经济学面对的挑战和未来的研究议程

新制度经济学面对的挑战性的问题，可以分为方法论方面的，其中包括理论和经验两个层面；和制度方面的。从大问题的角度来看，无论我们面对的是发达经济还是发展中经济，制度的问题都是最基本的。先讨论发达经济，然后讨论发展中经济，包括中国的问题。

发达经济的制度问题少一些。但即便如此，在发达经济中，今天面对的所有最困难的问题几乎都是制度问题。一个例子是不平等，一个例子是金融危机。发达经济中的不平等问题，如同前不久出版的托马斯·皮凯蒂的《21 世纪资本论》，在经济学界、在社会上都引起巨大的轰动。无论人们辩论的观点是什么，有一个基本事实是不能忽略的：整体上在发达经济里，除了北欧国家之外，不平等在扩大，尤其是美国的不平等在迅速扩大，而不平等是引起社会不稳定的最基本因素。这是发达经济面对的一个最大挑战。这个挑战的问题是制度问题，而不是简单的熟练劳动力和不熟练劳动力的问题，也不是简单的教育水平高低的问题，或者掌握的是资本还是劳动力的问题。随着技术的进一步发展，自动化的快速发展，如果制度问题不能得到解决，不平等会更快地扩大，进而严重冲击社会稳定。之所以把不平等问题中最困难的部分视为制度问题，就在于在高度自动化无限制地提高生产率的同时，也会替代劳动力。在这种情况下，被替代的劳动力在社会上怎么办？在没有合适的制度安排时，要么人工智能、自动化会遇到严重的抵制或导致社会不稳定，要么不适当的解决方案会带来大量的道德风险问题。如果解决不了与此相关的制度问题，一面是有抵抗，另一面是道德风险，财富的二次分配就解决不了，社会不平等就解决不了，技术的变化就可能使社会变得不稳定。

第二个大的问题是金融危机。资本主义制度决定了产生金融危机是不可避免的。但是，制度也决定了危机的严重程度可以非常不同。在 2008 年的全球金融危机之前，自20世纪30年代大萧条爆发后建立的金融监管制度，相当成功地保证了几十年来没有重大金融危机，每一次爆发的金融危机都相对小，容易处置。直到2008年，爆发了和1929年那次可以相提并论的危机，其原因就是制度上出现了重大的问题。

为什么过去的制度已经在几十年里避免了重大金融危机，后来又不行了呢？原因是技术变化以及与之相关的社会变化，使过去建立的制度在一些方面过时了。技术变化中最突出的是信息技术和金融技术的变化。这是产生重大金融危机的制度原因。至今相关的学术研究仍然不充分，更没有寻找到好的解决方案。这是新制度经济学在发达经济中面对的重大挑战之一。

和发达经济相比，发展中经济面对的制度问题远更为严重。世界上为什么存在不发达国家？为什么在过去一百年里，能从发展中经济演变成发达经济的屈指可数？长期以来，这是经济学关心的最基本问题之一。如果没有制度差别，根据新古典经济学的框架，在几十年里，世界上所有的经济都应该大体趋同，换言之，不应该有发达经济和不发达经济之间的巨大差别。道理很简单，因为在没有制度障碍的情况下，从发达国家向不发达国家投资一定是有利可图的。于是就应该有大量的资金技术进入不发达国家。在一两代人的时间内，所有不发达经济都会变成发达经济。之所以世界上大部分的经济是不发达的，原因就在于它们的制度阻碍了自己的发展。简单地说，一个经济长期落后的原因主要在严重的制度障碍。当我们讨论中国改革的时候，绝大多数的经济学研究结果都表明，中国的经济改革过程就是制度改革的过程，中国的改革成绩主要是中国在制度改革上的成绩；而中国改革出现的最大问题，也在于制度改革上存在问题。与此相似，所有发展中国家面对的最大问题是制度问题。因此，对于所有发展中经济来说，新制度经济学的发展和新制度经济学面对的最重要的研究议题，就是制度的问题。

以上讨论的是新制度经济学面对的问题。从方法论的角度看，新制度经济学既有巨大的机会，也面临巨大的挑战。首先从理论上看，刚才我们提到了博弈论和制度设计理论，都是研究制度非常重要的基本分析工具。但这些并不是问题本身。如同偏微分方程和欧几里得几何在物理学里是重要的分析工具，但不是物理问题一样。与物理科学必须要面对物理现象和物理数据一样，新制度经济学，作为社会科学，也一定要面对数据和现象。如何从现象出发，利用这些分析工具来构建能够被定量验证的解释制度的理论，这是一个极其巨大的挑战。

如果把理论的起点严格限制在基本原理上，至今在绝大部分的制度问题上，我们还很难构建出能够定量验证的、基于博弈论或制度设计理论的理论模型。这是制度问题的复杂性带来的重大挑战。在面对这个重大挑战时，一个可行的步骤可能是，暂时放松或绕开以基本原理作为构建理论的起点，而发展化约形式的理论。实际上，科斯的理论、诺思的理论、威廉姆森的理论，都是化约形式的理论。

从方法论的角度看，另外一个重要方面是经验研究。其中包括数据的收集和数据的处理等，都涉及巨大的挑战，需要巨大的创造性。制度经济学和新制度经济学研究的发展，从来就受制于如何度量制度的问题。今天我们对于如何度量制度有了很大的发展，但仍然面对着一系列的困难。例如，非常重要的一个制度是法治。作为学术研究，什么是法治？怎样度量法治？如今，经过社会科学家，包括经济学家、政治学家、法学家，很长时间的集体努力，收集了多种数据，发展了若干种度量的方式，但是仍然存在基本缺陷。与此相关的例子还包括对产权、司法独立、宪政、民主等的度量。这些都是新制度经济学面对的一些非常基本的挑战。在经验研究方面，作为经验研究基础的度量和数据，新制度经济学需要当年库兹涅茨发明 GDP 度量市场经济活动那样的突破。

青年学子在新制度经济学未来发展中的作用

新制度经济学面临的这些挑战，也为研究者提供了机会，尤其是有兴趣在新制度经济学方面做研究工作的年轻学者。不过，要在制度经济学领域取得研究成果甚至突破需要具备很多方面的基本技能。制度包括经济制度、政治制度、社会制度。新制度经济学实际上几乎覆盖了经济学的所有领域，甚至覆盖了社会科学的很多领域。作为研究领域，新制度经济学覆盖很宽，很全面。没有一个人能够全部知道其内容。因此，作为每一个学者，一定有其偏重。

从经济学的角度来看，在新制度经济学方面做出贡献，需要有好的经济学基础，包括理论的和实证的。理论方面包括前面讨论过的博弈论、制度设计理论。即便不是做这方面的研究，不在这方面创新，也应该熟悉这方面的基本文献和基本理论。经验研究是新制度经济学的主体。在经验研究中，经济计量学的方法论是非常基本、非常重要的。

当然，新制度经济学面对的是很多巨大的挑战，简单机械地应用教科书或者文献里的方法，是不能应对这些挑战的。仅仅熟悉方法论并不能保证成为一个有创造性的学者。在我们面对的制度现象中，只有少数从新制度经济学已经得到解答。制度现象的绝大部分，至今都是没有得到解答的。所以，到处都是挑战，到处都是年轻学者可以取得突破的地方。问题是，必须要有创造性。但创造性从哪里来？创造性是从对现象的观察来。对现象的观察有多种角度，多种方法。以数据为例，哪些尚未被认识到的数据是可以创造性地加以利用的；在已有数据和文献的基础上，可以如何构造（construct）数据，例如库兹涅茨构造的 GDP 数据。对制度的深入研究，依赖创造度量制度各个方面的指标。

今天有了网络，有了大数据，有了人工智能，如何利用大数据，如何利用人工智能，用大数据来构造度量制度各方面的指标，这既是巨大的挑战，也是可以做出许多突破的巨大机会。相关度量的突破，会带来经验研究的突破，甚至带来理论的突破。多数理论的突破都不是从数学上推出来的。理论的重大突破，其起点都是概念上的。而概念上突破的起点，多数是经验上的观察。给定现在的技术发展，年轻学者从理论上、从数据上、从经验研究上都有非常大的空间去实现突破。

对于关心中国制度的年轻学者而言，应该看到，自从改革开放以来，中国取得的巨大成就，主要是因为对之前太过于严重的制度障碍进行了改革。但是，中国遗留的制度阻碍仍然非常严重。探索这些问题，既是很大的挑战，也是很大的机遇。

现在的年轻学者从事理论的比较少，而在从事理论研究的学者中，更多人侧重数学，更少人面对制度问题。相比之下，远为更多的年轻学者从事经验分析。表面上，很多人能熟练地将文献上和教科书上已有的方法，运用到比较现成的数据上。但问题在于，如果没有新的想法，机械地应用工作很难在学科上有突破。

真正重要的突破性工作，要么就是发现了其他人没能发现的重要问题，要么就是提出了其他人尚未知道的重要方法。发现重要问题，依赖直觉，或者称为洞察力、眼光。而洞察力需要学者有更宽广的视野。新制度经济学的每一个奠基人，科斯、诺思、威廉姆森和奥斯特罗姆，他们的开创性突破都是来自他们对制度现象的直觉。新制度经济学不局限在经济学范围，是跨学科的。好的新制度经济学学者，对政治制度、社会制度、法律制度、历史都要有所了解。要站得比较高，你要知道重要的细节，但更要把握和理解整体趋势。没有高度，没有直觉，就抓不到大的问题。

除了与文献相关的直觉外，直觉的另一个来源是现实。在面对现实的时候，人的思想必须是完全开放的。当人的认识受到限制，有禁区时，当有很多问题不敢或不愿意讨论的时候，就走不远。社会科学上能做出突破性贡献的，必须是完全自由的人。思想上没有限制，其中包括政治制度，因为讨论制度不可能回避政治制度。

对于选择只做技术性工作的年轻学者，应该限于机械地应用已有的技术手段。创造性的工作有两类：一类是创造性的数据构造。由于大数据和人工智能的发展，这个领域的潜力特别大，突破的机会特别大。大数据和人工智能（包括文字处理以及对文字的理解）里面包括了巨大的，传统上人们没有想到可能使用的数据。如何创造性地利用大数据和人工智能的技术，把大量文字变成数据，是新制度经济学的前沿问题。比如说与法庭相关的数据，现在大量的案件都在网上公开了，数据量非常大。如果能利用人工智能的方式，把已经公布在网上的这些案件分门别类变成统计数据，就可能在理解中国的司法制度上，打开一个突破口。此外，中国各方面的历史文献更是汗牛充栋，这里有大量的领域等待着年轻人去开辟，打开深入认识中国制度的突破口。

大数据和人工智能的应用，也可能对统计学、方法论带来挑战。现在已经有政治学者和经济学者在学习人工智能，以借此在经验研究的方法论上有所突破。而这些突破最有前途的就是新制度经济学。因为新制度经济学面对新数据。在新制度经济学里，一旦方法论上有突破，数据上有突破，就会带来这个领域的突破。这些对于年轻学者来说，有很大的吸引力。

技术固然重要，从社会科学的角度看，大的想法更重要。让我们看看自然科学的大想法是怎么和技术连在一起形成的。在人类文明史中，第一门形成系统的自然科学是物理科学。而奠定物理科学的基础是天文观察，是历经数百年的巨大量的天文观察数据。这些数据详细、精确地记录了天体运动的规律。从这个背景下产生出来的物理学的第一个突破，就是开普勒的行星运动规律，然后，才有伽利略的自由落体实验，而这两个突破奠定了牛顿力学的基础。如果没有这些坚实的天文观察记录，不能确切知道行星是怎么运动的，而是天天读古希腊人对物理世界的解释，就永远不会有突破，就没有物理学。突破的来源是看到别人没有看到的东西，而世界上绝大多数的东西是别人没看到过的。

回到社会科学，社会科学的“行星运动规律”来自哪里？来自历史的记录！从大量国家的长期历史记录中寻找制度的规律性。现象会告诉你，有什么东西是我们还没有认识到的，有什么东西对我们今天非常重要但我们并不了解，这些才能真正指导我们在新制度经济学领域里产生对社会有重大影响的重大突破。

比较之窗

Comparative Studies

Comparative

司法独立
美国和阿根廷的比较

丽贝卡·查韦斯　约翰·费雷约翰　巴里·温加斯特

1. 概论

本文将探讨独立司法体制的制度条件。我们试图回答的问题是，法官的行动在什么情况下不受选举产生的官员约束？学者们普遍认同司法独立在总统制体制下是实现法治的关键环节，但对于其实现的具体条件并无共识。我们认为，如果行政机构和立法机构联合起来与法院作对，法院将缺乏足够的资源捍卫自身的独立——包括对争端的仲裁和权利的保护。相反，如果选举产生的官员内部存在显著而持续的争执时——如分治政府的情形——法官们就有能力挑战政府和保持独立，而不用担心受到政治报复。①

我们将阐述，一个国家的司法独立程度不仅取决于终身任期制（或其他长时间任期制）带来的所谓纸面保证（parchment barrier guarantee）或者防止法官

* Rebecca Bill Chávez，美国国防部负责西半球事务的前副助理国务卿（Deputy Assistant Secretary）。加入国防部前，任美国海军学院政治学教授，主要研究西半球安全事务和比较政治学。John A. Ferejohn，斯坦福大学政治学荣休教授；Barry R. Weingast，斯坦福大学政治学系 Word C. krebs 家族讲席教授，美国科学院和美国人文科学院院士，主要研究政治与经济之间的互动，强调市场、宪政和民主的政治基础以及发展的政治经济学，他和诺思等人一起提出了新的分析框架：有限准入秩序和开放准入秩序。作者感谢 Catalina Smulovitz 和其他人提供的建设性评论。

① 有学者构建过稳定的联邦制度的条件的相关理论（Bednar et al.，2001）。由于法官们经常参与维护联邦主义制度，保持联邦制度的稳定与维持独立的司法有某些共同要素，是很自然的。

被降薪的措施。能够让民选官员控制法院的某些非正规操作往往能压倒对司法独立的正规的宪政保证。制度化的次宪政操作可以影响法官面对的激励架构，使他们不容易反对政府的政策。这些次宪政操作包括克扣司法部门的资金，对法院的管辖权施加限制，以及罢免法官和增加法官人数等更极端的措施。统权（unified）政府的总统和国会可以采取上述措施或以之相威胁来打压法院的地位。①

为简化起见，当各政治机构有类似政策倾向时，我们称之为统权政府，否则称之为分治（divided）政府。如果立法机构和行政机构被一个相对团结的多数党控制，就可能产生统权政府，但这绝非必要条件。分治政府或者更形象地说分散化政治可能出自不同途径。一种是由意识形态不同的党派或联盟分别控制行政机构和立法机构。另一种是各政治机构被某个多数党控制，但该党内部的意识形态具有异质性。分散化政治还可以通过宪政来维护，如要求宪法修订等特殊立法需要达到特定多数。鉴于本文的讨论只针对两个实证案例，我们不会系统地分析分散化政治的不同模式。

本文的结构如下：首先介绍有关司法独立的理论；随后两节通过考察美国和阿根廷司法独立的历史，以证明我们的观点，用本文的方法来帮助分析司法独立的兴衰；最后一节进行总结。

2. 有关最高法院独立性以及序贯博弈的基本空间模型

有关最高法院独立性的空间模型分析的是为什么某些总统有能力压制法院。该理论显示，对行政机构和立法机构的统一政党控制会妨碍总统制下的司法独立，由单一政党控制的统权政府可以剥夺司法机构的自主权及其对其他政府机构的制衡能力。当总统所在的政党掌握了国会的多数席位时，行政机构和立法机构可以联合起来推翻法院的决定，并惩罚法官。反之，分治政府有利于促进司法独立，立法机构和总统可以相互制衡，给独立司法创造良好环境。

我们可以运用美国司法理论和法律解释中采用的类似空间模型，来说明最高法院能否保持独立的原因。② 本文采用的模型假设有个一维政策空间，总统、国会和最高法院的理想点分别标示为 P、C 和 SC。③ 模型假设总统、国会

---

① 有学者深入探讨过非正规操作与司法独立性之间的关系（Chavez，2004）。

② 此类空间模型的例子可参见：McCubbins et al. （1995）、Gely and Spiller（1990）、Eskridge and Ferejohn（1992），以及 Ferejohn and Weingast（1992a，1992b）。

③ C 代表国会的中间议员的立场，并不反映两院制的特征。

和最高法院都拥有连续一致的政策偏好，在轴线上从左向右移动代表偏好的改变，例如从主张政府干预经济到更为放任的政策。图 8.1 所显示的政治格局是，总统和国会的偏好在较长时期内非常接近，出于简化，我们把政治偏好集中在对市场的政治干预程度上。在这一政治偏好格局下，最高法院将难以坚持与民选官员偏好不符的政策。① 如果法院试图推行 C 点右侧的政策（例如在理想点 SC 附近的），那么总统和国会可以利用立法或非正规操作（如预算、扩充法官人数以及直接威胁等），使法律判决回到 P 点和 C 点之间。

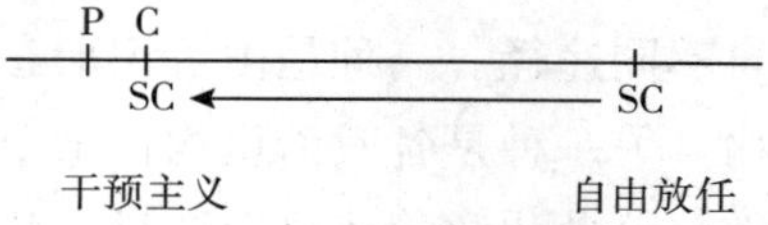

图 8.1　统权政府的空间模型

另一方面，如果总统和国会的偏好之间分歧较大，法院在挑战政府政策时会更为轻松。在分治政府中，P 点和 C 点之间的空间给予法院较大自由度以判决来挑战其他政府机构。如图 8.2 所示，在此情形下，法院可以在 P 点和 C 点之间的任何位置做出判决。

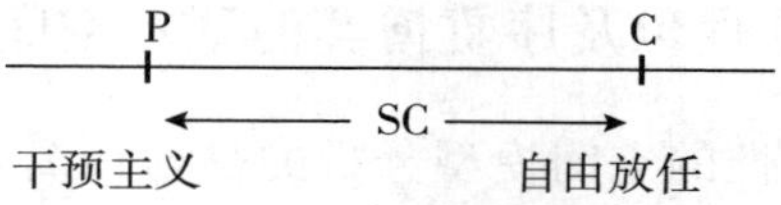

图 8.2　分治政府的空间模型

在对具有合宪性疑问的政府行动进行判决时，法官面临策略选择：挑战政府的政策，维持自身的独立性，还是支持政府的有疑问的立场。② 法官的选择

---

① 为了本文的目的，我们重点考察的是 P 点和 C 点的距离，而非其左右位置。

② 有越来越多关于拉丁美洲国家法院的研究认为，独立的司法来自相关行为人的策略选择，可参见：对阿根廷的研究（Iaryczower et al.，2002；Finkel，2008；Chavez，2004；Helmke，2005）；对智利的研究（Scribner，2004；Hilbink，2007；Couso，2003；Barros，2003）；对巴西的研究（Taylor，2008）；对墨西哥的研究（Finkel，2005，2008；Rios – Figueroa，2007；Domingo，2000；Magaloni，2008）。学者们发现，党派竞争促进了法院的独立性。在执政党预期会无限期掌权的国家，不太可能发展出独立的司法。相反，在两个或更多政党激烈竞争的国家，执政党可能接受甚至鼓励法院的独立性。对其他地区的比较研究，包括亚洲、东欧、中东和美国等，也认为党派竞争程度给司法独立性的水平提供了可信的解释（Ramseyer，1994；Ginsburg，2003；Ishiyama – Smithey and Ishiyama，2002；Hirschl，2004）。

取决于其他两个政府机构如何应对他发起的挑战。如果法官预计政府有能力推翻或规避其判决，他反对政府的可能性会降低。我们说的推翻判决包括多种类型的行动，如把新的法官塞入最高法院，逼迫法官辞职，或者完全无视判决等。与之相反，如果法官预计政府将接受判决，他做出不利于政府的可能性会增加。

为考察法官的激励，我们设计出如下博弈来反映法院面临的策略困境。图 8.3 显示，在 T1 时期，假设政府采取具有合宪疑问的行动，法院面临两个选项：屈服于行政机构，或者提出质疑。法院在选择中要考虑的是，做出裁决后可能发生怎样的结果。到 T2 时期，总统和法院成为博弈参与者。为推翻判决，总统和国会必须达成一致。如果法院预计总统和国会将达成一致，法院可能就不会提出质疑。相比分治政府状态，这种情况在统权政府状态下更容易出现。在统权政府状态下，同一党派的成员便于协调行动，以对抗法院。在分治政府或分散化政治状态下，反对派成员易于阻挠推翻法院判决的行动。例如，由反对派控制的参议院可以挫败总统提出的扩充法院的计划，或者出于政治考虑而启动的罢免法官的弹劾程序。如果法院预计总统想推翻其判决，而国会愿意接受其质疑，或者两者的意愿均相反，则可能对政府提出质疑，因为无论是总统还是国会，在单打独斗时均无力推翻法院的判决。

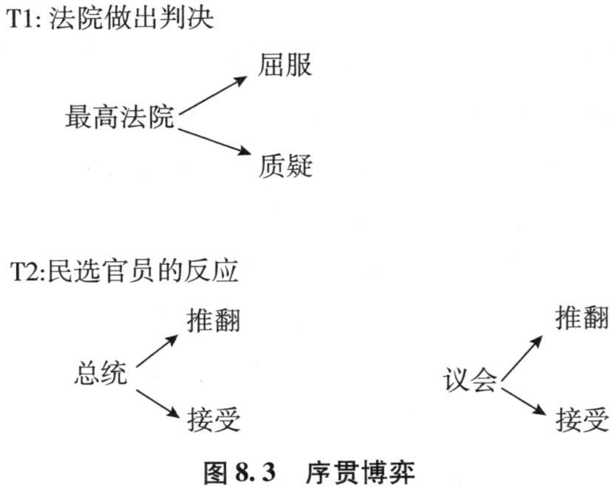

图 8.3　序贯博弈

3. 该理论架构应用于美国的案例

我们的研究思路能帮助理解美国司法独立的历史演变。在某个多数党同时控制总统和国会时，最高法院往往会支持该党派的政治倾向。相反，当国会和总统在意识形态上有分歧时，最高法院则有更大的独立行动空间。① 上述空间模型推断，政治分散化同采取独立司法行动的概率之间存在因果关系。我们认为法院会观察政治分散化的程度，并且只有在外部条件许可时才会发表真正独立的判决意见。有关美国政治史的研究文献认为，对民选政府机构的党派控制状态在长期中是相对稳定的，而各党派内部的异质性会导致意识形态上较为温和的分散性。由此，我们判断法院通常有能力实现一定的独立性。但当政治分散化水平突然下降时（例如某次一边倒的选举结果改变了政党控制格局），法院可能无力调整判决倾向，以适应政治格局的改变。这种无力或许是因为简单的犯错，或许是因为格局变化在发生过程中表现得还不够明显（例如罗斯福新政早期的情形），或许是因为法院只有在感受到丧失合法性之后才会改变其判决。

本节将分析四个选举时代：从 1800 年大选到南北战争，从南北战争到新政，从新政到 1980 年大选，从 1980 年大选以后的时代。这些时代的划分并不严谨，但我们相信每个时代内部有足够多的共性，以服务于本文的研究目标。当然，了解美国政治的人都清楚，政府被意识形态统一的多数党控制在美国历史上极为罕见。美国的政党在内部存在较大的异质性，往往反映着地区上的而非意识形态的差异。因此我们可以认为，这种形势通常有利于联邦司法机构在政治上保持独立。

但在这种正常形势遭到破坏，各政治机构被意见统一、决心坚定的多数党控制时，维持司法独立的条件随即恶化。可以预期在新的形势下，最高法院会更多克制与团结的多数党不一致的意见，并且会试图阻止下级的联邦法院卷入类似的政治对抗（Ferejohn and Kramer，2002）。此外，当法院试图在统权政府面前追求自己的政策诉求时，往往会被迫让步，避免冲突。② 当然要强调的是，此类僵局并不足以让法院区分在何种政治形势下可以做出不受政治干预的司法判决，在何种形势下必须屈从于民选政治机构。

---

① 至少在近期之前，美国的政党从来不具有很强的同质性，因此我们归纳的特征应该从相对意义上去理解。我们认为，民选官员们在某些时期有着较高程度的共识，使得最高法院面临民选政治机构的较大压力。

② 法院有自己的政策诉求的说法，并不否认法官们可以有追求法律价值的激励。本文讨论的法院与国会的某些冲突，可能正是因为某些法官相信自己必须实践其法律价值观，哪怕面临政治困局的风险。

南北战争前的美国法院

首先我们考察单一政党控制各政治机构的时代，1800—1856 年就属于此类。在 1800 年决定性地击败联邦党人之后，民主党成为主要执政党，在这一时代的绝大多数时期控制了一个或两个主要政府机构。由于民主党同时控制了参议院和总统职位，最高法院的组成人选从清一色的联邦党人逐渐转向稳固的民主党阵营。为了在人和事都有深刻改变的如此长的时期保持控制，民主党不得不成为一个基础广阔的政党，对不同的意识形态潮流开放。但总体而言，民主党对于缩小中央政府、保持低关税和以各州为主做决策拥有共识。因此在这一时代的多数时候，最高法院很少对联邦立法提出挑战，也就不足为奇。在最高法院受约翰·马歇尔（John Marshall）领导时，民主党领导人很少提出增加联邦权力的建议。假如他们提议，法院很可能支持联邦扩权。马歇尔领导的最高法院忙于支持美国银行（Bank of the United States）等非典型的联邦项目（McCulloch 诉 Maryland 案件），以及防止各州侵犯联邦管辖权（McCulloch 诉 Maryland 案件和 Gibbons 诉 Ogden 案件，在后一案件中最高法院提出了限制各州的隐含或休眠的贸易条款的理念）。在罗杰·塔尼（Roger Taney）成为最高法院领导，民主党全面掌控之后，上述格局并未改变。[①] 事实上，最高法院在这一时期只有两次否决国会法律的部分内容。一次是在民主党独大时期开始时（Marbury 诉 Madison，1803），另一次是在该时期结束时（Dred Scott 判决，1857）。[②]

第一个案例提供了支持我们的论点的第二类证据，当最高法院被迫在不利的政治环境中做决策时，可能不得不为适应环境而修订自己的行动。前文提到，在民主党占据优势的这个漫长时期之初，以杰斐逊为首的民主党面对的是有强烈联邦主义倾向的最高法院，他们眼中的中央政府的权限应该远远大于杰斐逊和麦迪逊在 18 世纪 90 年代的观点。法官们不但支持扩大联邦司法管辖

---

① 但讽刺的是，民主党直到《逃亡奴隶法案》时才开始扩大联邦管辖权，这得到了塔尼领导的最高法院的支持。

② 这里没有详细讨论“德雷德·斯科特案件”（Dred Scott），我们认为最高法院在该案件中留下了存在巨大道德争议的判决，但当时是分治政府的状态，民选政治机构没有机会推翻判决。最高法院在该案判决时或许没有考虑到大众和选民的可能反应。这一可能性或许符合我们的理论架构，但会引起过多争议。

权，还积极实施了亚当斯政府的针对民主党对手的《客籍法和镇压叛乱法》(Alien and Sedition Acts)。更糟糕的是，就在1801年杰斐逊上任前的跛鸭时期，最高法院突击式地颁布了《1801年司法条例》(Judiciary Bill)——被民主党人称为"午夜法官条例"——设立了若干新的联邦法官职位，并用忠实的联邦党人迅速上位占据。

当时的卸任国务卿约翰·马歇尔没有给新任法官之一威廉·马伯里（William Marbury）递送委任状。而新任国务卿詹姆斯·麦迪逊（James Madison）不打算纠正这个错误。于是马伯里为了自己的职位，不得不通过诉讼要求最高法院发布命令让麦迪逊给自己发委任状。令他鼓舞的是，马歇尔正好将担任新的首席法官，而且也丝毫不想回避这个案件。

与此同时，民主党控制的新国会除了其他行动以外，还通过了《1802年司法条例》，废除了联邦党人的国会在1801年设立的16个法官职位。① 前文提到，联邦党人法官已经就任了，因此废除这些职位相当于解雇法官。这样做有违背对法官的终身任期制的宪法保证之嫌，于是，又出现了要求宣判《1802年司法条例》无效的诉讼。马歇尔所领导的最高法院将在几乎同一时期、在民主党人掌控统权政府的阴影下对上述两个案件进行判决。

或许是嫌马歇尔的最高法院面临的形势还不够复杂，民主党人又开始议论弹劾某些联邦法官。他们把矛头首先指向约翰·皮克林（John Pickering）法官，此人除了是坚定的联邦党人之外，还是个酗酒者，甚至还有精神疾病。皮克林在1804年受到弹劾并被定罪，政府及其支持者继续扩大事端。最终使塞缪尔·蔡斯（Samuel Chase）法官被弹劾，并险些在参议院被定罪。在蔡斯案件中，并没有对他缺乏能力或者出现差错的指控，民主党人可能只是认为他的判决和观点与联邦主义信念的联系太过明显。毫无疑问，蔡斯被弹劾是受到意识形态的影响，因为他对实施《客籍法和镇压叛乱法》过分积极。

在这种形势下，马歇尔及其同僚必须以极大的谨慎来对待手里的诉讼。马歇尔不能否认杰斐逊确实忽略了给马伯里发送委任状，但也预见到如果否决《1802年司法条例》，势必会遭遇国会的强烈报复。因此这两个方面他均未冒险。他反过来提出，马伯里没有理由把案件提交最高法院，因为把该案作为原

① 除废除法官职位外，《1802年司法条例》还恢复了最高法院法官们的巡回执法义务。法官们每年必须有一段时间离开最高法院，到各州去担任普通的巡回法院法官。很少人怀疑，民主党是把这一繁琐职责当作对联邦党人法官们的恶劣的政治法律观的惩罚。

始管辖权（而非上诉管辖权）的问题提交给最高法院是错误的。美国宪法并没有授权最高法院审理此类案件，相关授权是在《1789 年司法条例》中规定的。马歇尔接下来指出，国会并无权力改变宪法中对最高法院的原始管辖权的授权。由此他申明，尽管最高法院愿意给马伯里授予委任状，但由于相关法律违宪，因此最高法院不能满足其诉讼要求。总之，马歇尔告诫杰斐逊政府，不履行对马伯里的任命是不对的，同时又强调了最高法院具有审查乃至否决联邦法案的权威。

马伯里案件以及随后支持《1802 年司法条例》的案件（Laird 诉 Stuart）在技术层面代表了联邦党人控制的最高法院的大幅后退。判决容忍了杰斐逊政府解雇联邦法官，也没有执行马伯里所要求的合法任命。这些证据表明，最高法院的判决符合空间模型所设想的激励机制。蔡斯法官在参议院惊险逃脱定罪，其实表明最高法院的让步只是避免了自身权威被进一步削弱。假如马歇尔在两个案件中的一个坚持原来的联邦党人倾向，他与杰斐逊的继续冲突可能会导致完全不同的历史后果。

重建与共和党人掌权的时代

单一政党把持政府的第二个较长时期是 1860—1932 年，共和党控制了政局。这 36 届国会中有超过一半是共和党控制的统权政府，只有 4 届国会是民主党控制的统权政府。这 72 年的特点是快速工业化、大规模移民涌入、劳工运动激烈，以及农业与工业各部门的反复的错配局面。最高法院的判决基本上顺应了共和党的新兴政策偏好。根据后来所说的“洛克纳时代”（Lochner - era）的法律哲学理论，最高法院反复否决了州和地方政府（有时包括中央政府）对新兴工业经济的监管限制，使宪法在保护合同自由权上发挥了基础作用，把对劳动合同（包括童工）的任何限制都视为违背宪法精神。①

从历史来看，很难说共和党对工业监管措施的反对与最高法院把经济自由上升为基本的宪法权利孰先孰后。但很显然，共和党的政策与司法理论在这一时期配合得相当好。虽然这种一致性部分源于共和党的提名使最高法院的人员

---

① 我们不认为洛克纳原则的兴起是因为法官们愿意促进工业的发展。更大的可能是，法官们难以判断劳动法规与违背正当程序观念的特殊利益法案的区别，正当程序观念把公共权力的合法行使限定于公共法律，而非特殊法律（Gillman，1993）。需要注意，“洛克纳案件”本身在 1905 年才做出判决，是关于纽约旨在监管面包师雇佣条件的法规。

组成向自己有利的方向改变，但也是因为法官们不愿意在当时的政治气氛下否决国会的立法。对于共和党国会愿意实施监管限制的案件，如《1887 年州际贸易法案》（Interstate Commerce Act）、《1890 年谢尔曼反托拉斯法案》（Sherman Antitrust Act）和《1906 年赫伯恩法案》（Hepburn Act），最高法院就没有加以干预。

尽管这一时期有某些国会立法被否决，最高法院的大多数重要判决却集中在州和地方的法案上。还有一点需要强调，随着共和党内进步势力的兴起，该党的统治力在 1900 年后有所下降。这一新的政治分散化趋势让最高法院能够更为独立地主张与多数党不同的政策学说。此外，多数党的分化之后又出现了伍德罗·威尔逊（Woodrow Wilson）总统领导的民主党间歇执政期，也给了最高法院更大的独立决策空间。

虽然在从南北战争到新政的时代，最高法院的判决与其他政治机构的政策偏好大体保持了一致，但执政党在这个时期的大多数时候并无意识形态的完全同质性，也存在分治政府时期，甚至短暂的民主党掌权时期。由此我们相信，在这个时代的多数时候，司法政策与共和党偏好的配合主要是因为共和党掌握了最高法院法官的提名，导致其人选组成越来越有倾向性，而不是因为法官们担心遭到政治报复。当然与之前的时代类似，这个时代的早期可以对空间理论进行更为极端的测试。

南北战争后，激进的共和党人确保了对国会两院的控制。这一控制足以确保对南部各州实施军事统治，并在安德鲁·约翰逊总统试图干预此事时对他进行弹劾。当时的最高法院是由民主党人以及较为温和的共和党人控制，与国会的重建政策存在对立。根据我们的模型，这些条件不利于独立的司法行动。

战后南部各州的军政府统治，尤其是对平民进行军事法庭的审判，导致各政府机构之间出现了多次严重冲突。这些重要案例包括给军事法庭审判的人提供人身权利保护。在内战期间判决的 1863 年“瓦蓝迪汉姆单方诉讼案”（Ex Parte Vallandigham）中，最高法院拒绝对军事法庭进行干预。但在 1866 年判决的“米利甘单方诉讼案”（Ex Parte Milligan）中，最高法院似乎又调整了立场，驳回了军事法庭的死刑判决，理由是米利甘受审所在的印第安纳州的民事法庭在正常运转，也有能力对其进行审判。该判决大大激怒了共和党国会。在米利甘案件之后很快判决的另外两个案件中，最高法院否决了要求南部各州官员候选人宣誓的《1865 年联邦测试法》（Federal Test Act）。正是在上述背景下，最高法院开审“麦卡德尔单方诉讼案”（Ex Parte McCardle）。

该案的案情相当简单，麦卡德尔是密西西比州的一位报纸编辑，由于发表批评重建的多篇文章而遭到军事法庭审判。基于《1867 年人身保护法》（Habeas Act），他向联邦巡回法院要求人身保护。该法案不但授权联邦法院接受人身保护的申请，而且允许向最高法院上诉。在巡回法院拒绝提供保护后，麦卡德尔向最高法院提起上诉，申诉开始。

当时整个华盛顿流行的传言是，最高法院已经决定支持麦卡德尔，并打算命令释放他。这一行动基本上等于司法部门同军事重建部门决裂。国会的共和党人非常担忧最高法院会推翻巡回法院的判决，于是立刻废除了《1867 年人身保护法》中授权向最高法院上诉的部分（后来称为《1868 年麦卡德尔废止者法案》，McCardle Repealer Bill），有效地废止了该案件。于是首席大法官萨尔蒙·蔡斯（Salmon P. Chase）在 1869 年的论证中认为，最高法院由于缺乏管辖权，无法理会麦卡德尔的诉讼请求。他提出，美国宪法第三条中的例外条款允许国会修改最高法院的上诉管辖权，而这一授权被用在了废除《1867 年人身保护法》上面。

在几个月后的另一起人身保护案件“耶杰单方诉讼案”（Ex Parte Yerger）中，蔡斯法官坚称，《1868 年麦卡德尔废止者法案》不能完全废除人身保护请求。毕竟美国宪法第一条宣布，除特定紧急情况外，“大自由令”（Great Writ）授予的权利总是有效的。因此 1868 年的废止法案不能取消要求人身保护的诉讼权。实际上，耶杰的诉讼请求也确实是基于《1789 年司法条例》提出的。不过，司法机构在麦卡德尔案件中已经做出了让步。而且到最高法院允许耶杰诉讼时，他其实已经获释。耶杰案件最多代表了一个无用的申明，即最高法院如果愿意是可以对重建政府加以限制的——但事实上并没有。① 在后来的判决里，蔡斯为首的最高法院在其他纠纷中也支持了重建政府的政策。

从新政到里根革命时代

1932 年大选标志着美国政坛的转折点，民主党自 1860 年林肯当选后首次在政府建立了牢固阵地。虽然当时并不明显，但事后看来，20 世纪 30 年代早

① 虽然最高法院在“耶杰案件”中发布了自己的观点，并借此告诫国会，其无权侵害人身保护权，但这一告诫只是虚张声势，因为最高法院在案件判决中并未指示任何人做任何事情。该观点与马歇尔在马伯里案件中的做法类似，是表述最高法院在拥有管辖权时会如何判决。

期的选举开启了民主党对民选政治机构乃至逐渐到司法机构的长期把持时代。与之前两个时代相似，最高法院发布的判决大体上符合中央政府的政策偏好。然而民主党作为多数党并不具有内部意识形态的普遍一致性，也无力维持对联邦的行政和立法机构的绝对控制。在这一时期的多数时候，主导局面其实是跨两党的保守联盟的兴起和企稳，跨党联盟在国会的一院或两院能得到多数票的支持。①

联邦法官同政治机构之间的激烈冲突很罕见，或许是因为最高法院的意识形态构成已大体等同于民选政治机构，而绝非法官在政治上表现怯懦。实际上在该时代的大多数时候，民主党的相对分裂特性及其无力阻止共和党人越来越多赢得总统职位，意味着最高法院有相当大的空间开展独立行动。可是至少在经济监管领域，最高法院并无此类野心。大多数情况下，国会、总统和最高法院在我们的空间结构模型中的位置均较为接近。②

与前两个时代的情况一样，进入这个新时代的转轨并不平顺。1932—1936 年的选举带来了与 1800 年和 1866 年选举后同样的冲突环境。但在富兰克林·罗斯福的第一个任期中（1932—1936 年），最高法院成功地制止了对联邦政府在经济中的作用进行重新定义，宣布新政的大部分干预主义计划违宪。直到 1936 年的压倒性胜利之前，人们并不清楚 1932 年已经是民主党独大时代的开始。因此如图 8.2 的空间模型所示，最高法院还能够在那 4 年中继续坚守自己的放任主义共和党立场（Cohen and Varrat 1993），包括否决《1934 年铁路退休法》（Railroad Retirement Act）、《1933 年国家工业复兴法》（National Industrial Recovery Act）、《1933 年农业调整法》（Agriculture Adjustment Act）和《1935 年烟煤保护法》（Bituminous Coal Conservation Act）等。

但随着时间推进，最高法院的独立性开始出现疑问。民主党在 1934 年的中期选举中扩大了国会的席位。随着 1936 年民主党在参众两院都获得三分之二的多数席位，以及控制近四分之三的州议会，最高法院的法官罗伯茨在

① 该联盟在 1937—1938 年出现，部分原因是为反对罗斯福的扩充法院人数的法案，联盟在之后的立法程序中发挥了经常性的作用。

② 政府在民主党人治下保持了统权性质，直到 20 世纪 50 年代早期维持着干预主义经济政策，然后艾森豪威尔就任总统，并任命厄尔·沃伦（Earl Warren）出任最高法院法官。

“西海岸宾馆案件”（West Coast Hotel）中改变了对最低工资的反对立场，① 并开始在随后的案件中支持新政的相关法案。② 到罗伯茨法官于1936—1937年著名的立场转变时，1932年大选标志着长期的选举格局的改变已经是明确的事实。于是到1942年，最高法院明确支持普遍推广《国家劳资关系法》（National Labor Relations Act）、《公平劳动标准法》（Fair Labor Standards Act）和《农业调整法》（Agricultural Adjustment Act）（Cohen and Varat，1993，205）。

伦奎斯特法院时代

到21世纪早期，越来越清楚的一点是，我们已进入民选政治机构与联邦法院的新的结盟时代。当然我们不可能知道这个结盟会持续多久，也必须承认与之前的时代不同，这个时代不是爆发式产生的，也就是说，没有经历一次被许多人视为“关键重组”的大选（Key，1955；Burnham，1970）。相反，是因为若干政治条件的组合，让共和党人在掌控两个政治机构前就对最高法院进行了改造。③ 与之前的体制不同，目前的时代在初期不存在一个对立的法院，试图在活力十足的新兴多数党面前维护现状。反而是最高法院自身从20世纪70

---

① 罗伯茨转而支持最低工资法令人惊讶，因为他在10个月前曾经投票否决纽约的几乎相同的最低工资法规。在之前的案件中，罗伯茨并未撰写个人意见，也没有在支持新政法案的其他几个判决中撰写意见。某些法律史学家认为，因为罗斯福的扩充法官人数的计划要到下个月才宣布，该计划不是罗伯茨改变投票的原因。我们的理论不关心是否宣布扩充法官人数的计划，认为决定因素是1936年11月的选举。还有些法律史学家相信罗伯茨后来的说法，即如果像“西海岸宾馆案件”一样，提出了推翻最高法院之前的判决——1923年否认最低工资法的“阿德金斯诉儿童医院案件”（Adkins v. Children’s Hospital）的判决的问题，他绝不会否决纽约的法律。这一解释是不是罗伯茨在事后为自己的动机辩解，请读者们自己去判断。

② 某些历史线索否认罗伯茨法官屈从了民主党的压力。例如有研究指出（Cushman，1998），罗伯茨早期的部分观点——尤其是在1934年支持牛奶价格监管的“内比亚诉纽约案件”（Nebbia v. NY）中的观点——与“西海岸宾馆案件”中的观点有一致性，因此他在该案件和其他案件中的投票不应视为转变，而是与之前的法律观点有连续性。我们并不怀疑法律从业者需要展示自己的思想的原则性和一惯性，而不是对无关法律的因素做出反应。这是对职业法律人士的要求的一部分。而且如果法律从业者有足够能力，他可以毫不费力地找到这类“内在”说法。在之前的注释中也提到，罗伯茨法官自己也确实给出了类似说法——尽管可信度有疑问。因此，就单个事件是难以否认该研究的修正主义观点的。本文提出的政治模型的好处则在于，可以对类型远为广泛的判决加以解释。

③ 这些事件包括，民主党总统很少有机会任命最高法院法官（卡特在4年任期内没有任命），任命了保守派的法官（肯尼迪任命了拜伦·怀特，Byron White），或者他们任命的法官较早离职（Abe Fortas，Arthur Goldberg）。

年代就慢慢开始，继而在之后的20年里以更强的信心在削弱新政时代的理论基础。

随着罗纳德·里根当选，总统急速转向右翼。今天我们知道，保守的最高法院当时面临的分治局面将持续到至少1992年。民主党执政的统权政府时期会非常短暂，或许只是更长的共和党统权政府时期的前奏。这些条件都有利于最高法院领导的向保守方向的转变，并持续到至少2000年。与之前时代不同，政治环境的根本变化不是由于政治分散化的突然崩溃所致，而是由于其突然兴起。还有，由于最高法院并不像民选政治机构那样对其纲领有充分掌控，政策的变动在初期是相当渐进的，受到诉讼当事人提交案件以及下级的联邦和州法院（这些法院也受制于类似机制）处理案件（然后才需要最高法院来解决）的速度的制约。

回头来看，我们可以更清楚地观察到司法政策转向的基本脉络，尤其是在联邦主义、刑法、公民权利和经济监管等领域。司法政策变化最显著的领域或许是联邦主义法学理论，最高法院通过一系列判决，限制了第14修正案的商业条款和第5节赋予的国会的权限，并加强了第10修正案和第11修正案对各州权力的保护。目前尚不清楚这一司法政策会走多远，但毫无疑问，国会处理社会问题的权力已被大幅限制，尤其是在立法会影响各州的时候。

尽管如此，新时代还没有发生过去时代初期那种剧烈的宪法冲突，但这不等于说民主党控制的国会并未对最高法院的行动做出反应。有研究文献详细记录了国会确实对最高法院的人权判决做出了回应，通过新的法律以突显国会影响这些领域的变化的决心（Eskridge，1991）。但宪法冲突目前尚未出现，在可以预见的未来似乎也不容易爆发。

或许令人惊讶的是，联邦主义的法律政策路线在小布什总统上任后并未继续扩展。虽然最高法院依然相当保守，但在若干案件中，肯尼迪和奥康纳（O'Connor）等中间派法官却不愿意做出更为保守的判决。反恐战争所引发的系列判决，事实上是对联邦政府设立特殊法庭来审判非法战斗人员，并在无控告情况下将其无限期羁押的权力施加了一定的司法限制。

近期约翰·罗伯茨（John Roberts）受命担任大法官及塞缪尔·阿利托（Samuel Alito）接任桑德拉·奥康纳不会改变我们的上述结论。我们的理论认为，罗伯茨加入后的最高法院在目前局势下会较为谨慎。目前看罗伯茨似乎信奉凯斯·桑斯坦（Cass Sunstein）所说的司法极简主义（judiciary minimalism），在尽可能狭窄的范围内来判决案件。这一立场可以让最高法院在面临民主党控制的民选政治机构时有更大操作空间，限制与多数党倾向相左的任何判决的范围。当然现在还不清楚这一策略能否奏效。

4. 将理论架构应用于阿根廷的案例

阿根廷的历史经验同样显示出政治分散化与司法独立的可能性之间的因果联系。与美国的情形一样，当阿根廷的国会和总统存在意识形态分歧时，最高法院会表现出更大的独立行动能力。相反，若总统和国会均被同质性的多数党控制，最高法院往往会向该党的偏好倾斜。在出现统权政府时，行政机构和立法机构可以联合行动，并采取非正规的次宪政措施，如扩充法官人数，或者以政治理由罢免法官等。在此类情况下，法院将难以捍卫独立立场。

在阿根廷的超级总统体制下，行政机构与司法机构之间的权力制衡通常对行政机构较为有利，但司法机构有时也能限制民选机构的权力。在本节中，我们将考察 4 个时代的行政权力同司法权力制衡：1862—1946 年，1946 年到 1983 年的民主转型时代，劳尔·阿方辛（Raul Alfonsin）的激进党政府时代（Union Civica Rdical，UCR，1983—1989），卡洛斯·梅内姆（Carlos Menem）的正义党政府时代（Partido Justicialista，1989—1999）。与美国的例子类似，这些时代的划分是临时性的，但我们认为每个时代具有的共性足以帮助开展研究。

前庇隆时代的政治分散化

阿根廷历史上早期阶段的政治分散化让法官们可以保持独立。在 1862—1946 年这一时代，政治分散化来自如下两个途径之一：由意识形态显著差异的党派分别控制不同的政治机构，或者控制政治机构的多数党联盟内部存在意识形态的异质性。1862—1880 年，三个相关党派之间的竞争加剧了分治政府状态。1880—1906 年则属于民族自治党（Partido Autonomista Nacional，PAN）执政的统权政府时期，但该党内部的意识形态并不一致。由于缺乏党派一致性和纪律，民族自治党联盟在 1906 年解体（Remmer，1984；Molinelli，1991）。激进党在 1891 年成立促进了民族自治党的垮台，该党在 1916—1930 年赢得了总统职位，却面临保守派反对党控制的参议院的挑战。1924 年，内部的派系斗争使激进党分裂，进一步制约了该党在国会作为统一多数党开展行动的能力

(Molinelli，1998；Aloson，2000)。阿根廷在1930年的军事政变使保守派联盟上台，但除4年时间外，保守派的联盟政府（Concordancia）依然面临敌对的国会。此外，与民族自治党相似，保守派联盟在意识形态上也存在异质性(Falcoff and Dolkart，1975)。

政治分散化给法官们挑战政府提供了舞台，而不用担心受到民选政治机构的报复。① 在现实中，分散化格局确实妨碍了总统采取扩充法官人数和清除异己派法官的行动。从1869年到庇隆的第一个总统任期，阿根廷最高法院的法官人数一直维持在8名。此外，总统们都遵守了宪法对于法官在品行良好时可维持终身任期的规定，没有法官因为政治原因被罢免。最高法院的人员构成只有在法官去世、退休或辞职时才发生变动。② 由于对终身任职期的坚持，总统经常要跟反对派过去任命的法官打交道。

最高法院在这一时代经常对行政机构发起挑战。最高法院在1863年的“里奥斯案件”（Rios）中宣布一项行政命令违宪，理由是总统不拥有司法权。总统在此前向罗萨里奥港的一位军官授予司法权，使其可以对巴拉那河的船上发生的一起谋杀案进行审判。最高法院则回应称，总统不能行使司法委任权，只有国会有权设立法院（Carrio，1996，第33—34页)。1864年的“卡尔维特案件”（Calvete）中，最高法院则明确了自己有权审查所有下级法院的判决的合宪性（Eder，1960；Fayt，1994)。在1888年的“首都市政案件”（Municipalidad de la Capital）判决中，最高法院肯定了自己的司法审查权：“这个适当的授权是联邦司法体制的基本目的之一，也是防止可能的、不自觉的权力滥用侵犯宪法权利的最重要的保证措施之一”（Nino，1993，第316—317页)。

类似的，通过阿根廷版的“马伯里诉麦迪逊案”——“索霍案件”（Sojo）——最高法院对国会立法的合宪性进行了判决。判决中确认，国会不能改变最高法院的宪法管辖权。爱德华多·索霍（Eduardo Sojo）是一位报纸编辑，在国会因为他发表了一幅据称损害了立法机构尊严的画作而命令关押他之后，

① 理论上说，阿根廷的法官有权宣布任何行政命令或议会法案违宪。宪法第116条为司法审查奠定了基础：“涉及宪法的所有案件的审判和裁决权归属最高法院及下级法院”。根据1862年的一项法律，法官的职责包括确保没有任何政府机构违反宪法。1868年的一项法律规定，法官以宪法为最高法律，赋予联邦法院对法律和法令的合宪性进行审查的权力（Fayt，1994)。

② 在1862—1945年离职的38位最高法院法官中，53%是在职期间去世，31%是达到法定退休年龄，16%是辞职（Molinelli et al.，1999)。

他直接向最高法院上诉。索霍跳过了下级法院，直接向最高法院申请人身权利保护。根据宪法，只有涉及大使、外国外交官或阿根廷省份的案件，最高法院才拥有初审管辖权。因此，索霍为跳过初审法院和上诉法院，援引了国会在1863年通过的一部法律，声称该法律扩大了最高法院的初审管辖权。最高法院则在判决中宣布，在与国会立法出现冲突时，宪法的地位更高，同时还指出，最高法院的使命是确保各个政府机构不会超越宪法赋予各自的权限（Fayt，1994，第69页）。

在阿根廷历史的这一早期阶段，最高法院捍卫了个人权利，并防止了政府打压政治对手。例如，最高法院否决了军事法院审判平民的权力，支持因为叛乱而被捕的公民的保释权。在1862—1932年，最高法院坚持宪法第32条，禁止国会限制新闻自由。有学者列举了12个案例，最高法院判决联邦司法机构不能对媒体行使刑事管辖权，包括政府对某个案件有强烈意愿的时候（Miller，1997，1998）。

1946—1983年的统权政府时代

阿根廷的第一个长期的统权政府时代出现在1946—1983年，总统在立法机构拥有必要的支持票数，可以推翻法院判决和操纵法官。在这个时代，最高法院也确实克制了对民选政治机构进行挑战。总统的政党具有相对的同质性，并在多个时期占据国会两院的多数席位：1946—1955年，1958—1963年，以及1973—1976年。与之类似，在事实上的军政府时期政治分散化程度也较低：1955—1958年，1966—1973年，以及1976—1983年。①

庇隆主义党在1946年赢得了三分之二的众议院席位和除两票之外的其余全部参议院席位。庇隆通过操纵选区划分和威胁手段来确保其政党在中期选举中获取席位。到1948年，庇隆主义党取得了对参议院的绝对控制，并增加了14个众议院席位。在庇隆的两个任期内（1946—1955年），庇隆主义党表现出高度的意识形态统一性。他借助自己作为党主席的权威来惩罚和驱逐党内反对者（Luna，1984；Cambini，1999）。在阿图罗·弗朗迪西（Arturo Frondizi）

---

① 但需要注意，即使军政府有时也受到法律的约束。在智利的皮诺切特独裁时期，军队被划分为不同的军种，彼此之间有潜在的制衡。军队是作为集体统治者，而非单一实体开展行动。为确保没有某个军种独大，不同群体都接受了一套限制权力的规则。与民主国家类似，如果专制主义政府是由多个相互竞争的成员组成，则会制定对统治者有所约束的规则（Barros，2003）。

的不妥协激进党政府时期（Union Civica Radical Intransigente，1958—1962年），两个民选政治机构也同样是被有纪律的政党同时控制。①

在1946—1983年中执政的阿根廷军政府有权对独立的法官进行惩罚。每次政变之后，国会遭到解散，导致统权性质的军政府上台，从而对法院进行操纵。例如在1955年、1966年和1976年政变后，军政府都很快绕过宪法对最高法院进行了清洗。最高法院如果还打算约束军队，可能遭受打击。

由于统权政府的影响，扩充法官人数和侵犯法官终身任期等非正规行动变成了惯例。在立法机构和行政机构有能力联合行动、处罚独立法官的情况下，法官们缺乏挑战总统的意愿。阿根廷的总统们开始利用自己对法官人数的裁量权来打压最高法院。1950年，庇隆把最高法院的法官人数从8人削减为5人。到1958年，弗朗迪西又把人数提升为7人。在1966年政变后，重新削减为5人。在1946—1983年这一时代，阿根廷只有3年时间处于政治分散化状态。在1963—1966年，阿图罗·伊利亚（Arturo Illia）总统面临分治政府局面，使他无法控制法院。他的普韦布洛激进党（Union Civica Radical del Pueblo）只拥有国会三分之一的议席，也难以组建支持自己议案的联盟。强大的国会反对党的存在，使他在1963年把最高法院法官人数从7人扩充至11人的计划遭遇失败。

统权政府与经常性政变还导致行政机构对司法任命拥有了裁量权。在每次军事政变及回归平民政府之后，行政机构都有机会选拔新的法官。例如，庇隆在1946年用自己的政治盟友取代了5名法官中的4名，通过自己派别控制的参议院匆忙批准了其提名人选的任命。在1955年和1966年政变后，军政府则任命了对军方有利的反庇隆主义的法官。

与阿根廷早期历史相比，1946年后的最高法院有着很高的流失率。最高法院法官的任期往往与总统任期挂钩。与之相应，最高法院在1946年、1955年、1966年、1973年、1976年和1983年先后遭到清洗。庇隆热衷于解雇法

① 弗朗迪西的不妥协激进党拥有众议院的三分之二多数以及对参议院的绝对控制。此外，弗朗迪西还对不听话的党员进行惩罚。例如，为争取对1960年的一项法案（运行私有企业对阿根廷的自然资源部门投资，这违背了该党的民族主义立场）的支持，他威胁把反对该法案的议员开除出党。在该法案通过后，投反对票的该党议员确实有3人被开除，有6人被停职（Smulovitz，1988；Szusterman，1993，第131—143页；Rodriguez Lamas，1984，第72—73页）。在20世纪50年代，激进党暂时分裂为两个政党：不妥协激进党和普韦布洛激进党。

官。为应对不利的判决结果，庇隆主义党控制的参议院在1947年弹劾了4位法官。唯一保留职位的大法官是庇隆的一位军方支持者。1973年，庇隆主义党政府解散了整个最高法院。在1955年、1966年和1976年的政变后，实际掌权的政府都绕过宪法机制对最高法院进行了清洗。

最高法院在这个统权政府时代表现出了巨大的克制。庇隆在1947年弹劾4名法官传递了清楚的信号：挑战政府利益的人会遭到政治报复。确实在弹劾后，最高法院支持了有合宪性疑问的行动。例如在1950年的“巴尔宾案件”（Balbin）判决中，最高法院支持了禁止冒犯政府官员尊严的1949年蔑视法。法院接受政府采用法律来取消一位反对派议员的资格，理由是他侵犯了庇隆的尊严。这样，政府得以让反对派议员闭嘴（Carrio，1996，第51—53页）。对司法审查的限制维持到1976—1983年的军政府期间。最高法院没能制止对宪法权利的普遍侵犯，并且批准了带有合宪性疑问的法案。最高法院支持了把平民送交军事法院审判、禁止销售和拥有某些书籍的法令。只是在国内支持度大幅下跌，并面临越来越多的国际监督之后，最高法院才开始接受某些已被监禁多年的个人的人身权利诉讼请求（Zaffaroni，1994，第268页；Helmke，2002）。

阿方辛的分治政府时代（1983—1989年）

阿方辛执政时期的政治分散化让司法独立有所增强。阿方辛的激进党从未占据参议院的多数席位，参议员们对于法官任命进行了激烈的党派交易。阿方辛任命了颇有声望的人士加入最高法院，他任命的5个人里只有2位是自己的激进党成员。分治政府还使在国会占据多数的正义党否决了阿方辛于1987年提出的把最高法院法官人数从5人增加到7人的建议。

由于阿方辛时期的政治分散化，司法机构重新展示出挑战行政机构的能力，其判决越来越独立于总统的倾向。根据我们的空间模型，阿方辛总统的偏好与国会的偏好距离较远，这有利于法院挑战行政机构的政策。在对存在合宪性疑问的政府行动进行判决时，法官们做出的策略选择是强调自身的独立性。由于认识到行政机构在分治政府状态下将接受判决结果，法官们可以自由地做出对抗性的判决。

最高法院宣布阿方辛的重要政策违宪。“罗隆·扎帕案件”（Rolon Zappa）的判决否决了阿方辛以经济紧急情况为由剥夺退休人员的资产。而在“《新闻报》案件”（La Prensa）的判决中，最高法院禁止行政机构对报纸进行价格管制。最高法院还进入了捍卫宪法权利的前所未有的积极行动时代，通过判决支持言论自由、获取信息的权利以及对隐私的保护（Nino，1993，第668—673页）。与这些线索一致的是，斯克里布纳（Scribner）在其著作中指出，在分治政府时期法官个人的自由主义意识形态和态度受到激发，使他们能支持言论自由等权利。

正义党独大的时代（1989—1997年）

与阿方辛时代相反，在梅内姆执政的前八年里（1989—1997年），各民选政治机构被一个坚定的多数党掌控，最高法院也约束自己没有采取与团结的正义党相抵触的政策。正义党在参议院占据绝对多数，导致梅内姆对法官任命拥有很大的裁量权。众议院在1997年以前也被正义党及其盟友所控制。

国会中的正义党在此期间表现得比较团结一致，其议员们的投票显示出很高的纪律性。在每周的正义党党团会议中，党的领导人向议员们通报在未来投票中的党派立场。不赞成党派正式立场的议员们通常会缺席国会会议，而非登记为弃权或投反对票。此外，正义党在为法律草案提交多数党报告和少数党报告的国会各委员会中，是作为统一党团参与投票。在众议院的507次报告投票中，正义党在各委员会的成员有496次投给同一报告，占98%。在参议院的525次报告投票中有519次投给同一报告，占99%（Jones，1997，第279页；Jones，2002，第151—158页）。

梅内姆作为实质上的正义党主席，掌握了强化纪律的整套工具。由于正义党的松散特性，这些工具至关重要。纪律不是自然产生的，梅内姆必须靠自己来强化（Levitsky，2000）。① 尽管该党的党章禁止国家总统担任党主席，梅内姆在党内依然发挥了领导作用。出于对正式规则的尊重，正义党首先委派梅内姆担任党主席，然后让他休假。但实际上他依然发挥着党主席的作用。梅内姆作为党主席和国家总统的双重身份，让他可以创造激励，动员本党的议员支持自己的政策。他利用在本党的选举名单、经济资源配置和党的领导职位分配上的裁量权来控制正义党的松散特性。借助这些有价值的资源，他对听从指令投票的议员加以奖励，而惩罚那些不听话的人（Mustapic，1998）。

统权政府让梅内姆可以采用非正规措施来打压最高法院。1990年，他把

① 在1955年推翻庇隆后，以前的垂直化官僚体系被分散化的非正式政党组织所取代。

法官人数从 5 人扩充至 9 人，新任命了 4 位忠诚人士。梅内姆利用任命权在最高法院创造了亲政府的多数派，他们在阿根廷被称为“自动的梅内姆多数派”。他任命的法官大多缺乏足够资历，但对正义党效忠。鲁道夫·巴拉（Rodolfo Barra）作为顽固的庇隆主义者，是 1990 年任命的法官的代表。他对听从梅内姆的指挥毫不掩饰：“我的老板只有庇隆和梅内姆”（Verbitsky，1993，第 56 页）。在担任最高法院法官任期中，巴拉宣称，“我只会做对政府官员有利的判决”（Baglini et al.，1993，第 101—102 页）。梅内姆 1995 年任命的法官阿道夫·瓦斯奎斯（Adolfo Vazquez）也说，“在涉及政府的案件中，我不会做对政府不利的判决”（Guagnini et al.，1997，第 10 页）。

梅内姆时期的最高法院在具有政治影响的案件中没有挑战行政机构。1989—1997 年，梅内姆在正义党帮助下把法院判决控制在空间模型中本就间距很小的 P 点和 C 点之间。梅内姆与正义党控制的国会的政策偏好基本一致。而 P 点的位置决定着法院可以做出政治上可行的选项集合的大小。鉴于正义党同时控制了行政机构和立法机构，最高法院的独立性极其有限。在正义党统权政府的强大压力下，法院对于存有争议的梅内姆的政策只能表示支持。

梅内姆在 1991 年命令解雇负责调查政府的检察官里卡多·莫里纳斯（Ricardo Molinas），最高法院对此予以支持，表明其站到了总统一边。梅内姆的命令违反了宪法赋予的辩护权和检察官的终身任期制。根据阿根廷法律，撤销首席检察官的职务只能通过弹劾。地方法院和上诉法院的判决也均对莫里纳斯有利，而最高法院推翻了下级法院的判决，支持梅内姆的命令（Carrio，1996，第 160—168 页；Baglini et al.，1993，第 147—149 页）。莫里纳斯案件的判决结果代表着最高法院的退缩，也符合法院按照空间模型的激励做出判决的可行选项集合。

在 1990 年的“佩拉尔塔案件”（Peralta）中，最高法院支持了梅内姆的命令——1990 年博内克斯计划（Plan Bonex），与总统结成联盟。与阿方辛时期的最高法院在“罗隆·扎帕案件”的判决相反，梅内姆时期的最高法院推翻了下级法院的判决，承认总统在紧急情况下扩大权力的合法性。梅内姆的命令允许银行用市场价格偏低的债券来偿还储户的存款，而无须承担用现金还款的义务。最高法院的支持意味着它给予了政府在银行储蓄账户上的巨大裁量权，这违反了宪法第 17 条对财产权利不受侵犯的规定。这个判决确实让政府以经济紧急状态为借口侵犯了财产权利（Carrio，1996，第174—177页；Cafferata，1996，第125—132页；Bianchi，1991）。此外，“佩拉尔塔案件”的判决还批准使用“必要和紧迫命令”，让梅内姆可以在制定法案时绕过国会来行动。①

最高法院在1990年的“阿根廷航空公司案件”（Aerolineas Argentinas）中支持了梅内姆的另一项争议政策。在实施梅内姆应对阿根廷经济危机的计划中，国有航空公司的私有化是一个关键时刻。一位激进党议员以违反规则为由反对出售该公司，地方法院的法官也判决暂停出售。对此，梅内姆的公共工程部部长绕过上诉法院，直接向最高法院上诉。为消除私有化的障碍，最高法院声称该交易涉及“重大制度问题”，从而拥有管辖权。最高法院还认为该案件需要快速解决，以避免“不可挽回的损害”，决定适用越级诉讼，绕过下级法院。这一判决成为危险的先例，使最高法院可以在任何涉及“重大制度问题”的案件中利用越级诉讼来进行干预（Bianchi，1997）。

对阿根廷中央银行的判决丢失的丑闻，同样引起了对梅内姆时期最高法院独立性的质疑。1993年6月8日，5位法官签署判决，支持一位律师对中央银行收取费用的要求。这位律师要求他所服务的被清算的巴塔哥尼亚银行（Banco Patagonico）支付报酬，由于该银行被清算，他转而要求负责清算的阿根廷中央银行支付。梅内姆政府认为，该判决会导致类似的诉讼案例，从而使中央银行面临巨大财务费用。于是6月8日的判决从法院记录中消失了，一份有利于银行的新判决在16日做出，由4位反对原判决的法官签字。政府官员向首席法官施压，要求以有利于政府的判决来取代6月8日的判决。最高法院的审计委员会则认为首席法官应对原判决失踪承担责任。

最高法院还干预了地方选举，以确保支持梅内姆的候选人获胜。1992年，联邦法院干预了科连特斯省的地方选举。该省的高级法院支持选举人团的决定，认为自治自由组织的候选人击败了正义党候选人。该省的正义党则上诉到联邦最高法院，最高法院在上诉当天即宣布选举无效。最高法院宣布选举人团的决定无效，其实违反了宪法第105条的规定，即各省的官员应由当地选举，

① 有关阿根廷的“必要和紧迫命令”的介绍，参见Chavez（2004）。

不受联邦的干预（Carrio，1996，第 186—198 页；Verbitsky，1993，第 211—218 页；Baglini et al.，1993，第 151—155 页）。最高法院还在 1991 年的“阿韦亚内达案件”（Avellaneda）中干预了地方选举，虽然选举屡次出现违规，法院仍判决梅内姆派别的候选人可以担任阿韦亚内达市的市长（Baglini et al.，1993，第 150—151 页；Verbitsky，1993，第 191—197 页）。

自梅内姆最后两年任期以来的政治分散化

1997 年 10 月的中期选举开启了向政治分散化的回归。激进党和新近成立的国家团结阵线（Frente por un Pais Solidario，Frepaso）联合组建了“工作、正义与教育联盟”（Alianza Trabajo，Justicia y Education），击败了正义党。梅内姆首次发现在众议院难以推进自己的纲领。反对派联盟在国会的多数席位也给法官们创造了增强独立性的机会。随着梅内姆与国会的偏好的差距扩大，最高法院有了更大自由度来做出不符合总统利益的判决。P 点的位置不再能决定法院的政治可行的选项集合，法院可在 P 点和 C 点之间的越来越大的空间中自由判决。

最高法院的人员组成变化并不是法院增强独立性的必要条件。政治分散化已经足以让法官们做出不利于行政机构的判决。例如，分治政府给了最高法院站出来反对梅内姆争取第三个连续任期的舞台，使梅内姆最终决定放弃参选。然而在 1997 年中期选举正义党受挫之前，尽管宪法禁止连续任职超过两届，最高法院看似仍可能支持梅内姆。1997 年后反对派势力在国会增长，让法院顶住了行政机构的压力。包括“自动的梅内姆多数派”在内的法官，都表态称如果案件送交最高法院，他们会宣布第三个连续总统任期违宪。

最高法院还在阿根廷对厄瓜多尔和克罗地亚的非法武器出售案件中改变了原来的立场。1997 年以前，法院支持梅内姆停止调查政府官员参与交易的事情。在初审法院给官员们定罪后，政府试图直接向最高法院上诉。但与 1990 年“阿根廷航空公司案件”的越级诉讼相反，最高法院在 1999 年拒绝了此案件越过上诉法院的程序。

在梅内姆之后的阿根廷，政治分散化和不稳定（自梅内姆于 1999 年卸任后已出现了 7 位总统）给了法院以明确的判决来挑战政府的机会。在 2002 年的“史密斯案件”（Smith）和“托瓦尔案件”（Tobar）、2003 年的“圣路易斯案件”（San Luis）、2006年的“巴达鲁案件”（Badaro）及2007年的“罗萨案件”（Rosza）的判决中，最高法院都对政府权力做出了限制（Kapiszewski，2005；Levitsky and Murillo，2008，第21页）。虽然庇隆主义者在基什内尔时代（2003—2015年）的多数时期占据多数议席，但与梅内姆时代早期相比，该党高度分散化。即使以凝聚力而知名的内斯托·基什内尔（Nestor Kirchner，2003—2007年在任）也面临庇隆主义党在国会的分散局面。在2005年的中期选举中，庇隆主义党提交了多份竞选名单，往往使基什内尔的胜利阵线（Frente para la Victoria，FPV）同其党内的对手派系相竞争。事实上，庇隆主义党的选举名单包含了非庇隆主义者和反基什内尔的候选人（Jones，2006，第6页）。此外自克里斯蒂娜·基什内尔（Cristina Fernadez de Kirchner）在2007年接过权力后，庇隆主义党在国会的势力持续消退。在2009年的议会选举中，胜利阵线失去了在两院的多数党地位，这给了最高法院更大的自由度来行使独立于总统的判决。

5. 结论

本文提出的理论是解释一个国家的司法独立为什么会随时间发生起落。在联合起来意图推翻判决的民选官员面前，法官们掌握的资源通常很有限。正如亚历山大·汉密尔顿（Alexander Hamilton）在《联邦党人文集》第78篇所述，法院既没有钱袋，也没有刀剑，因此无力抵抗政府其他机构的联合意志。我们指出，民选政府机构的权力分散化可能给独立司法机构提供舞台。在总统制体制下，这种分散化最容易因为选举出分治政府而产生。当不同政党分别控制行政机构和立法机构时，司法机构可以有更大自由度做出反对其他某个政府机构的判决。美国和阿根廷的司法独立历史都显示，这一分析方法可以对司法独立的变迁提供深刻的思考。

我们的理论属于对自我执行的宪法的新研究，其含义是，要想实现可持续性，政府官员们必须有遵守宪法规定的激励。① 民主国家宪法的若干重要特征，如遵守法治、保护公民权利以及维护民主制度本身等，都必须能自我

① 有关法治建设的新研究文献包括越来越多对非政府角色关键作用的研究，尤其是市民社会和国际社会（Peruzzotti and Smulovitz，2006）。在危地马拉和墨西哥，非政府组织在推动司法改革中起到了关键的作用（Sieder，2003；Domingo，2004）。Staton（2004）在其对墨西哥司法政策执行的研究中指出，公众对法院的支持迫使官员遵守一些对其不利的法规。

执行才会持久。我们的研究方法带来的贡献是，在特定条件下，法治的一个关键环节——独立的司法体制——可以维持下去。特别是，民选的政府官员在一定条件下有激励推翻法院的判决，而在另一些条件下会尊重法院的独立性。

当然我们的研究方法并非没有局限性。我们阐述的空间理论是对司法行为的外部解释，即认为法院或法律面临的外部条件可以影响法官的激励，从而改变他们的行为。完全可以设想有其他外部论的解释，不是根据民选政治机构的组成特征，而是关注军队、相对独立的地方政府、工会、族群或社会运动等强势社会组织的特征。除了对社会运动或改革联盟的研究外，现有文献对这些外部因素的分析还相当欠缺。

外部因素论与有关司法行为的内部因素分析相对立。合法性理论或法治理论中包含如下观点：任何恰当的司法判决都存在只靠法律内部的根据进行的解释，包括条款、判决先例和被接受的解释原则等。因此很自然地，本文所讨论的所有案例也都存在或多或少看似合理的内部解释，至少对法律从业者和解释者来说是看似合理的。我们需要解答内部解释与外部解释之间关系的问题。与其他一些学者类似（如 Hilbrink、Couso 以及 Kapiszewski 等人），我们认为这两者的关系并不是严格对立的。对于法官为何以某种方式判决某个案件，完全可以有两种独立的互不交叉的解释。这可能包括如下几种情形。

第一，内部解释可以对任何形式的判决适用。即使确实存在某种外部的影响因素，事后也总是有内部理由的解释。当然我们也必须承认，在这类案件中外部解释发挥了因果作用。纯粹的法律现实主义者和某些政治学家往往支持此类观点。第二种可能性或许更有意思：内部因素和外部因素都对判决形成了现实约束，但并未严格地决定其结果。通常来说，人们会认为法院不是被迫完全顺应严酷的外部现实，而是对于采取何种具体路线有一定选择。约翰·马歇尔在马伯里案件中的观点证明了在残酷现实面前的这种创造性，在必须对杰斐逊的民主党让步时抢到了一定的胜利——确立了司法审查的合法性。显然根据本文的研究，我们不能判断什么是外部解释和内部解释相互作用的最合理方式。另外某些政治形势可能导致法律和政治的尖锐冲突，造成只有外部解释才能适用的情形。当然我们认为这类情形是极少出现的。

还有，我们的理论是针对总统制体制而构建的，司法机构在宪法规定中拥有相对于立法机构和行政机构的独立地位。而在欧洲的议会制体制下，司法独立通常并不受宪法保证，其形式也有所不同，司法（和行政）权力的行使受到立法机构的严格控制，法官们负责执行议会制定的法律，无权在宪法基础上推翻法律。在这一体制下，司法独立通常用其他途径来维护。有时司法体制基本上是自己决定人事聘任，法官的遴选通过司法机构安排的公务员考试，晋升也通过类似的渠道或者由高级司法官员组成的团队来决定。另外，在这一体制下法官们可以通过对法律条文做极其照本宣科的处理来保护自己和组织，让立法机构可以通过修订法律来改变法官们的判决。只要简单多数的投票结果能够完成法律的制定或修订，议会的多数党就无须用其他方式干预法官的行动。

当然可以设想把我们的政治分散化观念应用于符合议会制政府现实的场景。例如在议会制体制下很常见的联合政府或少数党政府，或许就无力抵抗不利的法院判决，从而可以给法官更大的自治空间。还可以设想构建一类量化指标来准确反映政治联盟参与者对司法判决的反对程度。另外，当代的许多议会制政府与标准模式（威斯敏斯特模式）不同，有两个拥有实际立法权的议院。而且世界各地的宪法法院的新近发展，也使得宪法法官可能获得明确的宪法授权和保护（例如在战后的德国和意大利、法兰西第五共和国，以及加拿大），并能对民选政治机构保持相当的独立性（Ferejohn and Pasquino，2004；Ferejohn and Pasquino，2002）。这样的政府实际上显示出了传统总统制体制下的分权特征。最后，强大的超国家司法机构的出现，如欧洲法院和欧洲人权法院，给法官提供了可以独立行动的新舞台。这一趋势在英国最为突出，通过加入《欧洲人权公约》，英国的法官可以对议会立法进行某种温和的司法审查。

（余江　译）

参考文献

Alonso, Paula. 2000. *Between Revolution and the Ballot Box: The Origins of the Argentine Radical Party*. Cambridge, UK: Cambridge University Press.

Baglini, Raúl, et al. 1993. *Juicio a la Corte*. Buenos Aires: Mecanografix.

Barros, Robert. 2003. "Dictatorship and the Rule of Law: Rules and Military Power in Pinochet's Chile." In J. M. Maravall and A. Przeworski (eds.), *Democracy and the Rule of Law*. New York: Cambridge University Press.

Bednar, Jenna, William Eskridge, and John Ferejohn. 2001. "A Political Theory of Federalism" In John Ferejohn, Jack N. Rakove, and Jonathan Riley (eds.), *Constitutional Culture and Democratic Rule*. Cambridge, UK: Cambridge University Press.

Bianchi, Alberto B. 1991. "La Corte Suprema ha establecido su tesis oficial sobre la emergencia económica." *La Ley (Jurisprudencia)*, vol. 41: 141–191.

Bianchi, Alberto B. 1997. "¿Ha llegado la Corte Suprema al final de su lucha por una jurisdicción discrecional?" *El Derecho*, vol. 172: 923–941.

Burnham, Walter Dean. 1970. *Critical Elections and the Mainsprings of American Politics*. New York: W.W. Norton.

Cafferata, Fernando J. 1996. *Nuevas Instituciones en la Constitución Nacional*. Córdoba, Argentina: Marcos Lerner Editora Córdoba.

Carnó, Alejandro. 1996. *La Corte Suprema y su independencia*. Buenos Aires: Abeledo-Perrot.

Chávez, Rebecca Bill. 2004. *The Rule of Law in Nascent Democracies: Judicial Politics in Argentina*. Palo Alto, CA: Stanford University Press.

Cohen, William, and Jonathan D. Varat. 1993. *Constitutional Law: Cases and Materials*. 9th ed. Westbury, NY: Foundation Press.

Couso, Javier A. 2003. "The Politics of Judicial Review in Chile in the Era of Democratic Transition, 1990–2002." *Democratization*, vol. 10: 70–91.

Cushman, Barry. 1998. *Rethinking the New Deal Court: The Structure of a Constitutional Revolution*. Oxford, UK: Oxford University Press.

Domingo, Pilar. 2000. "Judicial Independence: The Politics of the Supreme Court in Mexico." *Journal of Latin American Studies*, vol. 32: 705–735.

Domingo, Pilar. 2004. "Judicialization of Politics or Politicization of the Judiciary? Recent Trends in Latin America." *Democratization*, vol. 11, no. 1: 104–126.

Eder, Phanor J. 1960. "Judicial Review in Latin America." *Ohio State Law Journal*, vol. 21: 570–615.

Eskridge, William N., Jr. 1991. "Overriding Supreme Court Statutory Interpretation Decisions." *Yale Law Journal*, vol. 101: 331–455.

Eskridge, William N., Jr., and John Ferejohn. 1992. "Making the Deal Stick: Enforcing the Original Constitutional Structure of Lawmaking in the Modern Regulatory State." *Journal of Law, Economics and Organization*, vol. 8: 165–189.

Falcoff, Mark, and Ronald H. Dolkart. 1975. "Political Developments." In Mark Falcoff and Ronald H. Dolkart (eds.), *Prologue to Perón: Argentina in Depression and War, 1930–1943*. Berkeley: University of California Press.

Fayt, Carlos. 1994. *La supremacía constitucional y la independencia de los jueces*. Buenos Aires: Depalma.

Ferejohn, John A., and Larry D. Kramer. 2002. "Independent Judges, Dependent Judiciary: Institutionalizing Judicial Restraint." *New York University Law Review*, vol. 77: 962–1039.

Ferejohn, John, and Pasquale Pasquino. 2002. "Constitutional Courts as Deliberative Institutions: Toward an Institutional Theory of Constitutional Justice." In Wojciech Sadurski (ed.), *Constitutional Justice, East and West: Democratic Legitimacy and Constitutional Courts in Post-Communist Europe*. The Hague: Kluwer Law International.

Ferejohn, John, and Pasquale Pasquino. 2004. "Constitutional Adjudication: Lessons from Europe." *University of Texas Law Review*, vol. 81: 1671–1704.

Ferejohn, John, and Barry Weingast. 1992a. "A Positive Theory of Statutory Interpretation." *International Review of Law and Economics*, vol. 12: 263–279.

Ferejohn, John, and Barry Weingast. 1992b. "Limitation of Statutes: Strategic Statutory Interpretation." *Georgetown Law Journal*, vol. 80: 565–582.

Finkel, Jodi S. 2005. "Judicial Reform as Insurance Policy: Mexico in the 1990s." *Latin American Politics and Society*, vol. 47: 87–113.

Finkel, Jodi S. 2008. *Judicial Reform as Political Insurance: Argentina, Peru and Mexico in the 1990s*. Notre Dame, IN: University of Notre Dame Press.

Gambini, Hugo. 1999. *Historia del Peronismo: El poder total, 1943–1951*. Buenos Aires: Planeta.

Gely, Rafael, and Pablo T. Spiller. 1990. "A Rational Choice Theory of Supreme Court Statutory Decisions with Applications to the State Farm and Grove City Cases." *Journal of Law, Economics and Organization*, vol. 6: 263–300.

Gillman, Howard. 1993. *The Constitution Besieged: The Rise and Demise of Lochner Era Police Power Jurisprudence*. Durham, NC: Duke University Press.

Ginsburg, Thomas. 2003. *Judicial Review in New Democracies: Constitutional Courts in Asian Cases*. New York: Cambridge University Press.

Guagnini, Lucas, Santiago O'Donnell, and Ernesto Semán. 1997. "Estado contra Vázquez." *Tres Puntos*, vol. 1: 10–11.

Helmke, Gretchen. 2002. "The Logic of Strategic Defection: Court-Executive Relations in Argentina under Dictatorship and Democracy." *American Political Science Review*, vol. 96: 291–303.

Helmke, Gretchen. 2005. *Courts under Constraints: Judges, Generals, and Presidents in Argentina*. New York: Cambridge University Press.

Hilbink, Elisabeth. 2007. *Judges beyond Politics in Democracy and Dictatorship: Lessons from Chile*. New York: Cambridge University Press.

Hirschl, Ran. 2004. *Towards Juristocracy: The Origins and Consequences of the New Constitutionalism*. Cambridge, MA: Harvard University Press.

Iaryczower, Matías, Pablo T. Spiller, and Mariano Tommasi. 2002. "Judicial Independence in Unstable Environments, Argentina, 1935–98." *American Journal of Political Science*, vol. 46: 699–719.

Ishiyama-Smithey, Shannon, and John Ishiyama. 2002. "Judicial Activism in Post-Communist Politics." *Law and Society Review*, vol. 36: 719–741.

Jones, Mark P. 1997. "Evaluating Argentina's Presidential Democracy: 1983–1995." In Scott Mainwaring and Matthew Soberg Shugart (eds.), *Presidentialism and Democracy in Latin America*. Cambridge, UK: Cambridge University Press.

Jones, Mark P. 2002. "Explaining the High Level of Party Discipline in the Argentine Congress." In Scott Morgenstern and Benito Nacif (eds.), *Legislative Politics in Latin America*. Cambridge, UK: Cambridge University Press.

Jones, Mark P. 2006. "Consolidating Kirchner's Control: The 2005 Elections in Argentina." *ReVista: Harvard Review of Latin America*, vol. 1 (Spring/Summer): 6–8.

Kapiszewski, Diana. 2005. "The Supreme Court and Constitutional Politics in Post-Menem Argentina." Paper presented at the annual meeting of the American Political Science Association, August 31-September 3, Washington, DC.

Key, V. O. 1955. "A Theory of Critical Elections." *Journal of Politics*, vol. 17: 3–18.

Levitsky, Steven. 2000. "An Organized Disorganization: Informal Structures and the Persistence of Mass Organization in Argentine Peronism." Paper presented at the annual meeting of the Latin American Studies Association, March 16–18, Miami, FL.

Levitsky, Steven, and María Victoria Murillo. 2008. "Argentina: From Kirchner to Kirchner." *Journal of Democracy*, vol. 19 (April): 16–30.

Luna, Félix. 1984. *Perón y su tiempo: La Argentina era una fiesta*. Buenos Aires: Editorial Sudamericana.

Magaloni, Beatriz. 2008. "Autocratic Political Order and the Role of Courts: The Case of Mexico." In Tom Ginsburg and Tamir Moustafa (eds.), *Rule by Law: The Politics of Courts in Authoritarian Regimes*. Cambridge, UK: Cambridge University Press.

McCubbins, Mathew, Roger Noll, and Barry Weingast. 1995. "Politics and the Courts: A Positive Theory of Judicial Doctrine and the Rule of Law." *Southern California Law Review*, vol. 68: 1631–1689.

Miller, Jonathan M. 1997. "Courts and the Creation of a 'Spirit of Moderation': Judicial Protection of Revolutionaries in Argentina, 1863–1929." *Hastings International and Comparative Law Review*, vol. 20: 231–329.

Miller, Jonathan M. 1998. "Judicial Review and Constitutional Stability: A Sociology of the U.S. Model and Its Collapse in Argentina." *Hastings International and Comparative Law Review*, vol. 21: 77–176.

Molinelli, Guillermo. 1991. *Presidentes y congresos en Argentina: Mitos y realidades*. Buenos Aires: Grupo Editor Latinoamericano.

Molinelli, Guillermo. 1998. "Sobre 'Gobierno unificado/dividido' en América Latina." Unpublished manuscript.

Molinelli, N. Guillermo, M. Valeria Palanza, and Gisela Sin. 1999. *Congreso, Presidencia y Justicia en Argentina: Materiales para su estudio*. Buenos Aires: Temas Grupo Editorial.

Mustapic, Ana María. 1998. "Oficialistas y diputados: Las relaciones Ejecutivo-Legislativo en la Argentina." Paper presented at Legislaturas en América Latina: Perspectivas Comparadas, February 6–7, Mexico City.

Nino, Carlos S. 1993. "On the Exercise of Judicial Review." In Irwin P. Stotzky (ed.), *Transition to Democracy in Latin America: The Role of the Judiciary*. Boulder, CO: Westview.

Ordeshook, Peter C. 1992. "Constitutional Stability." *Constitutional Political Economy*, vol. 3: 137–175.

Peruzzotti, Enrique, and Catalina Smulovitz (eds.). 2006. *Enforcing the Rule of Law: Social Accountability in New Latin American Democracies*. Pittsburgh, PA: University of Pittsburgh Press.

Przeworski, Adam. 1991. *Democracy and the Market*. Cambridge, UK: Cambridge University Press.

Ramseyer, J. Mark. 1994. "The Puzzling (In)dependence of Courts: A Comparative Approach." *Journal of Legal Studies*, vol. 23: 721–747.

Remmer, Karen L. 1984. *Party Competition in Argentina and Chile: Political Recruitment and Public Policy, 1890–1930*. Lincoln: University of Nebraska Press.

Ríos-Figueroa, Julio. 2007. "Fragmentation of Power and the Emergence of an Effective Judiciary in Mexico, 1994–2002." *Latin American Politics and Society*, vol. 49: 31–57.

Rodríguez Lamas, Daniel. 1984. *La presidencia de Frondizi*. Buenos Aires: Centro Editor de América Latina.

Scribner, Druscilla. 2004. "The Chilean Supreme Court: Political isolation and Institutional Stability – Stable Judicial Tenure and Judicial Decision-Making." Paper delivered at the Latin American Studies Association Meeting, October 7–9, Las Vegas, Nevada.

Sieder, Rachel. 2003. "Renegotiating 'Law and Order': Judicial Reform and Citizen Responses in Post-War Guatemala." *Democratization*, vol. 10: 137–160.

Smulovitz, Catalina. 1988. *Oposición y gobierno: Los anos de Frondizi*. Buenos Aires: Centro Editor de América Latina.

Staton, Jeffrey K. 2004. "Judicial Policy Implementation in Mexico City and Mérida." *Comparative Politics*, vol. 37: 41–60.

Szusterman, Celia. 1993. *Frondizi and the Politics of Developmentalism in Argentina, 1955–62*. London: Macmillan.

Taylor, Matthew M. 2008. *Judging Policy: Courts and Policy Reform in Democratic Brazil.* Palo Alto, CA: Stanford University Press.
Verbitsky, Horacio. 1993. *Hacer la corte: La construcción de un poder absoluto sin justicia ni control.* Buenos Aires: Planeta.
Weingast, Barry R. 2003. "The Self-Enforcing Constitution." Working paper, Stanford University, Palo Alto, CA.
Zaffaroni, Eugenio Raúl. 1994. *Estructuras Judiciales.* Buenos Aires: Ediar Sociedad Anónima Editora.

金融论坛

Financial Forum

Comparative

国家资本结构

理论创新与国际比较

帕特里克·博尔顿　黄海洲

从经济学理论创新角度而言，本文建立了一个新的经济学模型，以分析国家层面的资本结构，并为三个相对独立而又互有关联的经济学科建立一个共同的微观理论基础。这三个学科分别是货币经济学、财政理论和国际金融学，而所要建立的微观理论基础基于公司财务或者公司金融（corporate finance）。

众所周知，货币经济学发展到今天，经历了许多争论与修订，也有重要的学术贡献，比如货币数量论。财政理论是相对于货币理论独立发展而又相关的另外一个理论，其中较为重要的李嘉图等价定理阐述了国家发行债券并不会创造财富。国际金融学中研究较多的内容是国家的汇率调整机制、外汇储备和外债危机。外债多的国家何时会发生外债危机、国家如何应对外债危机、是否采取浮动汇率或固定汇率以及整体美元化等问题的解决，都是近20年来学术界和国际实践方面关注的重要工作。

在我们的最新论文《国家资本结构》中，我们希望为货币经济学、财政理论和国际金融学建立一个统一的微观理论基础，并与国际实践结合，使得上

---

* Patrick Bolton，美国哥伦比亚大学经济和金融学教授；黄海洲，中国国际金融股份有限公司董事总经理。文中观点并不代表作者所供职机构。本文基于作者的最新论文：The Capital Structure of Nations，NBER Working Paper 23612，2017年7月。作者感谢CF40组织的内部讨论会和参会者的批评建议，尤其是评论人余永定教授、高善文博士。

述三个学科可以相互讨论、成果共享。

三大宏观学科的共同微观基础

货币经济学、财政理论和国际金融学的共同微观基础可以应用公司金融中的两个重要理论来构建。其一，是莫迪格里亚尼—米勒定理（Modigliani-Miller Theorem，简称 MM 定理）。MM 定理假设资本市场是完善的且无摩擦成本。在此理论条件下，公司的投资回报与融资手段无关，无论是负债或股权筹资，还是负债与股权的任意组合。

实际上，现代金融学的开山之作就是 1958 年发表的 MM 定理。发现这一重要定理的两位经济学家后来都获得了诺贝尔经济学奖，莫迪格里亚尼长期在麻省理工学院（MIT）担任宏观经济学教授，是麻省理工学院宏观经济学的掌门人之一，米勒则长期为芝加哥大学金融学的掌门人。

按照 MM 定理，从公司层面看，在无摩擦的情况下，并不存在最优的公司资本结构。将摩擦引入后，则存在最优资本结构。过度借债将增加公司的违约风险和破产风险，而股票发行则不增加破产风险。在英美的税收法律下，股东需要对其股权红利缴税，而公司为借债所付利息具有抵税功能。因此公司一方面应尽量借债以保护股东利益，但过量借债又会增加破产成本，最优资本结构是在二者之间达到平衡。

在 20 世纪 80 年代，迈尔斯（Myers）和梅吉拉夫（Majluf）根据实际观察和新发展的信息经济学，发展了公司金融理论。他们观察到当公司发行新股或进行增发时，其股价会面临折价或下跌。但为什么还要发行新股呢？他们在公司金融理论中引入了另一个摩擦因素，即信息成本。简单地说，一家公司同时具有内部股东与外部投资者，但内部股东对公司更为了解。如果内部股东认为股价比外部市场投资者认为的价值低，即市场股价比公司内部价格高，公司就应该更多地发行或增发股票。市场投资人也理解公司内部人的这种意愿，所以当一家公司在市场发行或增发股票时，必须对其股票进行折价。如果公司将来可能面临债务过度的风险，它应该尽早发行或增发适当数量的股票，提高股权融资比例，把资本结构调整到更合适的水平，以免陷入债务危机。

国家资本结构的理论

近些年来，经济学家在公司金融方面又观察到了一些新现象。例如，

IBM、微软、谷歌等科技创新型公司几乎没有债务，其资本结构几乎完全是股权。这从传统公司金融理论的角度是难以理解的，因为公司借债的利息具有抵税作用。IBM 和谷歌并不会轻易破产；微软公司拥有巨额现金流，信用评级非常之好。那么什么是最优的资本结构呢？从实践来看，最优的资本结构需要大量和超大比例的股权融资。

基于近些年来公司金融的理论发展和实践创新，我们建立了一个新的经济学模型来分析国家层面的资本结构。要分析这一问题，首先需要明确国家的股权与债权是什么。国家的债权比较容易理解，即国家以外币发行的主权债，例如美元债。国家的股权，即国家发行的货币和以本币发行的主权债。国家发行的货币与公司发行的股票在许多方面非常类似。公司发行的股票使得公司将偿还负债之后的收益在股东之间按股权比例分配。与此类似，一国产生的收益在偿还外债之后，在国民之间进行分配。所以，一国发行的货币及通过本币发行的国债，实际上都是国家的股权。

货币有两个重要的功能，其一是储存价值，其二是交换媒介。我们的模型在实现交换和储存价值功能后，首先观察到国家层面也存在 MM 定理：在没有摩擦的情况下，国家需要通过投资来发展经济时，其融资方式——不管是借外债或发本币，对投资回报没有影响。国家层面的 MM 定理有两个直接的重要推论：其一是古典货币理论中的货币数量论，其二是财政理论中的李嘉图等价定理。

我们也考虑了一个新的摩擦因素：在货币中引入通货膨胀。在既有原始股东又有新股东的情况下，公司发行新股必然涉及财富由原始股东向新股东转移的过程，这就是公司财务中的稀释成本，也解释了公司发行新股或进行增发时其股价下降的原因。公司财务中的稀释成本就是宏观经济中的通胀成本，由原始股东向新股东的财富转移引发。从这个意义上讲，伯南克所倡导的“直升机撒钱”因为向所有人撒钱，好比同比增发，并不涉及财富转移的问题，也就没有由于财富转移所引发的通货膨胀成本。通胀成本来源于对原有货币持有者的财富稀释所引发的国民之间的财富转移。

如何思考一国的最优资本结构呢？国家应考虑要借多少外债、发行多少本币、增加多少外汇储备？国家一方面应尽量少借外债以减少国家破产风险，但过量发行货币或以本币发行国债（股票）又会增加通货膨胀（稀释成本），最优资本结构应使二者达到平衡。外汇储备则可以减少由外债引发的国家破产风险。

国家资本结构的国际比较

一国应如何防止外债风险？当然，国家可以事先增加外汇储备，然后在困难时期消耗外汇储备以应对外债风险。我们建立的模型也回答了一国到底应该持有多少外汇储备的问题。

之前，对一国应该持有多少外汇储备的问题理论上并没有好的回答。有学者做过的预防性储蓄模型表明，为了应对未来的外币风险，应事先预留一些储备。但这一理论只适用于新兴市场国家，而一个发达国家应该持有多少外汇储备的问题没有理论答案。劳伦斯·萨默斯（Lawrence Summers）在担任美国财政部副财长时曾对美国具有外汇储备这一事实感到惊讶。他曾问格林斯潘，美国应该有多少外汇储备。格林斯潘的回答是：美国的外汇储备应该在 200 亿至 20000 亿美元之间，中间整整差了 100 倍！这在理论上显得相当荒唐。

另一方面，欧元区各国在采用欧元前后的表现也值得研究。欧元区各国都是发达国家，与阿根廷、巴西等发展中国家不同。但 2012 年时，欧元区发生了严重的欧债危机。危机主要发生在葡萄牙、希腊、西班牙、意大利、爱尔兰，这五个国家被人们称为欧猪五国（PIIGS）。令人疑惑的是，为什么发达国家会出现这么严重的债务危机。希腊在加入欧元区之前没有发生过大规模的外债危机，但经常有货币贬值问题。西班牙、爱尔兰在加入欧元区之前也没有遇到过外债危机。

1999 年 1 月 1 日，欧元区国家开始使用欧元，以前以本币发行的主权债立刻变成了以外币（欧元）发行的主权债。换句话说，欧元区国家在 1999 年 1 月 1 日使用欧元，相当于同时将资产负债表重置，做了股转债，将大量的股权（以本币发行的主权债）变成等额的债权（以外币发行的主权债），这才是欧元区债务危机的根本源头。

但是，假如欧元区能够成立一个财政联盟，变成“欧洲合众国”（The United States of Europe），就可以很容易地将外债问题变成国内股权问题，交由欧元区中央财政处理。但是，欧元区只统一了货币，没有统一财政，更没有变成一个主权国家，把股权（内债）置换成债权后，大大提高了债务风险，负债过高、经济增长速度过低的国家很容易面临债务（外债）危机，比如葡萄牙、西班牙。德国国债少，且经济增长速度高，是欧元区的经济发动机，所以德国不面临债务风险。总之，在一夜之间将所有股权（内债）变成债权（外债）之后，欧元区何去何从仍面临不少问题。

此外，瑞士的情况值得研究。2008 年金融危机发生后，瑞士央行在不经意间将其外汇储备占 GDP 比例从 2007 年的 9.2% 提高到了 2012 年的 70.4% 和 2017 年 6 月的 109.9%。瑞士是发达国家，其国民收入和国家财富都很好，根本就不需要外汇储备。为什么瑞士央行要储备这么多的外汇？欧元区发生欧债危机时，有大量的欧元区资本流向瑞士，瑞士法郎反复升值。这时，瑞士央行可以怎样应对呢？其一，什么都不做，任由资本自由流入，推高瑞士物价和资产价格；其二，瑞士央行进行对冲，将外汇存进银行，但限制银行贷款，比如通过各种工具将银行准备金率提高到 30%。其三，当一个公司的股票被市场高估时，该公司应该大量发行股票或增发股票。与此类似，当瑞士法郎反复升值时，瑞士央行的聪明之处在于大量发行瑞士法郎，短期内把源于其他国家的流入资本置换为超过 GDP 规模的外汇储备！

将国家货币视为国家股票带来一个全新的视角，可以解决很多原来争论不休的问题。例如，瑞士这样的发达国家需要外汇储备吗？传统理论认为不需要。但事实上，瑞士在 10 年内增加了超过其 GDP 规模的外汇储备。

又例如，过去 30 年来，市场上有很多人认为日本这个国家会很快破产，但事实正好相反。道理很简单，假如阿根廷借了相当于其 GDP 50% 的外债，那么阿根廷将可能很快破产；假如日本的外债超过其 GDP 的 50%，日本也可能会破产，至少可能面临较大的外债风险。但日本发行的是内债，是股权，而且日本有大量的国内储蓄。内债是股权，而股权在富有的原始股东间流转并没有太大风险。

另外，对于可能遇到债务积压的问题，我们的模型中建立了需要外汇储备的下限。这个下限一般是发展中国家所需要的。现有的经济学还没有关于发达国家需要外汇储备的理论，我们的模型提供了一个新视角，即发达国家可以也有必要建立外汇储备，而且其外汇储备不是为了简单对冲外债。只要时机显现、操作得当，一国可以通过增加外汇储备，改善国家的资产负债表，提升国民财富。

大力发展国家层面股权融资

我们的模型也可以从比较中国与美国、日本、英国这三个国家中发现有意义的新现象。这四个国家的国情大不相同。比如日本具有高额内债，除中国以外的三个国家都是发达国家。美国跟英国情况较为接近，但都与日本相当不同。但是，这四个国家的一个共同点是几乎没有外债。各国1993—2013年外债占其GDP的比例从未超过：美国0.05%，英国1.1%，日本0.14%，中国0.5%。从国家资本结构的角度来看，这是很有意思的现象。

这四个国家的股权情况怎样呢？我们定义国家发行的货币加上其以本币发行的国债为国家股权。观察各个国家的数据可知，1993—2014年，美国国家股权占GDP的比例从120%上升到180%，英国从不到100%上升到250%，中国从100%上升到210%；日本从215%上升到300%，是四国之中最高的。托尔斯泰曾说，幸福的家庭总是相似的，不幸的家庭各有各的不幸。的确，成功的国家也是相似的，其外债较少而股权极高。从这个意义上看，中国已经迈入成功国家之列了，这很重要。阿根廷、巴西等其他新兴市场国家与这四国的资本结构非常不同。

上述四个国家的通胀水平都较低，且在这四个国家中，中国的GDP增长速度是最高的。这涉及另一个问题，即一些学术界人士批评中国央行货币超发，但中国并未面临明显的通胀问题——虽然中国的通胀比其他三个发达国家略高一些，但整体情况与上述三个国家十分相似，而且中国的GDP增长比另外三个国家的简单相加还要高。由此看来，中国虽然发行了大量货币，同时又能够维持高速经济增长，但没有明显通胀。实际上，中国通过加大国家股权融资，不断迈向最优资本结构。

既然中国发行货币并没有导致通胀问题，为什么不多发一些呢？中国的GDP增长势头良好，为什么不更多地依靠股权融资（发行货币）呢？一国发行多少货币才是合适的呢？

一国发行多少货币，与该国的GDP增速有关，和投资回报率有关，也和通货膨胀预期有关。GDP增速越高，对国家发行货币（股票）的需求越大。但只有投资回报率为正，国家发行的货币（股票）才能够得到正收益，才可能继续发行货币（股票）。而且，当实现的正收益在国民间分配时，只要不涉及从原始股东到新股东之间过大的财富转移，即不会提升通胀预期，才适宜于继续发行货币（股票）。

宏观股权融资的边界在哪里？如果投资项目是赔钱的，那就应该停止发行股票（货币）或债权（外债）融资。如果新增的股票（货币）发行或债权

（外债）融资会引发通货膨胀预期提升，就应该减少新发行的股票（货币）或债权（外债）融资。如果损失要靠多发货币或货币贬值去冲销，国家层面赔钱的投资项目将会产生通胀，甚至引发恶性通货膨胀。如果在分配过程中涉及过大的从原始股东到新股东之间的财富转移，也将会提升通胀预期。所以，宏观股权融资边界是由微观基础决定的，发行多少货币既要看项目的净现值（NPV），也要看通货膨胀成本。

英美和日本已经进入发达状态多年，好的投资项目不多，GDP 增长速度缓慢，所以这些国家没有必要发行大量货币，其较低的 M2 增长速度也没错。其国家资本结构也没错：基本没有外债，主要依靠国内股权。对于像中国这样的发展中大国而言，受改革开放和工业化、城镇化的积极推动，只要好的投资项目多，而且有足够的新增财富在新老股东（国民）之间进行较为公平的分配，则 GDP 增长速度高，M2 增长速度也因此相对较高，但通货膨胀水平稳定；同时，基本没有外债，主要依靠国家宏观股权。在发展中大国中，国家资本结构做得与主要发达国家相当的只有中国。

美国两次股灾的启示

田　静

21世纪，金融科技（Fintech）迅猛发展。金融科技并非是当今的现象，20世纪60年代信息技术就运用到了银行后台业务，50年前，世界第一个用于证券交易的电子通信网络（ECN）就已诞生，并逐渐发展成为目前欧美市场最重要的场外交易场所。80年代，自动订单撮合系统逐渐兴起，并成为证券和期货交易所的最主要交易平台。金融科技提高了金融信息的处理和传播速度，降低了交易成本，在一定程度上缓解了市场失灵。但是，技术进步不能根治信息不对称和人的非理性所致的市场失灵，反而还可能引发新的市场失灵。本文分析了美国时隔20年分别在不同交易技术环境下的两次股灾，资本市场的羊群行为尽管形式上有了变化，但由于人的有限理性和动物精神，羊群行为的本质并没有变，而且在新技术环境下，羊群的形成与溃散更加迅速，这需要引起业界和监管部门的高度重视。

一、两次股灾的简要回顾

1.1　1987年股灾的简要回顾

1987年10月19日，道琼斯工业平均数（以下简称“道指”）下降22.61%，创下美国股票市场历史上最大的单日跌幅。

图1①是1987年股灾的全过程。受宏观经济下行、资本市场税收制度调

① Mark Carlson, A Brief History of the 1987 Stock Market Crash, 2006.

整等因素影响，10 月 16 日就出现了股市下跌。10 月 19 日星期一，上午 10 点钟开市时，巨大的卖单导致价格巨幅下挫，95 只标普 500 成分股不能开出开盘价，导致股票指数计算失真，股指期货价格低于现货指数价格，出现大幅贴水，套利型交易者买进期货的同时卖出现货，诱发现货市场卖压加大，继而触发期货市场卖出压力加大。当随后一些开盘时无法开出开盘价的股票最终开出价格之后，现货指数价格再度大幅下挫，一批投资者加速卖出现货，期现货市场出现了螺旋式下跌。下午 1 点左右，市场上关于纽交所、芝加哥商品交易所将暂停交易的传闻蔓延开去，一些急于变现的投资者又向市场输入了一轮大量卖单，道指下跌 100 多点，巨量订单大大超过了纽交所 DOT 交易系统的处理能力，交易延迟以及行情信息发布的延缓，加剧了市场不透明和投资者的紧张情绪，市场秩序非常混乱，收盘时，道指跌幅达 22.61%。20 日，受欧洲与亚洲市场下跌、纽约证券交易所宣布暂停程序化交易在 DOT 交易系统进行交易等的影响，市场一开盘又继续下跌，到达了谷底的 1708.72 点，较 8 月 25 日的最高点，跌去了逾 1000 点（37%）。直到 20 日下午，一些蓝筹股公司宣布回购本公司股份，才使得现货恢复平稳并小幅回升，道指收于 1841 点，较开盘上涨 100 多点。21 日，股市回升到 2027 点，这场波及全球的股灾才基本结束。

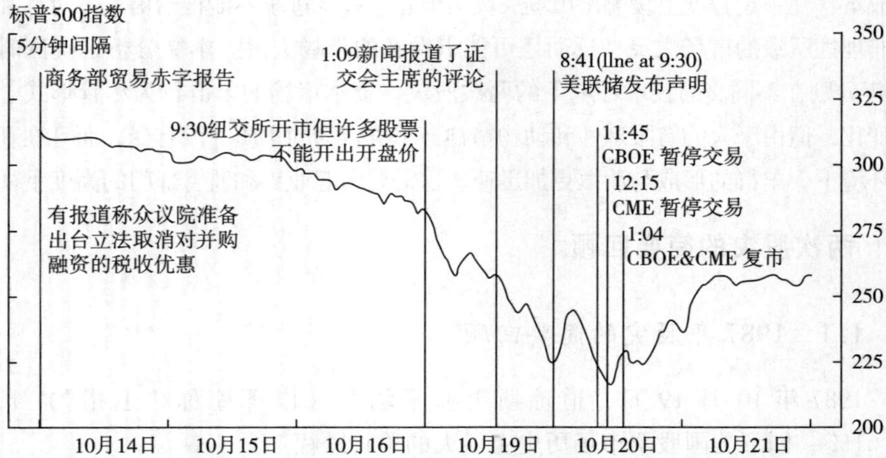

图 1　1987 年股灾全过程

资料来源：Market data。

1.2 2010年闪电崩盘简要回顾

2010年5月6日，股市一开盘，道指就开始下跌，但跌幅并不大，到下午2点，道指只下跌了1.5%。临近下午2点30分，一些个股因波动率上升，触发了纽交所个股波动管理机制——流动性恢复点（Liquidity Refreshment Point，简称LRP），一些股票的交易出现延迟，涉及的个股也从100只扩大到2点30分的200只。下午2点42分，股指开始出现自由落体式的下跌，短短的几分钟时间内，股票现货市场巨幅下挫，紧随其后，标普500股指期货开始下跌，期现货价格出现螺旋式下跌。到下午2点47分，道指约下降了1000点。但市场很快又上演了惊天回转，5分钟内道指迅速反弹，20分钟后的下午3点07分，股指又上涨了600点。5月6日，是美国股市历史上最大的日内波动，美国商品期货交易委员会（以下简称CFTC）称之为金融市场历史上波动最显著的时期（参见图2①）。当天，成交量也创下了天量，股市成交量194亿股，为2009年四季度日均成交量的2.2倍，还是纽交所历史上成交量第二大的交易日，纳斯达克历史上成交量最大的交易日。

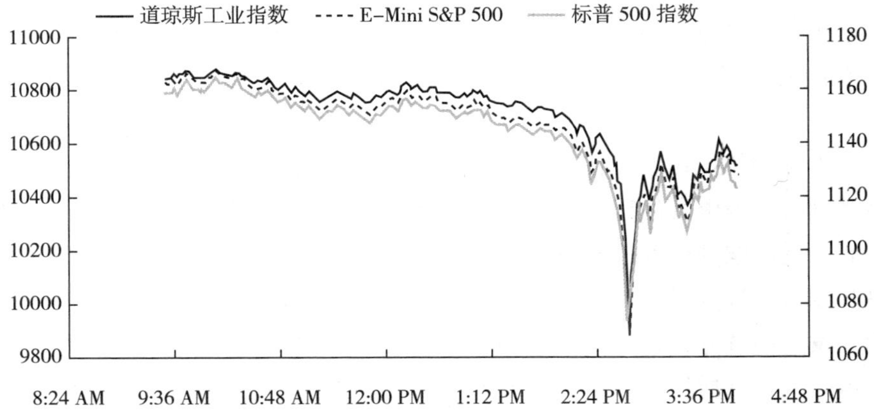

图2 2010年股灾波动情况（5月6日）

① http：//www. sec. gove/sec－cftc－prelimreport. pdf；Paul A. David，May 6th—Signals from a very brief but emblematic catastrophe on wall street（2010）.

二、资本市场羊群行为的一般性分析

资本市场中的羊群行为是指投资者在信息环境不确定的情况下，行为受到其他投资者的影响，模仿他人决策，或者过度依赖舆论，而不考虑自己信息的行为。由于羊群行为涉及多个投资主体，对市场的稳定有很大影响，极端时，还可能引发系统性风险。经济学、心理学、生理学、物理学以及医学领域的众多成果被运用于研究羊群行为。

2.1 心理因素与资本市场羊群行为

人类普遍存在羊群行为。它首先是在对动物行为的研究中发现的，人类也存在相同的群体性行为特征，羊群行为在街头政治、体育赛事、宗教集会等都有表现。人类学家对人类演化过程的研究发现，从众性行为选择、模仿他人、跟随领头者是生物进化的一种途径，这种人类进化中的行为选择一直影响着人类的行为选择。心理学家的研究发现，当独立个体通过某种方式相互连接，相互之间的行为选择会受到群体内其他个体行为的影响，这些个体就构成了一个群。古斯塔夫·勒·邦（Gustave Le Bon）从心理学的角度指出了羊群行为的根源，一个心理群体最显著的特点是：无论构成这个群体的个人是谁，他们的生活方式、职业、性格、智力有多么相似或者不同，只要他们构成一个群体，他们的感觉、思考、行为方式就会和他们处于独立状态时有很大的不同。

资本市场的投资者，就是一个这样的群体，任何一个投资者的投资决策都必然受到其他投资者的行为或者之前行为选择的结果的影响，只是不同类型的投资者，受影响的程度不同而已。从投资风格上看，最不受他人行为选择影响的是长期机构投资者，其典型代表是巴菲特，他的投资决策是在对上市公司基本面、发展前景等深入调查之后做出的，似乎他的决策不受其他投资者的影响。但是，再好质地的一家上市公司，巴菲特也不会在该公司股票价格大幅高于公允价格时，做出买入的投资决策，还是要考虑该上市公司股票价格的历史走势和当前价格水平，而这些都是其他投资者过去和当前投资行为选择的结果。

大多数投资者，尤其是中小个人投资者，其投资行为选择非常容易受其他投资者的影响。1987 年，罗伯特·希勒在危机前的 10 月 12 日做了一份问卷调查①，当问及“股价相较基本面是否高估了”，大多数投资者回答“是”，但从这些投资者的投资决策看，68%的个人投资者和93%的机构投资者在随后的两个交易日选择了买入股票。他们的回答是，因为其他投资者对后市还很乐观，这将进一步推高股市，股市下跌可能是半年后的事。1987年10月19日之前，羊群行为把股指推高，也在行情逆转后，又加速了市场下滑。罗伯特·希勒为及时调查投资者的心态和行为，在19日当天下午就开展了问卷调查，了解投资者的心理反应，大多数投资者都在市场巨幅下跌时有手心出汗、胸闷、心悸、无法集中精力等焦虑现象，并感觉到从其他投资者传染过来的焦虑，一些人担忧1929年股灾可能重演，这些投资者则在大恐慌中选择卖出股票。尽管绝大多数受访者都认为股价的决定因素是基本面，但是，当问及是心理因素还是价格偏离基本面导致了下跌时，67%的个人投资者和64%的机构投资者选择了心理因素，大多数投资者都认为股灾的原因是其他投资者的心理因素。

罗伯特·希勒指出，这种心理现象和传染效应，使投资者的行为具有较强的羊群行为特征，他就把羊群行为定义为一种社会群体中相互作用的人们趋向于相似的思考和行为方式。班纳吉（Banerjee，1992）② 从时序模型出发，将羊群行为定义为“人们去做别人所做之事的行为，即使他们自己的私有信息表明不应该采取这一行为”，这就是所谓的信息瀑布（information cascade），也即个体不顾私有信息，采取与别人相同的行动。沙尔夫斯泰因和斯泰因（Scharfstein and Stein，1990）③ 则指出，羊群行为是“当个体观察到之前行为人的行动结果，产生乐观情绪并不顾自己拥有的信息，跟随之前行为人的行为选择”。

2.2 信息不完全与资本市场羊群行为

2.2.1 信息不完全与资本市场行为

资本市场的投资是基于信息的决策。法玛指出④，在资本市场上，如果证

---

① Shiller, Robert J, 1987, Investor Behavior in The October 1987 Stock Market Crash: Survey Evidence.

② Banerjee, Abhijit V. (1992). "A Simple Model of Herd Behavior". *Quarterly Journal of Economics.*

③ Scharfstein, David S. And Jeremy C. Stein, 1990, Herb Behavior and investment, American Economic Review 80, 465－479, "the behavior that takes place whenever an investor or financial agent ignores their private information and follows the behavior of other investors".

④ E. Fama, 1970, "Efficient Capital Markets: A Review of Theory and Empirical Work".

券价格能够充分而准确地反映全部相关信息，便称之为有效率。也就是说，如果证券价格不会因为向所有证券市场参加者公开了有关信息而受到影响，那么，就说市场对信息的反映是有效率的。对信息反映有效率意味着以该信息为基础的证券交易不可能获取超常利润。

但是，有效市场理论是有前提的：一是市场信息是被充分披露的，每个市场参与者在同一时间内得到等量等质的信息，信息的发布在时间上不存在前后相关性。二是信息的获取是没有成本或几乎是没有成本的。三是存在大量的理性投资者①，他们为了追逐最大的利润，积极参与到市场中来，理性地对证券进行分析、定价和交易。四是投资者对新信息会做出全面迅速的反应，从而使股价发生相应变化。

这四个前提假设在现实中是不存在的。第一，信息的获取是有成本的。信息的获得需要支付经济成本。有时，这种成本还是很大的，以至于投资者虽然认为该信息具有一定的价值，但如果成本超过了价值，投资者也不会选择搜寻信息。第二，投资者存在"搭便车"行为。市场上，投资者并非都愿意为获取信息支付成本。相对而言，机构投资者在获取信息的技术、人才方面具有优势，而且管理的资金规模大，搜寻信息的成本收益相对较高，这些都使中小个人投资者在信息上处于劣势。其结果是，机构投资者比中小投资者获得更多的有效信息，中小投资者在获取有效信息和获得投资收益时处于不利地位。中小投资者的理性选择，就是博弈论"智猪博弈"② 中的小猪，选择等待，不去主动搜寻、获得更多的真实信号，中小投资者的羊群行为更加显著。

因此，资本市场的信息状况，就会与市场上的羊群行为密切相关。信息透明度越高，信息成本就越低，投资者更倾向于根据基本面等搜寻到的信息做出投资决策，羊群行为就相对较少。反之，则是追随型投资越盛行，羊群行为越

① 这其中又包括三点：第一，假设投资者是理性的，因此投资者可以理性评估资产价值；第二，即使有些投资者不是理性的，但由于他们的交易随机产生，交易相互抵消，不至于影响资产的价格；第三，即使投资者的非理性行为并非随机而是具有相关性，他们在市场中将遇到理性的套期保值者，后者将消除前者对价格的影响。

② 在博弈论中，"智猪博弈"是一个著名的纳什均衡的例子。假设猪圈里有一头大猪、一头小猪。猪圈的一头有猪食槽，另一头安装着控制猪食供应的按钮，按一下按钮会有 10 个单位的猪食进槽，但是谁按按钮就会首先付出 2 个单位的成本，若大猪先到槽边，大小猪吃到食物的收益比是 9∶1；同时到槽边，收益比是 7∶3；小猪先到槽边，收益比是 6∶4。那么，在两头猪都有智慧的前提下，最终结果是小猪选择等待。

显著。同时，信息问题还使资本市场的投资者结构与羊群行为具有相关性。机构投资者占比高的市场，它们不仅会在搜寻信息上付出成本，而且其竞争也表现在搜寻、挖掘信息能力方面，这种竞争会促进强有效市场①的形成，进一步提高市场透明度。反之，在一个中小个人投资者为主的市场中，羊群行为就会较为普遍，市场很难成为强有效市场，往往是半强有效市场，甚至是弱有效市场，这样的市场，又进一步加剧了羊群行为。

2.2.2 信息网络化时代的资本市场羊群行为

羊群行为是经常接触、经常交流的人群中的现象。群体内信息的传递机制包括谈话分析（Talking Analysis）和社会认知（Socio-Cognition）两种方式。进入网络化时代，信息传播实现了五个 W：Whoever（不管谁），Whenever（不管何时），Wherever（不管何地），Whomever（不管受众），Whatever（不管内容）。互联网将资本市场的参与者，包括投资者、交易场所、中介机构、媒体连接成了一个巨大的“群”，决定价格走势的信息在这个群里实时传播，市场参与者之间的“谈话分析”可以在更广泛的群体、以更深的深度进行，同时，还可以极快的速度形成“社会认知”，被高速网络连接的广大投资者，就构成了古斯塔夫·邦所说的具有集体性行为的群。

网络化信息传播带来的一个新问题是信息源的分散化和信息可靠性的降低，从而衍生出新的信息不完全的问题。资本市场众多参与者都成了信息发布源，正如麻省理工学院教授尼葛洛庞蒂所言：“在网上，每个人都可以是一个没有执照的电视台”，信息的多点、实时发布，使资本市场一直就存在的信息不完全问题又呈现新的问题。近来，一些学者利用医学疾病传染模型和心理学家关于谣言流行的模式对羊群行为进行研究，他们发现，资本市场的羊群行为也有类似于传染病的一些特征，具有突发性和迅速蔓延性，而且还难以预测。

当前的信息传播网络化、传播速度加快，这在解决某些信息不完全问题的同时也带来了新的信息不完全问题。信息急速传播，“群”就更容易形成。但是这种“群”又是极不稳定的，一旦某种情形发生，“群”又会迅速瓦解。

---

① 强有效证券市场是指有关证券的所有相关信息，包括公开发布的信息和内部信息对证券价格变动都没有任何影响，即如果证券价格已经充分、及时地反映了所有有关的公开和内部信息，则证券市场就达到了强有效市场。

2.3 机构投资者的羊群行为

中小投资者由于信息问题，更容易具有羊群行为的特征，但实践中机构投资者也同样具有很强的羊群行为特征。凯恩斯就指出："从事股票投资好比参加选美竞赛，谁的选择结果与全体评选者平均爱好最接近，谁就能得奖；因此每个参加者都不选他自己认为最美者，而是运用智力，推测一般人认为最美者"，机构投资者由于声誉效应、报酬激励等原因，也会模仿他人的交易决策，出现较强的羊群行为。

2.3.1 激励机制与羊群行为

从经济学的角度来研究行为选择，最直接的激励就是报酬。对机构投资者的羊群行为，沙尔夫斯泰因等人（Scharfstein and Stein；1990①；Scharfstein et al.，1992②）运用报酬或者声誉模型做出解释。为了提高声誉和报酬，基金经理的行为选择就在相当程度上具有羊群行为的特征。设定基金经理 A 在前一阶段取得了较高投资收益，基金经理 B 出于其声誉的考虑，不论他自己搜寻的私人信息如何，都会采取和基金经理 A 一样的投资策略。因为如果 A 决策正确，B 的声誉就会提升；如果 A 错误，则表明要么两人都是愚蠢的，要么两个人都是聪明的，这并不损害 B 的声誉。如果 B 采取了不同的决策，基金持有人就会认为至少有一个人是愚蠢的，而因为 A 曾经有比较好的声誉，投资者就倾向于认为 B 是能力差的管理人，那么，B 做出不同决策就是一个"劣选择"。因此基金经理 B 会一直运用羊群策略，而不会运用自身的信息做出决策。同理，如果多个基金经理都按照这样的模式决策，每个人都模仿 A 的决策。

与此同时，基金经理的报酬往往是按照他在全体基金业绩的排名决定的，那么，基金经理的报酬依赖于他与其他基金经理比较的相对业绩来确定，这会扭曲基金经理的激励，并导致基金经理所选择的投资组合无效（Brennan，1993）。在信息不完全的情况下，基金的持有人和基金管理公司都无法获得基金经理投资的完全信息。当基金经理 A 在前期的投资获得了较好的业绩时，基金经理 B 就跟随 A 的投资。基于沙尔夫斯泰因等人（1992）的羊群效应模

---

① Scharfstein, David S. And Jeremy C. Stein, 1990, Herb Behavior and investment, *American Economic Review* 80, 465 – 479.

② Froot, K; Schaferstein, DS; Jeremy Stein, J (1992). "Herd on the street: Informational inefficiencies in a market with short – term speculation", *Journal of Finance.*

型，基金经理B将倾向于选择基金经理A的决策。而且，报酬制度也鼓励基金经理B模仿基金经理A的选择，因为，如果他的投资绩效低于市场的平均投资绩效，他的报酬将受到影响。为了避免选择“非跟随”决策的风险，基金经理往往趋向于选择跟随行为。

选择跟随行为产生了“共同担责效应”（Blame Sharing Effect）。如果某决策者逆流而动，一旦他失败了，这一行为通常被视为是其能力不够的表现，并因此受到责备；但是如果他的行为与大多数人一致，即使失败了，他会因看到其他许多人与他有相同的命运而不那么难过，他的上级（委托人）也会考虑到其他人也同样失败了而不过分责备他。这样，决策者具有与别人趋同的愿望，以推卸自己承担决策错误的责任。决策者模仿他人的选择，而忽略自己的私人信息。虽然这种行为从社会角度看是无效率的，但从关心个人职业声誉的决策者的角度来看却是理性的。

三、新技术环境下的资本市场羊群行为

技术的发展、市场透明度的提高，引发资本市场某些类型羊群行为的因素在减少。但是，在新的技术环境下，羊群行为又会以新的形式表现出来。1987年和2010年，时隔23年的两次震动全球的美国股灾，资本市场羊群行为就发生了较大变化。1987年程序化交易刚刚兴起，2010年，已经实现了证券交易全过程的高速程序化，即高频交易①普及化，整个交易过程无人工干预、交易订单以主机托管模式以万兆级宽带输入交易所主机，以实现交易的撮合。根据美国证监会的统计，2009年美国证券市场上高频交易的日均交易量已经占总日均交易量的50%以上，在德国约占40%，英国约占60%，日本约占10%。下面就从三个方面分析在不同技术环境下的羊群行为如何导致两次股灾。

3.1 交易的程序化

在电子化的交易环境下，投资者参与证券交易，可以分为三个环节，即交易订单的生成、路由和执行。目前，成熟市场国家的绝大多数交易都实现了三

---

① 德国是第一个在法律上定义高频交易的国家，这里采用的德国高频交易法的高频交易定义。高频交易是指算法交易的指令以最小的延迟输入交易场所执行的交易，算法交易是指订单的生成、路由、执行全过程没有人工干预，最小的交易延时是指以主机托管（co-location）模式，以万兆宽带接入交易场所撮合主机。

个环节的计算机程序化，或者自动化。

3.1.1 订单的生成环节

订单生成就是指做出交易决策，即做出买卖标的、数量和时机的决策。程序化的订单生成是指，运用计算机程序做出交易决策，常见的策略有三种：(1) 量化选股策略，也称为多因子策略。它是利用多个量化指标，由计算机程序自动挑选投资的标的股票；(2) 套保策略，也称为对冲策略（Hedge）。为了规避投资标的的价格风险等，利用一种或者一种以上的套保工具，使套保工具的价值或者现金流变动可以抵消被套保头寸全部或者部分价值或者现金流量变动风险的交易策略；(3) 套利策略（Arbitrage），是指在不同市场或者不同形式的同类或者相似产品存在价格差异时，以较低的价格买进并在另一市场以较高的价格卖出，以获取无风险收益。

首先分析 1987 年的情形。

1952 年，美国经济学家马科维茨（Markowitz）提出的投资组合理论（Portfolio Theory），奠定了组合投资的理论基础，组合投资的方法逐渐被机构投资者广泛采用。20 世纪 70 年代，金融自由化浪潮催生了大量衍生工具，套利策略逐渐普及。无论是组合投资，还是套利交易，依靠人工操作都面临很多不便，于是，程序化交易悄然兴起，华尔街的机构投资者纷纷采用程序化交易。1987 年股灾之后，首先发布的研究报告是纽约证券交易所发布的《程序化交易及其对当前市场行为的影响》①，它指出，与 1987 年股灾关系密切的是组合保险和指数套利两种投资策略。一是组合保险（Portfolio Insurance），该策略根据股票价格涨跌，决定投资组合中的股票和现金投资比例，在下跌过程中，卖出股票、增持现金，上涨过程则相反。1987 年延续了 1986 年的牛市行情，股指大幅上涨，8 月到达了当年的最高点。到了 10 月中旬，市场上各种利空信息相继出现，10 月 17 日、18 日周末两天，投资者消化这些信息后，19 日上午一开盘，就大量卖出股票，尤以保险组合的卖出量为大。组合保险与以往的卖出不同，组合保险的订单一般是以基准指数的成分股构成的一篮子订单，它往往同时买入或者卖出指数成分股股票，因此，大量的组合保险订单会直接影响指数的走势。按照有效市场理论，即使有些投资者不是理性的，但由

① New York Stock Exchange, "An Overview of Program Trading and Its Impact on Current market Practices", Dec, 1987.

于他们的交易随机产生、相互抵消，既买方力量和卖方力量相互抵消，资产价格仍然能够维持均衡。但是，当所有投资者行动一致，即羊群行为发生时，投资者的卖单就得不到抵消，从而驱使价格急跌。根据美国证监会和FTAC的统计，这两类交易是当日最大卖单，而且较为集中，卖出量最大的前10名投资者，在10月19日的卖单占到了约50%。美国证监会认为，组合保险策略的卖出行为，也成为其他投资者的卖出诱因之一。

二是指数套利策略。指数套利策略（index arbitrage）指通过获取股指期货和现货的价差来盈利。如果现货价格低于股指期货，则买入现货并卖出期货，在现货价格高于期货价格时再做反向操作。美国证监会①认为，期货交易及策略不是唯一原因，但多种包含程序化交易的交易策略是加速和放大下跌效应的重要因素；美国商品交易委员会②则认为，没有实证结果证明期货市场的套期保值和指数套利引发了期现货价格的技术性螺旋下跌。尽管美国证监会和商品交易委员会对市场崩盘的原因存在一点分歧，但是，美国审计署③发表了较为中立的判断，“对于指数套利、组合保险及其期现货关联的交易策略，在1987年股灾中究竟扮演了怎样的角色，市场可能存在广泛的争议。然而，危机期间，期货价格与现货价格间的关系屡次受到这些交易策略和市场中断的扰动，这对投资者心理的影响似乎是显而易见的”。美国著名经济和金融史专家理查德·塞拉（Richard Sylla）④ 指出，指数期货和组合保险是股灾的主要原因。根据布莱迪⑤报告，大跌中计算机以极快的速度捕捉交易行情信息，自动生成交易指令并向交易所撮合主机快速发送卖单，来自计算机程序自动下达的卖方指令，最主要的是组合保险对冲交易。由于很多程序化交易者的交易策略趋同、阈值设定相近，一旦价格信号触发卖出指令，市场上就会出现巨量卖单。正如沙尔夫斯泰因等人（1992）⑥ 所指出的，机构投资者具有高度的同质性，

---

① SEC，“The October 1987 Market Break”，Feb，1988.

② FTAC，“The Report in stock index Futures and Cash market Activity during October 1987 to the US Commodity Future Futures Trading Commission”，Nov，1987.

③ U. S. Government Accountability Office，“Report to Congressional Requesters，financial Market Preliminary Observation on the October 1987 Crash”. Jan，1988.

④ Annelena Lobb，“Looking Back at Black Monday：A Discussion with Richard Sylla’（2007）

⑤ Brady，Report of President Task Force on Market Mechanisms. 1988.

⑥ Froot，K；Schaferstein，DS；Jeremy Stein，J（1992）.“Herd on the street：Informational inefficiencies in a market with short - term speculation”，*Journal of Finance*.

他们通常关注同样的市场信息，采用相似的经济模型、信息处理技术、组合及对冲策略。在这种情况下，机构投资者可能对相同的外部信息做出相似的反应，在交易活动中则表现为羊群行为。

1987 年股灾，组合保险的一篮子大额卖单→指数下跌→期货下跌→现货下跌，形成反馈环，螺旋式下跌；闪电崩盘，纽交所部分股票的交易延迟→订单路由至另类交易系统（ATS）→另类交易系统流动性枯竭→股票价格下跌，形成正反馈环。正如班纳吉（1992）① 运用序列决策模型对羊群行为的研究结论，每个决策者在做出决策时都观察其前面的决策者做出的决策。当其他投资者观察到市场大幅下跌的行情信息后，进一步强化了股市下跌的预期，新的卖盘涌入，市场呈现螺旋式下跌。

1987 年 10 月 19 日，黑色星期一的市场非理性下跌，价格水平大大低于均衡水平。1987 年 12 月，当时全球最杰出的 33 名经济学家齐聚华盛顿讨论 1988 年经济走势，他们表达了对全球经济走势的悲观预期，担忧可能出现 30 年代的大萧条。但是，1987 年和 1988 年的全球经济并未受股灾影响，股市也在 1989 年初重回股灾前的高点 2722。

再来分析 2010 年闪电崩盘的情形。

美国证监会主席夏皮罗在 2010 年底的参议院证词中指出，在 5 月 6 日下午 2 点之后，一些股票的价格大幅下跌，日内跌幅超过 20%，这就触发了纽交所的个股波动管理机制——流动性恢复点，这些股票的交易出现延迟，计算机程序读取到这一消息后把订单自动路由到另类交易系统，另类交易系统流动性较差、订单较为稀薄，大额卖单涌入导致价格巨幅下跌，触发了众多程序化交易的巨额卖单，有的个股还出现了 1 美分的极端价格。程序化交易以当前行情信息为主要决策参数，一旦交易行情触发了事先设置的阈值，众多交易者几乎会在同一时间生成同一买卖方向的订单，订单失衡、价格异常的信息在被计算机程序读取后又触发生成新的订单，市场上各种产品价格趋势也大致相同，彼此间相互强化、形成“共振”。2：24 之后，当计算机程序读取到极端低价时，又自动触发买入订单的生成，巨量的买入订单将价格迅速拉升，随后的 10 分钟内各指数都上涨了约 5%，市场以极快的速度恢复稳定。

---

① Abhijit V. Banerjee, A Simple Model of Herd Behavior, *Quarterly Journal of Economics* (1992).

3.1.2 订单的路由环节

计算机和通信技术进步，不仅带来了交易技术的变革，也催生了交易市场宏观结构的变革。美国对交易场所的建设，一直秉持开放的态度，市场准入条件较低，以鼓励交易场所间的竞争，促进市场效率的提高。1967 年，美国第一个电子网络交易平台（Electronic Communication System，简称 ECN）建立，ECN 是通过现代通信技术将投资者与交易撮合系统相互连接而形成的新型交易系统，成了传统交易所如纽约交易所、美国交易所等最重要的挑战者。1975 年，经国会授权，美国证监会发布了全国市场系统（National Market System，简称 NMS）规则，奠定了多交易场所（Trading Venue）并存竞争的制度基础和监管框架。目前，美国的股票市场结构如图 3① 所示，由 100 多个交易场所组成，这些场所可以分为两大类，即在美国证监会注册的交易所和另类交易系统（ATS）。另类交易系统是交易所之外的交易场所的统称，包括在美国金融业监管局（FINRA）② 注册的 ECN 和暗池（Dark Pool）。另外，投资银行等中介机构还可以建立内部撮合系统。目前，美国共有交易所 16 家、ECN 约 80 多家，同一上市公司的股票可以在以上的交易场所交易。由于各个市场的交易规则、参与者、收费等都有所不同，市场的流动性也存在差异，美国的股票市场呈现明显的碎片化特征。2009 年，纽交所上市公司的股票，在纽交所完成的交易，仅占总交易额的 27.9%（NYSE 和 NYSE Arca 的总和）。碎片化在促进交易场所之间竞争的同时，也带来了一系列的问题，比较突出的是流动性被分割、单一市场的流动性下降、市场透明度降低、监管的难度加大。

在碎片化的市场结构下，为了寻求最佳交易价格和最优执行，投资者的交易过程就必然需要“嵌入”路由环节，即计算机程序实时读取各个交易场所的行情信息，自动筛选最佳的执行场所并将订单自动路由到该交易场所。尽管美国市场高度碎片化、纽交所的成交份额已经下降到 1/4 左右，但纽交所的股票成交价仍旧是美国股票交易价格的风向标，交易程序的订单路由程序仍然会把纽交所的行情信息作为最主要的决策参考。

2010 年的闪电崩盘就是在这样的市场宏观结构下发生的。根据纽交所的交易规则，当一只股票的波动幅度达到事先设定的参数，纽交所的交易系统就

---

① http://www.sec.gove/sec－cftc－prelimreport.pdf.

② FINRA，是美国自律监管组织 Financial Institution Regulatory Authority 的简称，它于 2006 年成立，是证券商的自律组织，也负责监管另类交易系统。

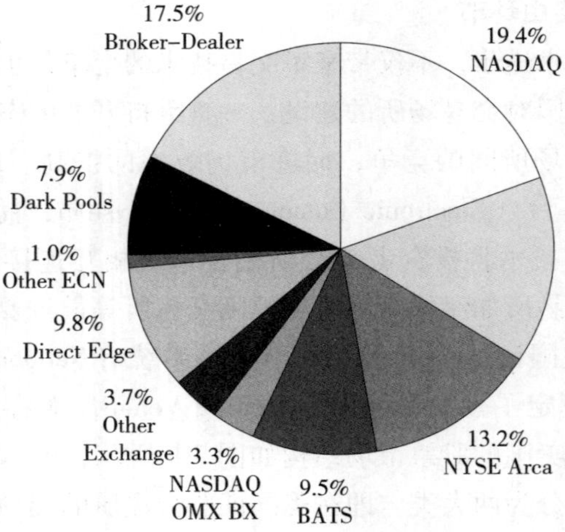

图 3　美国股票市场的交易结构

会自动切换这只股票的撮合方式，把原来的电子自动撮合转为做市商人工撮合，其目的是，把原来的自动订单匹配成交“暂停”下来等待新的订单进入，如果有新订单进入可以促进订单恢复平衡，价格的异常波动将被熨平。因此，这段时间被称为流动性恢复点，这一制度设计类似一个“减速带”，流动性恢复点一旦触发，成交速度就会下降。根据美国证监会主席夏皮罗的观点，5 月 6 日下午 1 点开始，一些股票的交易触发流动性恢复点，当时市场的感觉是，纽交所成交速度下降了。当投资者的自动路由程序读取到纽交所交易延迟的信息后，就自动将订单路由到另类交易系统成交。一般情况下，另类交易系统的流动性比纽交所更低，大量卖出订单被路由到这里，不仅把另类交易系统的股票成交价瞬间打至低位，也因另类交易系统订单簿稀薄，大额卖单也无法得到执行进而产生了交易延迟，另类交易系统的价格大幅下降信息和交易延迟信息，触发了更多程序化交易的卖出信息，全市场出现了巨幅下跌，纽交所在下午 2∶30 至 3∶00 之间，触发流动性恢复点的股票达到了 1000 只。

在碎片化的市场结构下，市场的流动性被分散到了多个市场，订单在多个市场间自由快速流动，也加剧了流动性的不稳定和市场的波动。一个市场出现流动性问题，订单会自动路由到计算机能探知到尚存在流动性的其他市场，而巨额订单输入，又会迅速吸干其他市场的流动性，流动性枯竭会迅速在各个市场间传染、蔓延，局部风险变成了全市场的风险。

在碎片化市场结构下，羊群行为呈现出新的形势，正如班纳吉（1992）①指出的，投资者一致性行为，或者说羊群行为选择汇集成的巨大卖方订单流，在计算机自动路由“带领下”，在各个交易场所间以极快的速度流动，这一“订单羊群”每到一个场所都迅速“吞噬”现存的流动性，然后又一致性地流入尚存流动性的其他市场，导致价格与流动性的相互影响，耦合效应使市场极度下行。而当市场行情反转时，又急速拉升。

3.1.3 订单的执行环节

投资者为了使订单能够得到最佳执行，尽可能以期望价格成交，避免订单对市场成交价产生大的扰动，往往采用程序化的自动算法执行，成熟市场的机构投资者基本上都采用自动算法执行订单。执行算法分两大类，即被动算法和主动算法。被动算法，是按照既定的交易方针执行订单，其核心是减少滑价（目标价与实际成交价之差），广泛使用被动算法的有成交量加权平均价格（Volume Weighted Average Price，VWAP）和时间加权平均价格（Time Weighted Average Price，TWAP）等。主动型算法交易，即根据市场的状况做出是否交易、交易的数量和价格等实时决策。主动算法除了减少滑价，还关注价格的变化趋势，当判断市场价格向有利的方向变动时，就加速执行交易，反之则推迟交易。综合型算法交易是被动算法和主动算法的结合。

1987 年时，算法交易还不普及。2010 年的闪电崩盘，美国证监会和商品交易委员会的调查发现②，算法交易和高频交易以极快速度跟踪各个市场的价格变化和订单簿情况，在 5 月 6 日下午价格发生瞬间巨幅波动时，在微秒内生成大量订单，这些订单就是下午 2∶42 之后的 5 分钟内股价大幅下跌的助推器，也是其后 5 分钟市场迅速回稳的发动机，羊群迅速形成，又迅速散去。

诺贝尔奖得主卡尼曼在《思考，快与慢》③ 中，对大脑的快与慢两种做决策方式进行了研究。他指出，常用的无意识“系统 1”依赖情感、记忆和经验迅速对眼前情况做出反应。但系统 1 也很容易上当，它固守“眼见即为事实”的原则，任由损失厌恶和乐观偏见之类的错觉引导，往往容易做出错误选择。有意识“系统 2”通过调动注意力来分析和解决问题，并做出决定，它比较

---

① Banerjee，Abhijit V.（1992）.“A Simple Model of Herd Behavior”. *Quarterly Journal of Economics.*

② CFTC &SEC，Preliminary Finding Regarding the Market Event of May 6，2010

③ 丹尼尔·卡尼曼，《思考，快与慢》，中信出版社，2012 年。

慢，不容易出错。但它很懒惰，经常走捷径，直接采纳系统1的直觉型判断结果。算法执行交易就类似于系统1，主要基于行情参数，尤其是执行环节的程序化交易，基本上是由自动行情读取、决策和执行交易。如同沙尔夫斯泰因等人（1992）所指出的，机构投资者对相同外部信息做出相似反应，在交易活动中则表现为羊群行为。

由于机构投资者的策略相同或者相似，他们之间竞争的就往往是交易决策和执行的速度，是在“速度赛跑”中进行“快决策”。5月6日下午，当时很多股票、ETF以1美分的极端低价成交（参见图4①）。

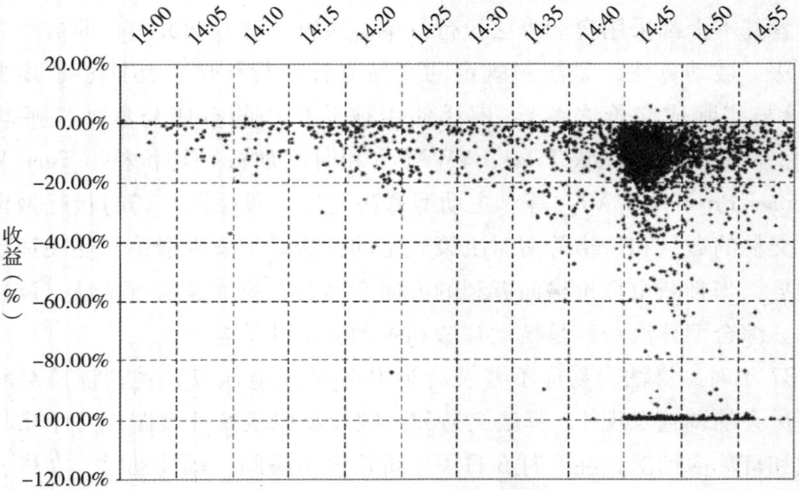

图4　ETF成交情况

对这段时间的成交数据进行分析，可以返现下午2：45—2：50以及2：50—2：55这两个极端价格出现最密集的区间，与存根报价成交的订单分别有70%和90%是卖空订单②，也就是说投资者在大量卖出自己并不拥有的股票，非理性决策以及羊群行为，表现得极为突出。按照有效市场理论，即使投资者的非理性行为并非随机而是具有相关性，他们在市场中将遇到理性的套

① CFTC & SEC, Preliminary Finding Regarding the Market Event of May 6, 2010.

② 卖空（short sale），就是卖出投资者尚不拥有的证券。设置卖空的目的是，价格发现、减少价格泡沫、增加市场流动性、促进资本形成、为对冲和风险管理提供工具。但在极端情况下，也可能是市场暴跌的原因，会加剧市场波动。

期保值者，后者将消除前者对价格的影响。但是，当时的情况是极端行情超出了预设程序和相关参数阈值，很多计算机程序也失去了“决策”能力，“计算机”也出现极度恐慌，“理性的套期保值”订单要么因行情信号超过决策阈值无法生成订单，要么“复制”人的情绪恐慌，生成进一步加剧市场波动的“市价订单”“卖空订单”。“羊群行为”的发生，重要的原因是信息不完全。因此，一旦市场的信息状态发生变化，当投资者关注到极端低价时，原来的卖出“羊群”又立刻土崩瓦解，大量不计成本的“羊群”基于执行买入订单，又造成一部分股价过度上涨，导致价格在相反的方向过度回归，有的股票以999999.99美元的极端高价成交。“闪电崩盘”是高速环境下，资本市场羊群行为的一种非常突出的表现。

21世纪以来，高频交易是交易速度提高最直接的反映，万兆网宽带和高速运算计算机，使计算机程序可以在微秒级完成整个交易。为提高速度，很多机构投资者还建立了主机托管（Co－location）模式，就是将自己的交易设备放置在交易所提供的机房内，极大地减少与交易所撮合主机间的物理距离，降低交易延迟。按照德国高频交易法对高频交易（high frequent trading，简称HFT）的定义，高频交易有三个要素：一是主机托管、订单通过万兆宽带接入交易所主机，实现不到一秒的时间内，传输订单、修改或撤单；二是计算机程序决策；三是交易日内高频信息量，一个交易员在过去12个月向交易主机传输的信息量移动日平均值达到了75000笔。在当今成熟的资本市场上，机构投资者之间的竞争，已经在相当程度上演化为技术竞争，而高频交易也极其容易因为技术故障而引发极端事件。

全球交易市场进入程序化时代以来，由于系统故障导致的风险事件呈上升态势，例如2012年的“骑士资本”事件①等，这些都引起了各国监管部门和国际证监会组织（International Organization of Securities Commissions，IOSCO）的关注。国际证监会组织已就其制定的《交易场所有效管理电子交易风险的机制》②（以下简称《机制》）公开征求意见并于近期正式发布，《机制》旨在

① 2012年8月1日，美国最大的做市商之一骑士资本（Knight Capital）因为系统交易故障，在45分钟的时间内，执行了154只股票、约3.97亿股的交易，导致这些股票价格异动，近1万亿市场的股票受到影响。

② IOSCO，Mechanisms for Trading Venues to Effectively Manage Electronic Trading Risks，www.iosco.org.

防范技术故障对市场秩序的影响，因为在新的技术环境下，技术故障极有可能激发羊群行为并对整个市场产生系统性冲击。

3.2 交易场所撮合的程序化

证券交易场所的主要职责是将投资者的交易订单匹配成交、达成交易。1792年成立的纽交所，通过人工匹配交易双方来组织交易，每只股票必须有一名指定的专家做市才能上市交易。随着技术发展，计算机自动撮合匹配订单逐渐取代了人工撮合，处理订单的能力和速度大为提升。目前，一些交易所还保留具有一定人工干预的做市商制度，但交易基本上由计算机撮合完成。2006年，纽交所在收购了另类交易系统群岛公司（Archipelago）后，引入了完全由计算机撮合的交易系统 NYSE Arca，但纽交所至今仍保留了做市商制度。

1987年，纽交所建立了自动撮合小额订单等指定订单的回转交易系统①（Designed Order Turnaround system，简称 DOT 系统），该系统允许投资者的订单无须经由经纪商，直接路由到专家匹配成交，这类订单包括小额订单、限价订单、一篮子订单和程序化交易订单。1987年10月19日，当机构投资者的组合保险大量卖出订单进入回转交易系统后，买卖订单严重失衡，订单数量也大大超过了系统的处理能力，尤其是当时刚刚兴起的组合保险，它是卖出一篮子股票的订单指令，极大地增加了系统的负荷。系统处理能力的下降，导致交易延迟，这个信息在市场传播，引发了大面积的市场恐慌，也加剧了价格下落。

2010年的情形大为不同。闪电崩盘是自动撮合高度发展的时期，5月6日，下午2：00至3：00，市场就完成了1700万笔交易，当天纽交所上市公司完成了103亿股的交易，系统处理能力大大超过1987年，股灾当天的交易股数仅为6000万股。闪电崩盘的发生在于碎片化的市场结构，自动撮合与订单自动路由的相互影响。美国证监会主席夏皮罗指出，在下午2：00之后，一些股票的价格大幅下跌，日内跌幅超过20%。这个时候触发纽交所流动性恢复点，交易程序捕捉到交易延迟的信息后，即刻将订单路由到另类交易系统执行。这时，当程序读取到价格极速下跌的行情信息时，一些程序化交易自动生成并向交易场所下达了“止损市价订单”，这类订单是在价格触发预先设置的

① Designed Order Turnaround System，简称 DOT 系统，建立于1976年，它允许订单快速路由并得到执行。SuperDot 是 DOT 的升级版。2009年，SuperDot 被 Super Display Book system（SD-BK）取代。2012年，最新一代系统 Universal Trading Platform 上线。

止损价格时，自动转换为市价订单①，其目的是防止价格过度下跌的风险，及时止损。市价订单是“吸食”流动性能力最强的一类订单，在订单深度不够的市场，它可能迅速“击穿”整个市场订单簿。当时，市价订单就会与排在订单簿最尾端的“存根报价”（stub quote）成交。存根报价是指根据一些交易场所的规定，允许其做市商为履行其双边报价义务提供此类报价，这类报价可以是较低的买价或者较高的卖价。由于交易是自动撮合的，市价订单没有设置价格限制，存根报价又允许在0.01美元至99999.99美元的范围内报价，当市价订单进入后，随即与存根报价成交，导致极端低价出现（参见图4）。闪电崩盘当天，约14%的产品价格跌幅极不正常，这200只产品最低价格较前一交易日下跌超过100%。

但是，在2∶47短暂的交易停止之后，股票价格又迅速拉升，道指上涨了600点，其原因是，大量的机构投资者发现市场基本面并没有发生大的变化，股价的巨幅下跌已经偏离了正常，于是，及时生成大量买单。同时，持有期货空头头寸的投资者，这个时候开始平仓并在现货市场买入股票。这其中的市价订单又与存根报价成交，一些股票的价格蹿升幅度超过40%—100%，例如，索斯比拍卖行的股票，在2∶47，价格到达了99999美元，这是交易系统设置的最高限价（参见图5）。

引入存根报价的交易场所，市价订单与存根报价的自动撮合是产生极端价格和市场恐慌的重要原因之一，没有采用存根报价制度的BATS交易所，就不会出现这种现象。这些交易场所之所以引入存根报价机制，是由于市场分割加剧了市场之间对流动性的竞争。那些流动性不足的交易场所，为了吸引做市商为交易的产品做市、提供流动性，就对做市商“网开一面”，允许做市商的报价范围不受限制，可以在交易系统的价格阈值范围内报价。混合交易制度，绝大多数的订单都是自动撮合成交，做市商的作用并不大，而且这样做市商也不会为做市投入大量资本、建立库存。这些市场期望做市商在订单严重失衡时提供流动性，往往事与愿违。一方面，做市商资金实力有限，市场严重失衡时也是无能为力，另一方面，这些市场也不可能强制要求做市商履行义务。做市商以“存根报价”“履行义务”，导致极端低价出现，就触发了程序生成新的卖

---

① 市价订单（market order）是订单可以按照当时的市场价格立即成交的订单，也就是买单（卖单）与当时排在订单序列最前端的卖单（买单）成交。

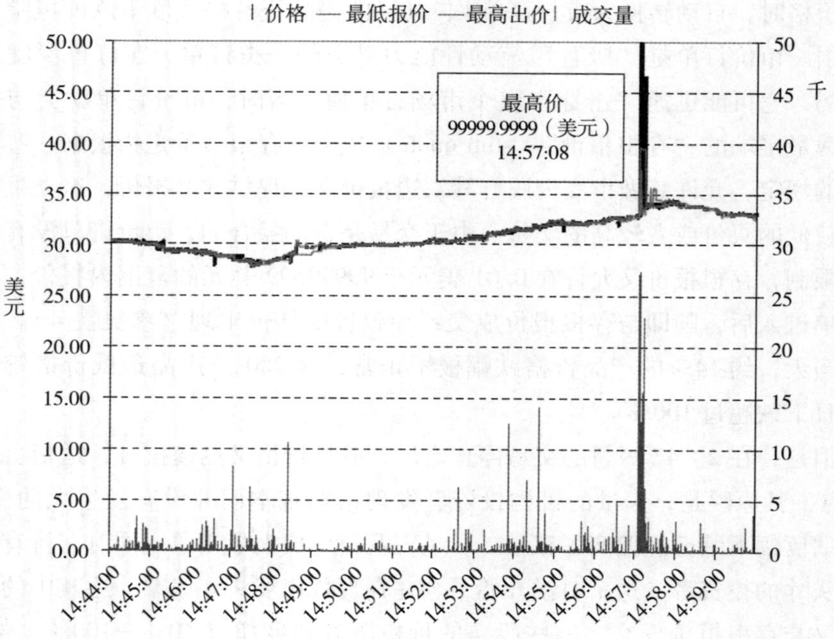

图 5　交易系统的限价

单，“闪电崩盘”中羊群更加迅速地形成、壮大，当极端高价出现时，又诱使“羊群”急速转变方向，上演了行情的惊天逆转。

3.3　交易信息传播技术的变化

证券交易活动，无论是投资者还是交易场所，核心都是信息处理。投资者基于上市公司的基本面和行情信息做出投资决策，交易场所则处理投资者发生的订单信息，实时发布订单信息和成交信息。尤其是短线投资的决策，更是依赖实时行情信息。根据罗伯特·希勒的调查问卷①，多数投资者的回答是，他们的投资决策更多是基于价格走势做出的，1987 年 10 月 19 日前一周的各种消息对投资者的决策影响不大，也就是说，投资者更倾向于根据当时的市场信息做出投资决策。羊群行为的产生，一个重要原因是信息不完全，信息传播速度和方式改变了实时行情和市场信息的发布与传播，影响了市场的羊

① Shiller，R. “Investor behavior in the October 1987 stock market crash：Survey Evidence”，National Bureau of Economic Research，Working Paper No. 2446. November 1987

群行为。

3.3.1 交易信息传播的高速化

1792 年纽交所建立，电报的商业运用是之后一百年才开始的，行情信息无法实时传播，交易只能在进场交易的交易商之间达成。电报电话的运用，极大地改变了交易活动。行情信息的实时全球发布，全球投资者都可以实时参与交易，这也改变了投资者的行为。

1897 年信息技术不如当前发达，行情信息通过广播和电视传播，信息到达投资者的时间会有较大差别。罗伯特·希勒的问卷①发现，投资者知悉股灾发生的时间有很大差异，美国东部投资者知悉的平均时间是东部时间下午的 1：56，西部则是太平洋时间上午 10：56，机构投资者知悉的时间略早，是东部时间上午的 10：32。投资者知悉行情的时间有差异，做出决策的时间必然有差异，尽管投资者都选择了卖出，但卖单的涌出不会同一时间发生。当然，投资者对订单簿失衡状况的了解也不及时，新的反向订单进入并打破原来失衡状态所需要的时间也较长，价格偏离的时间就会更长。

2010 的股灾，冠名为“闪电崩盘”，贴切地体现了那一时刻的“速度与激情”。在纽交所出现交易延迟后，订单被急速路由至另类交易系统，迅速“吸干另类交易系统的流动性”，导致价格下跌在市场间传递和价格下跌的交互影响，当投资者还摸不着头脑的时候，急速抢反弹的订单，又把市场拉升起来，真真实实地“坐了一把过山车”。整个过程不过一个多小时，而市场行情极度下跌和急速上涨，只是 10 分钟的时间。对比图 1 和图 2，可以发现，1987 年两天走完的市场下跌到回稳，在 2010 年只需要 10 分钟。信息传播速度的加快，就变现为“羊群”的迅速形成和迅速散去，一致性行为在同一时刻发生，产生的影响就极大。

3.3.2 交易信息传播的网络化

1987 年股灾深重的一个重要原因是市场信号混乱，市场的真实情况无法及时传播到全市场。美国证监会前主席格伦德费斯特（Grundfest）② 指出，信息失灵是股灾的重要诱因。19 日股市一开盘，一些股票、股指期货的交易暂停或者无法开出开盘价，投资者无法获得真实、及时、准确的价格信号及其他

---

① 同上。

② Josephe A，Grundfest，“Would More Regulation Prevent Another Black Monday，1988.

信息，各种信息四处传播但真实性不得而知，面对一个信号“黑箱”，投资者的“理性”选择就是卖出、了结头寸。19 日下午，纽交所因技术系统处理能力不足、交易延迟，引发交易所等机构可能破产的消息蔓延，市场紧张情绪升级。

另一则信息是融资买入证券投资者违约。1987 年，在“牛市”预期鼓舞下，投资者大量向商业银行融资买入证券，融资余额在 10 月中旬达到了峰值(参见图 6①)。在 19 日及之前几个交易日的暴跌中，证券价格大幅下跌，如果不能追加保证金，融资买入的证券将被强制平仓，这不仅加剧了卖出压力，也使市场信用风险上升的谣言四起，波及交易所、商业银行和证券期货交易的结算机构等，市场恐慌进一步加剧。即使是市场回稳之后，融资余额还在持续下跌，到 1987 年底才达到谷底。20 日消息面的影响继续。期货交易所部分结算会员因无法及时追加保证金，一定程度上影响了期货结算，引发了 20 日上午市场的再度下跌。其后，芝加哥商品交易所（CME）、芝加哥期权交易所于 11：45 和 12：45 宣布暂停交易，又加剧了市场恐慌。

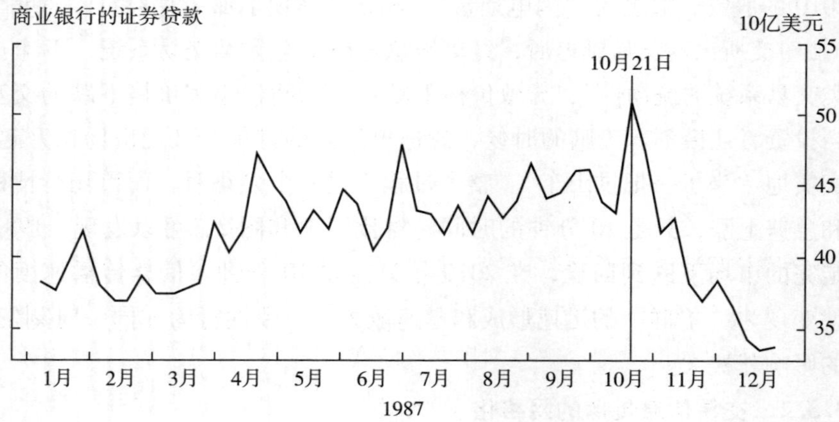

图 6　融资余额

信息技术的发展，对舆情的监测和响应大大提高，不实信息可以随时澄清，因此引发的羊群行为大为减少。但是，新的信息技术环境，羊群行为又有新的形式。2010 年的闪电崩盘是市场碎片化导致信息碎片化所引发的新型羊

---

① Mark Carlson，A Brief History of the 1987 Stock Market Crash，2006.

群行为。美国资本市场碎片化突出，每一个交易场所都是一个信息发布源，计算机程序实时读取各个交易场所的信息并自动决策订单的执行。当部分另类交易系统的流动性枯竭，仍有一些另类交易系统有流动性，这一信息就诱使“羊群”在这些尚存流动性的另类交易系统间高速移动，形成流动性枯竭的传染、蔓延，危机进一步升级。

四、结论与启示

2008 年全球金融危机之后，各界对系统性风险的形成和蔓延做了大量反思和研究，一个重要的结论是，羊群行为是引发系统性风险的因素之一，例如系统重要性金融机构倒闭等触发因素发生，是导致系统性风险蔓延的重要因素。纵观金融市场史，资本市场往往并不是金融系统性的风险源，而是风险发生的触发点，例如，1929 年的股灾，资本市场往往是系统性风险传导、蔓延的渠道，有效防范资本市场羊群行为，有利于阻断系统性风险的传播，防止危机的蔓延。

1987 年和 2010 年两次股灾，是在信息技术处于不同发展阶段下发生的。对比分析这两次股灾中资本市场羊群行为，可以得出以下几个结论：一是羊群行为不因投资者结构改善而减少。机构投资者比例的提高并不能有效降低羊群行为，而且机构投资者行为的一致性可能在同一时点发生，亦如物理学家用“沙堆理论”研究羊群行为，一旦触发，“沙堆”会迅速崩塌；二是市场脆弱性在增强。程序驱动的市场，包括股票市场、金融期货市场、大宗商品市场，产生的价格信号决定了资源的配置，技术故障触发的风险可能因程序的一致性引发大规模的羊群行为，对市场功能产生极大冲击，严重时，可能引发系统性风险，必须引起高度重视。三是风险的隐蔽性、突发性更突出。正如诺贝尔生物学奖获得者康拉德·罗伦茨所指出的，人类进入了与自己赛跑的时代。资本市场的各类参与者在提高交易速度上展开了“军备竞赛”，“闪电崩盘”“骑士资本事件”等，都在警示人们，高速运行下的资本市场，羊群行为会更加迅速地形成与溃散，更具破坏性。

当今社会，金融技术进步日新月异。单技术进步不可能完全消除人类的非理性，而人的有限理性可能“被复制”到计算机程序中，并可能引发新形式的非理性。羊群效应在信息发布源高度分散、信息高速传播的情况下，形成会更加迅速、传染途径会更加复杂，在极其短暂的时间内，就可能形成群体性的非理性行为和“踩踏”。技术进步在改善人类福利的同时，如果人类的自我管理、自我约束无法跟上技术进步的步伐，就可能带来一定的负面影响，甚至是灾难，而且其影响和危害往往是人们无法预期的。在人类对核技术引发的“切尔诺贝利”“福岛”核电站等灾难进行深刻反省的时候，对资本市场技术风险可能引发的问题，却没有引起足够的重视。当前技术环境下，资本市场与其他金融市场的高度耦合性，资本市场的巨幅波动，犹如“蝴蝶效应”，有可能快速传播到货币市场、汇率市场，并可能演化为系统性风险。

改革记忆

Retrospect of Reform

Comparative

回忆国务院经济研究中心创建十年

薛暮桥

国务院经济研究中心在1980年7月正式成立，到现在快满十年了。1985年起，经济研究中心与技术经济研究中心、价格研究中心合并，改名为国务院经济技术社会发展研究中心（简称发展研究中心），这是经济研究中心的扩大和发展。前五年和后五年虽然具体情况有些变化，但是作为国务院的一个政策研究咨询机构，它的性质没有改变。今天召开全国政策咨询工作会议，我趁此机会，回忆一下研究中心创建以来的十年，作为今后研究咨询工作的借鉴。

经济研究中心刚成立时，在中央财经领导小组和国务院的直接领导下，与国务院的有关部门密切合作，组织各部委、社会科学院、若干大学的十八个研究机构，并聘请著名经济专家，分组研究国务院和各部委所提出的研究课题。所以各部委踊跃参加，研究成果比较容易采纳，产生了实际效果。中心设正副总干事、常务干事、顾问、学术秘书三四十人，其中较大部分是兼职（不脱离原机关），少数专职人员也是向机关借调来的。经济研究中心起牵头和组织作用，重要研究成果都是靠各方面通力合作所取得的。

创建后的最初几年，经济研究中心研究的对象，一是调整，二是改革，而以后者为重点，与体改办密切合作。当时有许多重大问题，主管部门一时还拿不出成熟的意见，或者还有不同的意见互相争论，国务院就交给经济研究中

---

* 本文选自《薛暮桥文集》，写于1990年。

心，帮助主管部门组织有关专家共同讨论，提出比较成熟的研究成果，供国务院做决策时参考。当时在改革方面所取得的成果主要有以下几个方面：

一、关于财政体制改革问题。1979 年起，财政体制逐渐从收入向上交、开支向上要的“大锅饭”制度，改为由地方征收、按比例上交的“分灶吃饭”制度。这一改革提高了地方增加财政收入的积极性，缺点是原来是地方到中央的“大锅”里打饭吃，现在变为中央到地方的“小锅”里打饭吃，地方财政有盈余，中央财政赤字巨大。更重要的是税款（主要是产品税）不直接上交中央，交税人就是收税人，弱化了税收对产业结构和产品结构的调节作用。例如，烟酒是限制生产的，征重税，但因税款由地方征收，各产烟叶的地区竞办小纸烟厂，用一级烟叶制造三级纸烟，上海、天津等名牌纸烟厂则因收购不到一级烟叶而减产或降低质量。各地办小酒厂如雨后春笋，浪费粮食，与名牌酒争市场。经济研究中心受国务院委托，与财政部等有关部门研究财政体制改革，我们建议变上交利润为上交所得税，建立中央与地方政府划分税款收入、划分财政开支的财政分级管理制度，当时称“利改税”，经财政部同意和国务院批准后，1983 年起开始执行。

现在看来，改革的方向是正确的，它不但保证了中央的财政收入，而且能使税收对产业结构、产品结构起调节作用。但是，由于价格没有理顺，各行业、企业交所得税后苦乐不均，不得不暂时加征调节税。而且地方政府仍然有权减免税收、减税让利，中央财政收入继续相对减少。在这种情况下，又决定改为财政逐级承包制度，使“分灶吃饭”的弊端重新出现。发展研究中心主张在逐步理顺价格的条件下改用“分税制”来代替承包制，至今尚在讨论中。我个人认为，不建立正规的税收制度，不发挥税收对国民经济和产业结构的宏观调控作用，深化改革是不可能完成的。

二、关于建立中央银行，进行金融体制改革。在 1982 年以前，中国人民银行与建设银行、中国银行、农业银行四大银行并存，中国人民银行除经营工商信贷业务外，兼负中央银行的货币发行责任，因此中国人民银行与其他三行矛盾重重，发挥不了中央银行的宏观调控作用。经济研究中心建议建立中央银行，把中国人民银行的工商信贷业务分离出来，中国人民银行超脱于其他银行之上，成为一个能够控制其他专业银行的中央银行。中央银行通过控制货币发行，来保证信贷收支的平衡。国务院采纳了经济研究中心的意见，命令我们会同四大银行提出具体方案。开始研究时四大银行争论激烈，无法共同讨论。我们与四大银行分别开会，然后综合大家意见共同讨论，开了十二次会才提出具体方案，由国务院批准执行。

我们明确提出中央银行的首要任务是控制货币发行，其次是保持信贷收支平衡，但是国务院并没有给中央银行控制货币发行的权力和责任。1984 年第四季度提出以 1984 年的信贷总额为 1985 年的信贷基数的错误决策，中国人民银行放任各专业银行送款上门，信贷失控，出现明显的通货膨胀。1985 年国务院决定财政、信贷双紧政策，我们研究中心是全力支持的。但是“双紧”方针执行得并不认真，特别是 1986 年第一季度工业生产增长速度降到 4.4% 时（这本来是正常现象，因为是同上年同季工业生产增长 23.2% 比较），许多人惊呼滑坡，主张增发货币来促使生产回升。这时国务院领导人就主张用通货膨胀来保持生产的超高速增长。研究中心反对这种错误决策，受到国务院领导人的冷遇甚至批评。建立了中央银行而不能控制货币发行，致使这项改革未能得到应有的效果。

三、关于对外贸易体制的改革。1983 年国务院在讨论外贸体制的改革时，国务院领导人不满意外贸部的改革方案。外贸部要求经济研究中心帮助他们改订改革方案，得到国务院同意。1979 年前外贸部对进出口贸易是独家经营，地方企业都不了解世界市场情况；十一届三中全会以后就准许若干地方、部门、企业自己经营进出口贸易，但外贸部没有制定统一的管理办法，以致多头经营，在国外市场上自相竞争，肥水外流。我们经过反复研究后，提出统一领导、联合经营的方针，方案制订出来了，但各方面都没有执行这个方案的坚强决心，特别是在外汇分散承包以后，外贸部更难统一管理。1985 年、1986 年小汽车、家用电器、洋烟洋酒等大量进口，各出口基地的出口产品在海外“大战”，这个问题连续几年没有解决。

四、关于价格改革。国务院虽然成立了价格研究中心，但偏重“理论价格”。对于如何合理调整价格则另在国家计委设有物价改革小组制定规划，经济研究中心参加讨论。当时对理顺价格有两种不同的意见，其中一种是根据物价局计算，理顺价格要提高许多种产品的价格，使整个价格水平提高 20%，为着弥补各方面的损失，国家需要拿出 200 亿元进行补贴，银行存款也要升值 20%。经济研究中心认为这是“火上加油”，将要被迫增发货币，引起通货膨胀和物价上涨的恶性循环。正确的办法是“釜底抽薪”，紧缩货币发行，压缩有支付能力的需求，使物价有升有降，达到合理调整。当然，要压缩社会总需求的增长，执行起来也是很不容易的。

那几年我们在物价问题上主要限于方针政策的研究，具体建议只是就纺织品价格的调整提出了意见。当时棉布由于棉花多次提价，布价未提，发生亏损，生产困难。化纤布因原料成本大幅度下降，利润过大，产量猛增，产大于销，被迫限产减产。经济研究中心受经委之托，研究纺织品价格调整问题。棉布是生活必需品，多年不敢提价，我们建议适当提高棉布价格，大幅度降低化纤布的价格，使人民多买化纤布来代替棉布，人民的负担并不增加。国务院接受了我们的建议，使棉纺织厂不但转亏为盈，而且多年来限价供应的棉布可以敞开供应。化纤布因消费大增，可以放手增产。这个改革范围不大，但打破了把稳定物价当作冻结物价的陈旧观念，还是有意义的。

在这几年，许多省市也设立经济研究中心，要求加强联系。1984 年 10 月国务院经济研究中心在山东济南召开各省市经济咨询工作经验交流会，参加的有 21 个省级和 5 个市级的经济研究中心，另有 6 个省市未设经济研究中心，派相关机构参加。会议指出经济研究中心不是职能机构，而是咨询机构，没有必要建立上下级隶属关系，但应加强相互联系，国务院经济研究中心作为联络中心，组织各地经验交流。1986 年又在杭州召开第二次会议，发展研究中心同各省市的关系进一步加强。

1985 年国务院把三个研究中心合并，机构和干部大大加强，研究范围逐步扩大，与各省市经济研究机构的联系也更为密切。由于工作日益繁重，改由马洪同志任总干事，我退居第二线。前后相比，前五年是处于创建阶级，只能集中力量抓国务院交办的几个问题，1984 年前因受到国务院的重视，也取得了一些成果。但因此后领导者决策多变，这些成果都未巩固，现在又要重新研究。

党的十三届五中全会以后，国民经济出现了一些新的情况。工业生产增长速度下降是意料中的事，年增长 8.3% 是克服经济过热后的正常状态，出人意料的是市场疲软，并因此而使若干行业、企业处境相当困难。过去几乎公认社会主义经济是“短缺经济”，不会发生市场疲软，这就使企业经营者系上保险带，缺乏竞争思想，不求创新，不重视研究市场需求的变化和为此而进行产品的更新换代。国民经济也像一个有机体，需要新陈代谢，而我国很多企业家还不习惯在竞争中求生存。市场疲软对这些企业敲响警钟，并对经济领导机关提出新的课题，我们咨询机关也需要抓住时机做出新的贡献。

目前的市场疲软不是普遍现象，而是局部现象，有些部门、有些产品

(如能源和某些原材料)仍很紧俏(短缺)。就连有些疲软的产品,也是名牌货、高档货仍有销路,平庸货、低档货则积压严重,被迫停产减产。这是过去产业结构、产品结构不合理,和企业缺乏竞争观念所产生的后果。这种现象促使我们认真下决心来调整产业结构、产品结构,实行经济的大改组,只有如此,才能摆脱困境,找到新的出路。产业结构、产品结构不合理不是今年才发现的,至少已经提了三五年,但在市场紧俏情况之下,你想淘汰那些该淘汰的企业和该淘汰的产品,是困难重重的。出现市场疲软是企业产品结构改组的好时机。应该淘汰的企业、产品淘汰了,那些短缺的行业、高档的产品才会有必要的能源、原材料,能够充分发展,提高经济效益也就不致再成空话。当然这里会带来许多困难,如何克服困难,实现调整,希望咨询机构着重研究这个问题。

若干年来,我们咨询机构在做经济发展战略规划时候,常受产值支配,追求超高速,因此在从国外引进时,把人家技术落后而淘汰的一些机器设备引进来了。后进地区为着在速度上追赶先进,把先进地区一些淘汰的工厂搬来了。现在这些落后的产品没有销路,但占用了能源和原料。这种现象,不是什么新闻,五六年前早已有人报道,但是处理这些问题很困难,想处理也遇到很大阻力。原因是还没有吃到苦头,又缺乏妥善处理各方面利益的办法。现在各方面叫苦连天,希望政府、银行再伸出"一只手"去挽救它们。在这时候,我们咨询机关应当做些什么呢?我认为应为经济的大改组出谋划策。只有经过大改组,才能够真正提高经济效益,使国民经济今后能够持续、稳定、协调发展。

当然,这项艰巨任务不是单个地区所能做得到的,也不是国务院发展研究中心单独所能做得到的,需要通力合作,过去在制定经济发展规划时,各地区往往互相攀比,不但不讲协作,甚至互相矛盾。1988 年夏我去烟台休假,烟台市的经济研究中心送来一个战略发展规划征求我的意见。我说胶东地区有三个(烟台、威海、青岛)开放城市,既然是战略发展规划就要互相协商。后来知道这三个市有矛盾,没有上级机关牵头,协商难以进行。过几天我到威海,那里正在召开沿海开放城市发展战略理论讨论会,上海、广州、天津、深圳等大城市有些著名专家也来参加讨论。但如果中央有关部门不来牵头,也就只能进行理论研究(当然理论研究也很重要),不能做出具体决策。五六年来我参加了近十个省市级的发展战略规划讨论会,都是你追我赶,立足本地而未面向全国,因此不能扬长避短,各自发挥自己的优势,往往不愿发展原料生产,竞相发展加工工业。沿海开放城市缺乏原料,内地不能供应,只能号召

“两头在外”。我国是土地广阔、资源丰富而且人口最多的大国，必须立足国内，面向世界，只有少数沿海开放城市能够发展外向型经济。西北有些地广人稀、资源丰富的地区，有必要学习澳大利亚的经济发展模式，与沿海开放城市合作。都来发展加工工业，竞做无米之炊，是不会有出路的。

根据过去十年的经验，我想对大会提出几个建议，供大家参考：

第一，搞好咨询研究工作的关键是要抓准领导决策需要研究的问题，使我们的研究切合领导决策的需要。我们接近领导机关，知道领导正在研究什么问题。我们熟悉经济情况，知道经济发展需要解决什么问题。这是我们的有利条件，要善于利用这个有利条件。政策咨询研究工作要以自己的研究成果和建议的质量，来争取领导的重视。

第二，要注意保持自己的“超脱性”。咨询研究机构超脱于各部门、各地区之外，可以避免部门和地区的某些局限性，从国民经济整体发展的需要、从全局的角度来考虑问题，不但要看到目前的困难，而且要看到将来的发展前途。其次，咨询研究机构不是行政机构，不是上级领导指示执行机构，应当坚持客观态度，提出科学的意见和建议。我们咨询研究机关一定要善于利用自己的这种超脱地位，总揽全局，坚持自己的超脱性。在研究经济发展战略和体制改革规划的时候，我们的主要责任并不在于去解决一个一个具体问题，而应当把国民经济当作一个有机体来通盘考虑，从全局的高度，从把握客观规律的深度，提出科学的意见和建议。

第三，超脱绝不等于孤立，全局总是由局部组织起来的。从全局考虑问题，还必须从局部解决问题，使局部问题的解决能够符合全局发展的需要。所以咨询研究机构还必须同各部门密切合作，善于组织各部门的力量来共同研究。现在不但是各综合部门都有较强的研究机构，社会上有力量的研究机构也很多。我们是各级政府领导下的综合性的政策咨询研究机构，应当善于组织各方面的力量，通力合作，而绝不能孤军奋斗。

第四，国务院发展研究中心今后要进一步加强同各地区咨询研究机构的联系，各地区也应当加强横向联系。特别是战略发展规划，各地区要扬长避短，发挥优势，这就有必要通过各种方式，加强地区间的协作。对外要统一步伐，对内要彻底消除分割封锁，咨询研究机构对此应当做出自己的贡献。

我没有充分准备，随便提点意见，参加讨论，不妥之处请予指正。希望经过这次会议，大家协作得更好，我们的咨询工作能够更上一层楼。

中国的改革奇迹仍待继续

——专访尼古拉斯·霍普教授

《比较》编辑室

编者按：2017 年暑期，《比较》编辑室在美国加州拜访了斯坦福大学国际研究中心高级学者、前主任尼古拉斯·霍普（Nicholas Hope）。霍普教授曾担任世界银行中国和蒙古局局长，主持斯坦福大学的中国研究项目，提及中国改革的历史和逻辑，自然娓娓道来。

《比较》：您曾经在 20 世纪 90 年代改革开放的关键时期担任世行中国局局长，我们很想了解一下您在这段时间的一些经历。

霍普：我是在 1994—1997 年担任这个职务的，但我依然在华盛顿办公。此前我是世行印尼办公室的主任。当年沃尔芬森行长对世行进行了重组，要求驻各国办公室的负责人在当地办公，同所在国政府更密切地开展合作。但我由于健康原因，没有常驻中国。此后我还负责过世行的东欧和中亚事务，但中国问题更吸引我。于是安妮·克鲁格女士邀请我来斯坦福大学国际研究所担任她的副手，随后又担任了 7 年的主任，包括主持中国研究项目。

---

* 采访人：吴素萍、余江；执笔人余江。

同世行相比，斯坦福没有那么多资源，但这里的环境犹如天堂。中国有很多美丽的大学校园，像北大、清华，我自己的母校普林斯顿大学也很漂亮，但这里无可比拟。我的孩子们在华盛顿长大。我女儿依然在华盛顿，她是动物园里负责照顾熊猫的兽医，2 月份时还负责把熊猫送回成都。我的儿子在硅谷这边做投资基金，来到加利福尼亚州（以下简称加州）以后，再也不想回东海岸。我旅行比较少，而 83 岁的克鲁格女士还非常活跃，她马上要去墨西哥参加国际经济学会的全球大会。

《比较》：我们也想借这次国际经济学会的全球大会去访问许多优秀学者，了解他们的前沿研究。我们的主编吴敬琏教授向您问好。

霍普：吴教授是我的老朋友。几年前我去中国，还听他做了很有说服力的演讲。记得在世行中国局时，1997 年 1 月我参加了在河南的一次研讨会，吴敬琏教授是发言人之一。当时的国家计委主任带了很多官员参加，吴教授在会上起到了非常关键的作用。他指出改革还不够大胆，或许今天依然如此。在我首次负责组织的一次会议上，吴敬琏和钱颖一合作提交了一篇论文，认为到 2000 年左右，中国面临的一项挑战是建立真正政企分开的企业制度。

我当时也指出，中国的司法体制不应该任由各省自行其是，可以借鉴美国的巡回法院制度。当时如果河北的企业与河南的企业出现纠纷，到郑州去审理，则河南的企业必然胜诉。因此，要有更高层次的法院，让法律的执行更为公正。当时我没有谈及却颇为担心的一个问题是金融体系的作用有待优化。对于哪些企业和项目能获得贷款，地方官员的干预太多，书记、省长、市长……都希望把资源导向自己中意的领域，刺激增长。而银行对于糟糕的项目难以说不，只能执行命令。这就形成了地方政府和企业的大量债务积累。这也是朱镕基总理担心的问题。吴敬琏和钱颖一的文章在多年前就做出了预见，目前还有这类问题，改革还有待继续。

我记得在世行印尼办公室的时候，苏哈托时期负责印尼经济改革的设计师、经济学家维佐约·尼蒂萨斯特罗有天早上对我说，“霍普先生，每当我们解决了某个问题的时候，新的更复杂的问题又冒了出来”。这是进入更为富裕、更为复杂、更为发达的经济体后，需要付出的代价。中国也同样如此。过去政府掌握着所有资源，无论采取的措施是否最优，总能够应付眼前的问题。实行市场机制后，有了不同的决策机制，资源配置效率得以提高，但改革的难度也增大了。尤其是当制度改革未能适应成熟的市场经济的要求时。

当时在伯克利加州大学的钱颖一写了篇非常好的论文，论述中国的渐进式改革如何在转轨时期让市场机制发挥作用，深受大家的赞赏。对于他的另一个观点我也非常赞成，即中国的许多制度改革的设计较为明智，包括金融体系、企业治理、司法制度、环境政策、医疗体制等，改革的推进方式不是特别剧烈，让人们能够理解和适应。其他一些国家的改革则过于突然，超出了民众预期，结果反而遭到抵制或推翻。我非常幸运在当时参与其中。对你们这样更年轻的人来说，在前些年所目睹的中国改革成就也是很难想象的。

我记得一件有趣的往事。我曾负责世行对中国的一些贷款业务，通过中国农业银行和中国投资银行提供小额贷款项目，还有些款项是给中国政府资助学者到海外留学的。当时出现过一个紧急情况。1986 年，有位学者得到去美国休斯敦大学留学的机会，当他到达那里时，没有钱和住宿的地方。世行的助手打电话给我，我们不得不用整个周末去帮助他安顿下来。后来我们发现，他本可以选择去南加州大学。谁都知道南加州大学的水平更高，但由于那里的学费要多 100 美元，负责派遣他的中方领导就选择了休斯敦大学，他们甚至没有考虑到去休斯敦的机票更贵。1983 年，我们资助一位女学者到英国留学，后面的三年时间她都没有同丈夫见面。当时许多中国学者去留学，都只能把家属留在国内，没有经费往返探亲。这是今天很难想象的。邓小平先生如果能看到今天的留学条件，会非常欣慰吧。

我上个月到北京参加“一带一路”论坛，亲眼看到中国对世界事务的参与力度。中国领导人在国际舞台上有了相当大的影响力，这是毛泽东主席当年都可望而不可即的。论坛中有个游戏是推举最有影响力、最受尊敬的世界领导者。我自己选择的是欧洲的领导者默克尔。至于美国的领导者，里根时代的前国务卿、资深共和党人舒尔茨（George Shultz）如今在斯坦福仿佛太上皇一般的人物，去年竞选期间，他迟迟没有表态。于是有媒体人士问，“您是否愿意看到特朗普当选呢”？舒尔茨说，“要是他当选，愿上帝保佑我们吧”。你们看，上帝也没帮上忙。

《比较》：您如何看待担任世行中国局局长期间中国的改革成就？我们在开展一个研究项目，针对这段改革历史进行回顾。

霍普：太应该开展这个研究了。我当时写了一本书，出版时间是 2001 年。

1993 年 11 月的中共第十四届三中全会前后，朱镕基及其协作者推动了许多工作，包括楼继伟、郭树清、周小川、李剑阁等，这是在我接任中国局主任前。1993 年 7 月，世行与中国政府在大连召开了大型研讨会，我的前任、世行中国局局长伯基（Shahid Burki）及办事处的经济学家都参与了。这是我在几个月后接任时了解到的情况。

中共十四届三中全会推出了包含五十条内容的关键决定。那不是泛泛而论，而是包含了令人吃惊的全面经济改革的内容，展现了当时的中共领导人在经济管理方面的卓越才华。例如文件中提出了控制通货膨胀、提升经济增长的基本措施，此前中国的增长过热总是伴随着通胀。1989 年压制通胀时，增长也被压抑。当时的民众对腐败极为不满，但很多人往往忽视了就业机会减少，劳动力市场疲软带来的消极影响。有报道称，经济增长率已降至 3%，实际甚至是负增长。因此，1994 年的改革要解决的一个问题就是建立起宏观调控体系。

我接手世行中国局后，要马上准备经济报告。我们观察到朱镕基在重新集中宏观经济的控制权。之前，央行在各地的分行容易受到地方政府的影响，为地方的投资提供资金，使经济过热超出中央控制。中共十四届三中全会的一个决定是统一汇率，结束汇率双轨制。这是服务于改革货币体系和金融体系的大目标，还有建立社会保障体系。但这些需要中央有足够的财政动员能力。过去的计划体制的特点是利用价格管制让国有企业掌握所有利润，计委的投资也多数流向这些国有企业，员工得到的其实很少，大量投资极为缺乏效率。当时的中央政府掌握的财政资金仅占 GDP 的 10% 左右，基本无所作为。名为中央计划经济，似乎一切都在政府控制之中，但实际情形远非如此。

当时面临的一个困境是：政府希望推动企业改革，企业改革要求解聘冗员，但要负担下岗职工的社会保障福利，政府必须有财政资源，而政府的财政资源又依赖于企业的利润。这个封闭循环必须打破。我在 1994 年 2 月阅读中共十四届三中全会的决定，为 3 月份上任做准备，深刻感受到推动渐进式改革的思路。渐进并不意味着缓慢，而是通过某些尝试，看能否走得通，确实叫作摸着石头过河。我当时以为，除非决定的所有改革都能顺利实施，否则不可能成功。但结果看改革确实大获成功，因此我对朱镕基评价非凡。

我读了朱镕基在 1991—1997 年的多次讲话，有两点印象颇深。其一，我希望给各国政府提供的许多建议，他的讲话中都包含了。例如，各个地方不能阻碍国内市场运转，如果其他省市有更为廉价的产品，就应该买回来，而无须在本地重复生产。对于地方政府担忧的就业问题，可以通过劳动力转移来解决。中国的实际情况确实如此，即使有户口制度的限制，依然有数亿人的迁移，正是因为工作机会的吸引。其二，朱镕基强调不能把投资项目决策权交给地方官员，他们花的不是自己的钱，并不真正考虑投资回报。在他们调任之后，项目发生什么问题，官员们不负责。朱镕基认为要靠金融体系来选择投资项目，主要是银行。1997 年 12 月他说，如果银行做了糟糕的决策，那就必须让银行行长下岗。

然后是引进增值税和财政体制改革。关于中央和地方政府如何分配财政资源，在多大程度上允许地方政府有独立举债的能力，目前依然是大问题。政府没有充分采纳财政部的建议，在制度上建立省级政府的财政管理能力。但中央今天的控制力很强，地方政府能够借多少债，地方融资平台如何处理债务，都需要听从中央。在 20 世纪 90 年代问题则更严重，企业经常对银行债务违约。例如武汉，地方国有企业从工商银行、建设银行、中国银行借款，很多难以偿还。我们在世行开会讨论对此如何进行政府干预，当银行因为不良贷款而损失资本金时，中央银行对其注入资金，这并不符合法律的规定，但必须如此才能维持运转。朱镕基对此很担心，他强调中央银行已经不再有受地方影响的省级分行体系，地方银行必须受到中央银行的控制，而不是听命于地方政府。当时他还兼任央行行长，处理得非常出色。

我的书中介绍了当时的历史。有关中国的书似乎总在讲很久远的事情，因为这里只需要三年就能发生很大的变化。不过中共十四届三中全会的五十条决定对中国的改革依然有现实意义。我的书谈到中国在 2000 年时改革仍在中途，前途尚远。后来我多次介绍中国的经验，例如 2010 年在莫斯科，我说改革进程永远不会结束，中国做的是建立一套能适应成熟的市场经济的制度和政策，把大部分决策交给经济活动的个体参与者，而政府利用宏观政策和手段来保持稳定的环境。中国或许永远不会形成美国那样的经济运行模式，就算建成很成熟的市场经济也会带有自己的特色。

例如，政府还发挥着较大的作用，每次五年规划中，政府都会提出哪些领域是最重要的增长点。而美国不同，大多数增长来自私人的创造。两三年前，我还参与了与中国方面的合作研究，其成果没有发表，但可能影响到了新的五年规划的决策。我当时强调，企业家的创新是增长的发动机，判断哪些创新的影响最大是风险极大的。我认识一位杰出的中国女企业家，与靠政府扶持的房地产业发家的许多亿万富翁不同，她在武汉为加工制造业提供包装材料，成为包装行业的女王。政府曾经提出过许多重点发展的产业，信息技术、航空、制药、纳米技术，等等，但没有人想到包装这种产业。伯克利加州大学的女学者安娜李·萨克森尼安是研究全球技术创新中心的权威，如硅谷、波士顿21号公路、台北、班加罗尔、昆山等，她分析创新在这些地区的互补效应、如何加入全球产业链。创意出现的地方、设计产品的地方、制造产品的地方，如今可以完全不同。

我记得担任中国局局长时，1996年去德国访问，我说，到2005年，中国的出口将达到5000亿美元，当然进口也会达到同等的水平。听众是德国的商业人士，他们感觉很可怕，担心被中国的出口浪潮淹没。但我错了，中国的出口远远超出预计。中国抓住了加入世贸组织的机遇，外贸增长迅速，尤其是顺差扩大，这印证了德国听众的担心。而我去意大利时，那里对中国丝毫不担忧，许多设计师在忙着给中国的客户设计高级的时装、布料等。有研究分析苹果手机的价值分享，600美元的售价中仅有15—20美元归中国的制造商，300美元归芯片设计商，而最重要的芯片制造商在韩国和中国台湾。今天中国的制造业已经大有提升，但在当时以加工为主，出口产品价值中有70%是来自进口原材料。

《比较》：您负责过不同国家的项目，中国和印度尼西亚（以下简称印尼）的政府决策有哪些异同？

霍普：在某些方面，我经历的有相似之处。中国的高层决策不够透明，我们看到，决定一旦做出，似乎听不到不同意见。我在印尼的时候，总统几乎是唯一的决策者，有任何建议都必须说服总统。当然有不同群体在争夺利益，世行通常是与技术官员合作，这些人受过现代经济学教育，希望管理好宏观经济。另外则有代表产业集团的利益群体，总统的亲朋好友、支持势力等，他们有的希望获得收费公路、电视台等垄断利益。与发达国家不同，那里没有行之有效的反垄断法规，因此伴随着较多的腐败。印尼的投资率达到25%—30%，虽然不及中国那么高，但也支撑了较高的增长率，只是投资往往缺乏效率。

我在普林斯顿大学的导师阿瑟·刘易斯很久前跟我讲，极权体制是种成本很高的政府形式，你需要收买很多派系，包括军队，以免其叛乱，你需要给商界有势力的人安排位置，让其得到好处，最后留给实施发展政策的资源就很有限了。但与此不同，中国的体制比较稳定，政治控制力强，相比其他国家这使政府能掌握更多资源。中国现在的许多投资更为看重市场的力量，满足民众的需求，而非政府的需求。朱镕基当时的讲话很清楚，计划经济往往生产许多堆积到仓库里的无人问津的产品，这些产品毫无价值，不会增加 GDP。俄罗斯以前也存在类似问题，许多垄断企业在面向开放的国际竞争时无法生存下去。

中国与印尼的差异之一是，印尼负责经济政策的官员都讲英语，跟世行交流很顺畅。遇到重要问题，我可以向规划部长、财政部长直接提交两页纸建议，再召开讨论会。而在 90 年代早期的中国，即使我能讲中文，事情恐怕也不会有太多改变。世行的建议对中国政府来说过于敏感，他们没做好准备，需要多年的时间来说服自己。刚到中国时，我与财政部长会面。他说，“没有问题，形势一片大好，你不妨到各地走访下看看”。不可否认中国的成就很大，但我依然发现有很多政策需要改善，今天亦然。很多中国人也持同样看法。当然，深化改革还需要国家领导人的强烈意愿。

我在印尼的工作中有很多收获，在中国的工作则更有成就感，中国当时的成就对世界经济来说是巨大的贡献。印尼的体制运转并不很顺利，民主体制的一个重要作用是实现权力制衡，但正如美国选举结果所示，人们有时候并不清楚何种选择对自己最好。在人们有足够的财富和安全度以后，对政治权力制衡的需求会提高，以约束政府行为的随意性。

《比较》：那么对发展中国家来说，民主与法治相比较而言哪个更为重要？

霍普：问题在于，这两者是否可以任选其一？哈佛大学的一位教授讲，中国是“依法治国”，而非“法治”。尽管今天已经有所变化，人们可以在环保、产权等问题上起诉政府，并可能胜诉，但在政府关心的核心问题上，司法的作用有限。在我看来，理论意义上的“法治”比西方类型的“民主”更重要。

从长期来看，草根阶层对中国政治的影响会增强。在中国较富裕的城市，中产阶层日渐壮大，人们最关心的都是教育、医疗、交通、环境等现实问题。如果他们感到不满，该如何发表意见？如果利用好网络上的意见反馈系统，既能让官方清楚需要改进的公共服务，又能让民众的不满及时得到疏解。相反，粗暴的应对则会损害执政的合法性。日本、墨西哥、印尼乃至台湾地区同样存在某个政党长期执政的历史，这些政党至今仍在很大程度上控制着政府，但党内的派系竞争很激烈，特别是要呼应民众的需求。党内代表不同阶层群体的声音，如企业界、农民、工人、军队等群体，会逐渐出现。这样在原有的体制下也会出现多元化的进程，从而有更多、更公开的政策讨论。

西方的民主选举有时会产生一些出人意料的领导人，像奥巴马、特朗普，他们仿佛从天而降，并没有领导政府的长期经验。而中国的人事制度则对干部有系统的培养。我接触过很多中国的各级领导人，其中不乏很优秀的人士，但外国人很少知道他们。晋升、选拔、人事任免，对外界来说在很大程度上还不够透明。1994 年我上任后拜访过若干中国官员，讨论世行能提供哪些帮助。当时的教育部副部长韦钰女士给我的印象极其深刻，她告诉我需要做两件事：第一是让每个小孩都能接受九年的基础教育，第二是帮助我们重塑落后的高等教育体制。她提到，高等教育要更普及，但财政资源不足，新建立的助学金体系能让学生先借钱上学，以后再还，但需要对民众做解释。即使学费不太高，对普通的农民家庭来说，也可能是天价。因此中国政府需要有一个体制，让来自弱势家庭的有才华的孩子们获得教育机会。20 多年过去，我仍然经常会想到她的观点，如何建立这样的体制，是世界上所有国家都应该思考的事情。

尼古拉斯·霍普（Nicholas Hope）

原籍澳大利亚，先后获得塔斯马尼亚大学学士学位、牛津大学硕士学位和普林斯顿大学博士学位，曾担任世界银行印尼局局长、中国和蒙古局局长，斯坦福大学国际发展中心主任、中国研究项目主管，现任斯坦福大学国际发展中心（Stanford Center for International Development）高级学者。霍普先生长期关注国际金融组织的作用以及东亚各国的经济发展，对中国的改革历程极为熟悉，尤其是金融体制改革和私有企业兴起等内容。

图书在版编目（CIP）数据

比较．第92辑 / 吴敬琏编．—北京：中信出版社，
2017.10
ISBN 978-7-5086-8180-1

I. ①比… II. ①吴… III. ①比较经济学 IV.
① F064.2

中国版本图书馆 CIP 数据核字（2017）第 232725 号

比较·第九十二辑

主　　编：吴敬琏
策 划 者：《比较》编辑室
出 版 者：中信出版集团股份有限公司
经 销 者：中信出版集团股份有限公司＋财新传媒有限公司
承 印 者：北京华联印刷有限公司
开　　本：787mm × 1092mm 1/16　　印　　张：14.75　　字　　数：200 千字
版　　次：2017 年 10 月第 1 版　　印　　次：2017 年 10 月第 1 次印刷
书　　号：ISBN 978-7-5086-8180-1
定　　价：28.00 元